VENCIENDO EL PASADO

Zibia Gasparetto

Por el Espíritu

Lucius

Traducción al Español:
J.Thomas Saldias, MSc.
Trujillo, Perú, Agosto 2023

Título Original en Portugués:

"VENCEDO O PASSADO"

© Zibia Gasparetto, 2008

World Spiritist Institute

Houston, Texas, USA

E–mail: contact@worldspiritistinstitute.org

De la Médium

Zibia Gasparetto, escritora espírita brasileña, nació en Campinas, se casó con Aldo Luis Gasparetto con quien tuvo cuatro hijos. Según su propio relato, una noche de 1950 se despertó y empezó a caminar por la casa hablando alemán, un idioma que no conocía. Al día siguiente, su esposo salió y compró un libro sobre Espiritismo que luego comenzaron a estudiar juntos.

Su esposo asistió a las reuniones de la asociación espiritual Federação Espírita do Estado de São Paulo, pero Gasparetto tuvo que quedarse en casa para cuidar a los niños. Una vez a la semana estudiaban juntos en casa. En una ocasión, Gasparetto sintió un dolor agudo en el brazo que se movía de un lado a otro sin control. Después que Aldo le dio lápiz y papel, comenzó a escribir rápidamente, redactando lo que se convertiría en su primera novela *"El Amor Venció"* firmada por un espíritu llamado Lucius. Mecanografiado el manuscrito, Gasparetto se lo mostró a un profesor de historia de la Universidad de São Paulo que también estaba interesado en el Espiritismo. Dos semanas después recibió la confirmación que el libro sería publicado por Editora LAKE. En sus últimos años Gasparetto usaba su computadora cuatro veces por semana para escribir los textos dictados por sus espíritus.

Por lo general, escribía por la noche durante una o dos horas. "Ellos [los espíritus] no están disponibles para trabajar muchos días a la semana", explica. "No sé por qué, pero cada uno de ellos solo aparece una vez a la semana. Traté que cambiar pero no pude." Como resultado, solía tener una noche a la semana libre para cada uno de los cuatro espíritus con los que se comunicaban con ella.

Vea al final de este libro los títulos de Zibia Gasparetto disponibles en Español, todos traducidos gracias al **World Spiritist Institute**.

Del Traductor

Jesus Thomas Saldias, MSc., nació en Trujillo, Perú.

Desde los años 80's conoció la doctrina espírita gracias a su estadía en Brasil donde tuvo oportunidad de interactuar a través de médiums con el Dr. Napoleón Rodriguez Laureano, quien se convirtió en su mentor y guía espiritual.

Posteriormente se mudó al Estado de Texas, en los Estados Unidos y se graduó en la carrera de Zootecnia en la Universidad de Texas A&M. Obtuvo también su Maestría en Ciencias de Fauna Silvestre siguiendo sus estudios de Doctorado en la misma universidad.

Terminada su carrera académica, estableció la empresa *Global Specialized Consultants LLC* a través de la cual promovió el Uso Sostenible de Recursos Naturales a través de Latino América y luego fue partícipe de la formación del **World Spiritist Institute**, registrada en el Estado de Texas como una ONG sin fines de lucro con la finalidad de promover la divulgación de la doctrina espírita.

Actualmente se encuentra trabajando desde Peru en la traducción de libros de varios médiums y espíritus del portugués al español, así como conduciendo el programa "La Hora de los Espíritus."

Sinopsis

¿Cuántas veces te atormentas recordando acontecimientos desagradables del día a día que te gustaría olvidar, pero que reaparecen como fantasmas internos?

Se suman a esto, los hechos mal resueltos de vidas pasadas, que continúan influyendo nuestro día a día confundiendo el presente.

Olvidando el pasado infeliz es un alivio y dejar de cultivar sentimientos depresivos, de culpa, odio, inseguridad y venganza, es liberarse de los tormentos y conquistar la paz. Pero nunca olvidaremos lo que está mal resuelto, porque sin solución la vida no lo dejará pasar.

Entonces tendrás que preguntarte: ¿Qué es lo que la vida quiere de mí?

La inteligencia de la vida te mostrará cuál es tu actitud que está causando estos desafíos. Si aceptas y promueves tu mejoría interior, entonces vencerás y el pasado pasará. La libertad te hará más lúcido y feliz.

En este libro, los protagonistas afrontan este desafío con éxito. Pero tú aun tendrás que enfrentar los tuyos.

PRÓLOGO

Las campanas de la iglesia repicaban alegremente, convocando a los fieles a la misa de las diez. El día estaba lindo, la gente llegando y pronto la nave se llenó. En el hermoso pueblito de Bebedouro, en el interior de São Paulo, era el acontecimiento más importante de los domingos. Las familias acomodadas ocupaban sus lugares en las primeras filas, mientras que los más pobres se contentaban con quedarse en los últimos lugares, pero todos vestían sus mejores galas, conservando sus rostros serios como muestra de respeto.

Augusto Cezar Monteiro entró del brazo de su esposa Ernestina, acompañado de sus hijos Carolina y Adalberto.

Mientras el chico de diecinueve años miraba a su alrededor como si buscara a alguien, los ojos alegres, rostro expresivo, Carolina, a los dieciocho, el rostro voluntarioso contraído, los labios cerrados, cabeza erguida desafiante, demostraba desagrado e irritación.

Se sentaran en el lugar habitual. Comenzó la misa y Adalberto miró a su alrededor con ansiedad. Luego acercó la boca a la oreja de su hermana diciendo:

- ¿Vas a quedarte con esa cara de espantapájaros todo el tiempo?

Ella lo fusiló con los ojos y respondió:

- ¿Y tú qué tienes que ver con eso? Métete en tus asuntos.

- La gente está mirando y comentando como estás fea.

Ella se encogió de hombros:

- Poco me importa la opinión de los demás. No me gusta venir a la iglesia. Me siento mal cada vez que pongo los pies aquí.

- Déjate de drama. ¿Qué te cuesta quedarte aquí una hora y complacer a nuestros padres?

- Yo sé por qué dices eso. Pero yo no me vendo.

Ernestina se llevó el dedo a los labios y pidió silencio. El sermón estaba a punto de comenzar. Los dos se conocieron Mientras el cura hablaba, Adalberto finalmente sonrió satisfecho. Había localizado a Ana María, en una bella morena, con ojos negros y labios carnudos, que andaba poblando sus sueños.

 Le hizo un guiño, quien sonrió, pero lo disfrazó. Se sentía halagada por su interés, que se había hecho evidente, pero, aunque Adalberto era un chico guapo y adinerado, era demasiado joven y ella no estaba interesada.

Ella tenía otros planes. Soñaba con irse a vivir a São Paulo o Rio de Janeiro, ser actriz, hacer carrera, hacerse famosa.

El cura seguía hablando y Carolina, aburrida, no prestaba atención a lo que decía. Le bastaban los sermones que tanto su madre como su padre daban todos los días, vigilando incluso sus pensamientos. Además, estudiaba en un colegio de monjas donde todo era pecado. No veía la hora de ser mayor de edad para librarse de ellos. Había pensado en casarse con el primero que apareciese, pero luego, pensándolo bien, lo que realmente quería era ser independiente y no solo cambiar de dueño.

Suspiró aburrida. Aquel sermón no terminaba nunca. Cuando terminó, el órgano volvió a tocar; la misa fue solemne, y el sacerdote rezaba en latín.

Carolina miró a su alrededor con irritación. Estaba segura que nadie estaba atendiendo a los que decía el cura, pero todos, con rostros contritos, fingían participar.

Eso para ella era demasiado. Le parecía que esa misa no tenía fin. Cerró los ojos y vio frente a ella a un muchacho que le dijo:

- Ven. Te llevaré a dar un paseo.

Ella sonrió y su cuerpo se resbaló en la banca, mientras Ernestina, asustada, intentaba sujetarla con Adalberto.

Carolina, pálida, había perdido el conocimiento. Augusto Cezar tomó a su hija en brazos y, pidiendo permiso, salió acompañado de su esposa e hijo.

Una vez afuera, la sentó en una banca tratando de revivirla. Pero ella no regresaba. Envió a Adalberto a la farmacia cercana para conseguir algo que hacerla volver en sí.

Regresó con un frasco de amoníaco que destapó y colocó junto a sus fosas nasales. Poco después, Carolina suspiró, abrió los ojos y dijo:

- ¿Por qué me despertaron? Quiero dormir.

Ernestina la sacudió diciendo:

- No estás en casa. Te desmayaste en la iglesia en el momento más delicado de la misa.

- Yo no quería venir. Siempre me siento mal en la iglesia.

- Vamos a casa – decidió Augusto Cezar -. Mañana mismo te llevo al Dr. Jorge para una consulta. Eso no es normal.

En el carro, camino a casa, Carolina estaba pensativa. Estaba segura que no había sido un sueño. ¿De dónde conocía a ese muchacho bonito al lado del cual había caminado por un jardín maravilloso, sintiendo alegría y una sensación de libertad que nunca tuviera antes? Su rostro le era familiar. Sabía que lo conocía, pero ¿de dónde? De todos modos, él la había liberado de un momento tedioso y le había dado una razón para, de allí en adelante, rehusarse a ir a la misa dominical.

* * *

Augusto Cezar llegó a casa nervioso. Miró a Carolina que había recuperado su color y parecía bien. Mientras ella se dirigía al dormitorio, le dijo a Ernestina:

- Mañana temprano haz una cita con el Dr. Jorge.

- ¿Crees que es necesario? Fue una indisposición pasajera. Ella no tiene nada.

- ¿Cómo puedes saberlo? Tú no eres un doctor. Después, él tiene que hacer algo. Nuestra hija no puede estar tan débil que ni siquiera puede asistir a una misa. A veces sospecho que está fingiendo no ir a la iglesia.

- Ella no haría eso. ¿No viste lo pálida que estaba?

- La vi, pero de ella se puede esperar cualquier cosa. Siempre está pensando en darme la contra.

- Te equivocas. Ella se veía realmente mal.

- Y tú siempre encubriendo sus errores. Así pierdo la fuerza para educarla. Necesitas ser más enérgica con Carolina.

Ernestina se sonrojó de ira, pero no dijo nada. Estaba acostumbrado a ello. Todo lo que los niños hicieran siempre era su culpa. Él vivía diciendo que ella era muy permisiva y no sabía determinar los límites a los hijos.

Estaba cansada de la intolerancia del marido. No sentía ganas de discutir para no empeorar la situación.

Se limitó a decir:

- Voy a la cocina a ver el almuerzo.

Se sentía cansada de la rutina en que se había convertido su vida. Durante el almuerzo, Adalberto comería rápido para terminar pronto y tendría el permiso del padre para salir; Carolina estaría con el ceño fruncido, como si hiciera un favor al estar allí, no diría una palabra. Augusto Cezar diría lo esencial para ser bien servido.

Después él dormiría un poco, mientras ella, sola, tendría tiempo para elegir entre un trabajo manual o una lectura cualquier.

Él despertaría dos horas más tarde y bajaría a tomar el café de la tarde. Luego se sentaría en la sala y encendería la televisión para elegir un programa adecuado.

Augusto Cezar había sido uno de los primeros en comprar un televisor, tan pronto la novedad llegara a la ciudad. Sin embargo, en su casa nadie tenía permiso para encenderla. Él era el único que determinaba la hora y qué mirar. El domingo, después del desayuno, él la encendía, y reunía a su familia para ver juntos.

Adalberto prefería salir y Carolina, aunque curiosa por la novedad, no le gustaban los programas que su padre elegía y prefería ir al dormitorio a leer. Tenía una amiga que le prestaba algunos libros que ella leía a escondidas. Tenía la seguridad que sus padres no los aprobarían. Eran romances y Augusto Cezar solo aprobaba libros educativos. Consideraba que los romances eran dañinos y una pérdida de tiempo.

Después de la cena, Ernestina se quedaba al lado de su esposo viendo la televisión. Después de algunas horas, él apagaba el aparto. A veces la invitaba a caminar por la plaza, donde saludaban a sus amigos y conversaban un poco.

Ese era el momento que a ella más le gustaba, porque mientras él hablaba, ella podía apreciar el movimiento, los vestidos de las otras mujeres, los jóvenes que circulaban felices. Cuando no salían, él se quedaba leyendo en la sala durante una hora y luego se iba a dormir. Ella terminaba los arreglos de la cocina junto con Ruth, programaba con ella el menú para la siguiente semana y después se iba a dormir.

Augusto Cezar era muy exigente con la comida y la organización de la casa. Cuando Ernestina entró en la cocina, Ruth notó de inmediato que estaba molesta.

Llevaba más de diez años trabajando en la casa y quería mucho a su patrona. Percibía claramente que no vivía feliz, no había alegría en esa casa.

No comentaba nada, pero trataba de ayudarla en todo lo que pudiese, tratando de corresponder de alguna manera al bondadoso tratamiento que ella le dispensaba.

- ¿Sucedió algo? Usted parece aborrecida.

- Lo de siempre. Carolina se desmayó en el momento más importante de la misa y Augusto necesitó cargarla hasta afuera.

- Quiere que la lleva al médico mañana.

- Doña Ernestina, Carolina no tiene nada.

- Es lo que yo creo. Pero él insiste, quiere aclarar dudas.

- Hay personas que se sienten mal cuando entran a una iglesia.

- Lo sé. Mi tía Eugênia tenía esto. Creo que es el olor a incienso o velas.

- No lo creo. Mi madre solía decir que las almas del otro mundo que están sufriendo van a las iglesias en busca de ayuda. Aquellos que son más sensibles sienten su presencia.

Ernestina sintió un escalofrío:

- No digas tal cosa, Ruth. Qué horror. La iglesia es un lugar de paz. No hay nada de eso. Quien muere, va al cielo o al infierno. No se quedará dentro de la iglesia.

- Y el purgatorio, ¿dónde está? De las personas que conozco, no hay ninguna que merezca ir al cielo, la mayoría incluso van del purgatorio para abajo.

Ernestina meneó la cabeza sonriendo:

[11]

- ¡Tienes cada una! Tenga cuidado que tu patrón no escuche esas burradas. ¡Él ya se queja porque no vas a la iglesia!

- Yo no voy porque tampoco me siento bien. Prefiero ir al Centro Espírita de doña Antônia.

Ernestina puso su dedo en sus labios diciendo nerviosamente:

- Cuidado con lo que dices. Nadie en casa puede saber que andas yendo por esos lugares. Yo te dejé ir porque sé que sufría mucho con ese dolor de cabeza, no había remedio que te curase y él desapareció después que estuviste allí. Pero Augusto Cezar no puede saberlo. Él tiene terror a esas cosas.

- Lo sé. No diré nada más. Las cosas no son como muchos piensan. Cuando alguien necesita aprender la verdad sobre el mundo de los espíritus, no puedes escapar. Fue lo que pasó conmigo.

- Está bien. Vamos a servir el almuerzo que ya pasó la hora. No podemos atrasarnos

Carolina, sentada en la cama, sosteniendo un libro abierto en sus manos, no conseguía prestar atención a la lectura. Cerró el libro y lo volvió a esconder.

Ella no podía olvidar el rostro del chico que había venido a recogerla en la iglesia. La había tomado de la mano, y ambos habían flotado por senderos floridos mientras él le sonreía.

Ella se sintiera libre como nunca antes y una sensación de placer llenó su pecho de alegría. Se habían sentado en una banca del jardín y él le dijera:

- Necesitas recuperar tu fuerza espiritual. No puedes dejarte abatir ahora. Tienes todo para vencer. Recuerda esto. Siempre estaré a tu lado.

Ella quería que la situación no terminase, pero de repente sintió una sensación de caída y un olor horrible. Vio el rostro irónico de Adalberto y el rostro preocupado de su padre.

Era el fin del sueño. Había vuelto a la realidad. Su primer impulso fue discutir. ¿Por qué no la dejaron donde estaba?

Pero el recuerdo de los momentos agradables que había vivido todavía estaban muy presentes y ella suspiró tratando de entender lo que estaba pasando a su alrededor.

Adalberto tocó a la puerta diciendo:

- Carolina, abre. No sé por qué te encierras en la habitación. Mamá está llamando para almorzar.

Resignada, Carolina abrió la puerta y bajó a almorzar.

CAPÍTULO 1

Cuando Carolina bajó a almorzar, notó inmediatamente que el ambiente estaba pesado.

Su padre, sesudo, la miró fijamente como si quisiera penetrar en sus más íntimos pensamientos. La madre, inquieta, controlaba la ansiedad, tratando de ocultar su preocupación.

Adalberto se movía en la silla, ocultando la prisa que tenía por salir.

Nadie tenía permiso para levantarse de la mesa antes que el padre terminara de comer. Carolina deseó no estar allí. Prefería quedarse sin comer a tener que soportar ese ambiente desagradable. Además, sentía que había algo en el aire y, por supuesto, después de lo que le pasó, iban a desahogarse con ella.

Sin embargo, ella se sentía contenta con lo que había sucedido, quería recordar ese sueño agradable y no estaba dispuesta a dejar que nadie lo estropeara.

Decidió enfrentar la situación. Estaba cansada de la intolerancia de su padre. Con el pretexto de educarlos, protegerlos, los asfixiaba con exigencias irrazonables.

Se sentó y, al darse cuenta que seguía mirándola inquisitivamente, levantó la cabeza encarándolo desafiante.

Ernestina ordenó que se sirviera el almuerzo inmediatamente y Ruth colocó los platos sobre la mesa.

Augusto, irritado, miraba a Carolina, y lo que al principio era una mirada inquisitiva, pasó a ser de irritación. Tratando de controlar su voz, el padre dijo entre dientes:

- En la iglesia parecía que te ibas a morir, ahora estás ahí, sonrojada, de buen humor, ni siquiera pareces la misma persona.

- De hecho, papá. Estoy muy bien. El malestar desapareció.

- ¿Así, de repente, como por arte de magia? ¿Quieres que crea eso?

- Es verdad. Me siento mal en la iglesia.

- ¡Mentira! Lo haces a propósito para molestarme y pasar vergüenza delante de todos.

Carolina se sonrojó y se levantó irritada. Sus ojos se clavaron en él con despecho y ella gritó nerviosa:

- ¿Me estás llamando mentirosa? Si te digo que me siento mal es porque realmente me estaba sintiendo mal.

Ernestina trató de intervenir:

- Tranquilízate, Carolina. ¿Dónde se ha visto? Siéntate, ¿cómo te atreves a hablarle así a tu padre?

Augusto, quien se había quedado estupefacto de sorpresa, a su vez se puso de pie y controlando la voz que la ira dejaba temblorosa, dijo:

- Sal de mi frente, ve a tu habitación ahora y hoy no saldrás de allí.

Viendo que Carolina seguía mirándolo desafiante, continuó:

- Mañana tu madre te llevará al médico. Si no estás enferma, el próximo domingo estarás en la iglesia y ay de ti, si vuelves a desmayarte.

Carolina se fue a la habitación aliviada. Cerró la puerta con llave y se sentó pensativa. Poco le importaba quedarse sin almuerzo. Lo peor era que tendría que volver a ir a misa.

Si ella fuese, ¿tendría aquel sueño de nuevo? ¡Ah! Si ella pudiese ir con ese chico al maravilloso jardín, ella lo convencería para llevársela lejos y nunca más volver.

Pero mientras eso no sucediera, tendría que pasar otro domingo aburrido, sin nada interesante que hacer.

Fue hasta la ventana, la abrió y miró hacia afuera aburrida. ¿Qué sentido tenía ser alegre, llena de vida, si tenía que ceñirse a la rutina que imponía el padre?

El futuro no parecía nada promisorio. Según decía su madre, su destino era casarse con un hombre que pudiese darle el mismo nivel de comodidad al que estaba acostumbrada, tener hijos y vivir la misma vida que la mayoría de las parejas de la ciudad.

No era eso lo que quería Carolina. Para ella, amor no se parecía en nada a lo que veía a su alrededor. Las personas que conocían formales siempre parecían estar bien, eran como marionetas acomodadas a la rutina social que habían heredado de sus antepasados.

Las reglas del bien y el mal eran repetidas una y otra vez por los padres, y Carolina no aceptaba eso.

- No puedo hacer eso, ¡está mal!

Muchas veces, Carolina no estaba de acuerdo con las prohibiciones y las cuestionaba:

- Nada de equivocado. ¿Por qué necesito ser como todas las chicas de la ciudad? Yo soy diferente.

A lo que la madre respondía:

- Infelizmente. Pero no dejaré que te salgas de la raya. Tendrás que someterte a las costumbres. Además de niña, eres mujer. Y las mujeres deben cuidar su reputación.

Su padre siempre decía:

- Mi hija tiene que comportarse. No quiero que hablen mal de ella.

Carolina miró a la plaza que estaba un poco más lejos y pensó:

- No hay nadie en la calle. Incluso si pudiera salir, no pasaría nada nuevo. Mejor volver a leer.

Verificó si la puerta estaba cerrada con llave, cogió el libro y se tumbó en la cama. El único placer que tenía era leer. A través de libros viajaba, vivía las aventuras de los personajes, se imaginaba a sí misma como una heroína como las de las historias.

También le gustaban las biografías de personajes famosos. Científicos, artistas, filósofos. A través de ellos, renovaba sus esperanzas de algún día poder salir de allí e ir hacia otros lugares, libre para vivir como quisiera.

Los libros representaban para ella una forma de escapar de la vida sin gracia que vivía. Leyendo era como si estuviese viviendo todo eso.

Se sumergió en la lectura y luego se olvidó de todo.

Había oscurecido cuando tocaran a la puerta de su cuarto con insistencia. Carolina escondió el libro y fui a abrir.

- ¿Por qué cierras la puerta de esa manera? Hace tiempo que estoy llamando a la puerta - dijo Ernestina con una bandeja y colocándola sobre la mesa de estudio.

- Tenía sueño y no quería que nadie me despertara.

- Traje tu cena.

- Gracias, mamá. No tengo hambre.

- No es posible. No comiste y no puedes quedarte sin comida. Siéntate y come todo.

- Me trajiste mucha comida.

- No es mucho, no. Intenta comer todo. Luego vendré a buscar la bandeja.

Ernestina salió disgustada y bajó las escaleras. No le gustaba cuando Augusto castigaba a los hijos. A veces, él exageraba. Carolina se había desmayado y no era culpable. El problema era que ella siempre se rebelaba contra su padre y eso tampoco es cierto.

No obstante, no estuviese de acuerdo con su marido, no se atrevía a decir nada. Con el corazón latiendo desenfrenado, le pidió a Dios que hiciera que sus hijos obedecieran a su padre. Así, estaría todo resuelto.

Augusto, sentado en la sala de estar, la esperaba para ver el programa de televisión. Viéndola entrar dijo:

- Ven, el programa está comenzando -. Ernestina se sentó a su lado y continuó:

- ¿Dónde está Adalberto?

- Salió justo después de la cena.

- ¿Sin decirme nada? Él Sabe que solo puede irse después de ver nuestro programa semanal.

- Él se fue a la casa de Ari a buscar material para un trabajo universitario.

Augusto sacudió la cabeza con disgusto:

- Este chico siempre encuentra una manera de molestarme. Yo me preocupo con su formación cultural, escojo un buen programa y ¿él se va? Eso no está bien.

- Él salió por trabajo.

- Él necesita valorar la unidad de nuestra familia. Al menos los domingos tendrá que quedarse un poco en casa. Ese chico no se detiene.

Ernestina no respondió. Estaba cansada de tener siempre que poner excusas para los hijos.

En la televisión, una cantante cantaba una pieza de ópera y ella dejó vagar sus pensamientos libremente.

Sentía orgullo del marido. Un ingeniero, guapo, culto, de bien con la vida, que vivía para la familia y el trabajo. ¿Qué más podría querer?

Su madre le decía que se había sacado la lotería al casarse con él. Que debería estar muy agradecida con Dios por esa bendición.

Ella reconocía todo esto, pero había momentos en los que se sentía triste, sin ganas de hacer cosas. Entonces, rezaba pidiendo a Dios que la perdonase por ser ingrata y sentirse infeliz a pesar del marido que le había dado.

El programa terminó y Ernestina se levantó, se acercó a la ventana diciendo:

- La noche está preciosa. ¿No te gustaría dar un paseo por la plaza?

Él pensó un poco y respondió:

- Está bien. Vamos. ¿Y Carolina?

- Ruth no saldrá y puede quedarse con ella.

Más animada, Ernestina fue a recoger el bolso y ambos salieron. Fueron andando del brazo hasta la plaza.

La noche estaba caliente y había mucha gente caminando, otras sentadas en bancas y niños jugando felices.

Ellos, sonriendo, saludaban a los conocidos hasta que Augusto vio a Ari hablando con dos muchachas. Se detuvo y le preguntó a Ernestina:

- ¿No me dijiste que Adalberto había ido a casa de Ari?

- Fue lo que me dijo.

- Pues mintió. Ari está frente a nosotros con esas chicas. ¿Dónde estará Adalberto?

- Hace tiempo que se fue allí, es posible que ya se haya ido. Quizás fue a la casa y nos cruzamos.

- Tú siempre estás poniendo excusas para nuestros hijos. Por eso no consigo educarlos como se debe. La culpa es toda tuya.

Ernestina no respondió. Acababa de ver a Adalberto apoyado en un árbol conversando con una chica. Augusto no podía verlos.

No quería que Adalberto saliera con nadie hasta que terminara la universidad. Si los viese sería un desastre.

Felizmente, ella vio a Jorge, el médico, con su esposa que se acercaban, y dijo aliviada:

- Mira, el Dr. Jorge y doña Silvia. Vamos a saludarlos.

Mientras se acercaban a la pareja, el médico le tendió la mano sonriendo:

- ¡Qué bueno verlos!

- ¿Cómo estás, Ernestina? - dijo Silvia abrazándola.

Ernestina le sonrió satisfecha. Las dos eran muy amigas. Él tenía la cara redonda, piel morena, ojos pequeños, pero labios gruesos muy vivos y sonrientes mostrando dientes blancos y bien formados, lo que lo hacía muy simpático. Silvia tenía piel clara, cabello rubio, rostro delicado, ojos azules, era encantadora y muy querida por los pacientes de su esposo. A Ernestina le gustaba la forma en que ella miraba a los ojos cuando hablaba, sentía que era una persona digna de confianza.

Después de los saludos, Augusto contó lo sucedido en la misa y terminó:

- Quiero hacer una cita para Carolina. Me temo que está enferma.

- Desmayarse en la iglesia no es tan serio. Lo he visto suceder varias veces - respondió riendo -. La iglesia abarrotada, el calor y el olor a incienso pueden haber causado este malestar. ¿Cómo está ella ahora?

- Bien. Ni parece que estuvo tan mal. Eso me haces sospechar que ella estuviese fingiendo.

- ¡Ella no haría eso! - intervino Ernestina.

A Carolina no le gusta ir a misa. Es posible que haya simulado un desmayo, para no ir más a la iglesia.

- Lo más probable es que ella realmente se sintiera mal. Pero llévala a mi oficina mañana a las 3 pm y la examinaré.

A la tarde siguiente, Ernestina con Carolina entró al consultorio de Jorge, quien se puso de pie para saludarlas.

Carolina, sonrojada, parecía bien dispuesta. Aun así, el médico la examinó minuciosamente.

Después se sentó de nuevo ante las dos.

- ¿Entonces, doctor? - Preguntó Ernestina con ansiedad.

- Está todo bien. No note nada inusual.

- ¿Está viendo? - dijo Ernestina en tono desconfiado, dirigiéndose a su hija:

- Di la verdad, ¿estabas fingiendo?

- ¡Claro que no! Tú misma dijiste que estaba pálida.

- No sé cómo decirle eso a Augusto Cezar.

- ¿Preferirías que estuviera enferma? – comentó Carolina irritada:

Jorge intervino:

- Tranquilas. No hay razón para tanto. Como le dije a Augusto, desmayarse en la iglesia es común.

Carolina frunció el ceño con preocupación:

- Yo no quiero ir porque realmente me siento mal. Pero papá no lo entiende.

- Él quiere tu bien. Es deber de los padres enseñar los valores de la religión. Una persona sin fe es débil, está sin condiciones para afrontar los retos de la vida - intervino Ernestina.

- Eso es cierto, Carolina - asintió el médico.

- Pero yo tengo fe, rezo todos los días, el problema es que me siento mal dentro de la iglesia. Además, no entiendo por qué tenemos que ir allá, quedarnos escuchando al cura decir cosas que no entendemos. Eso es hipocresía.

- ¡Carolina, no digas eso! - Regañó Ernestina, escandalizada -. Nosotros no tenemos condiciones para comprender los misterios de Dios. Solo necesitamos escuchar el sermón, y eso el cura lo dice en español.

- Dudo que nadie entienda ese sermón. Dice cosas que no tienen lógica.

- ¡Son palabras de la biblia! - respondió Ernestina.

- Dichas por un extranjero que habla mal nuestro idioma, en un idioma confuso, que se presta a muchos significados.

Ernestina se levantó irritada:

- Doctor, discúlpeme. Desafortunadamente, mi hija no sabe lo que está hablando. Llegando a casa tendremos una conversación seria.

- No es necesario disculparse. Carolina tiene su propia opinión. Los jóvenes de hoy piensan diferente a lo que nosotros pensamos.

- No mis hijos. Si Augusto lo sabe, se enfadará mucho. Para nosotros, la religión está en primer lugar.

Él la miró pensativo, eligiendo las palabras que iba a decir. Luego respondió:

- No tome eso tan en serio. Carolina dijo que tiene fe, que reza. Simplemente no quiere ir a la iglesia porque se siente mal. No creo que, por ahora, ustedes deban insistir. Con el tiempo eso pasará, ella misma querrá asistir a misa.

Ernestina pensó un poco, luego dijo:

- Carolina, ve a esperarme afuera. Quiero hablar con el doctor a solas.

Inmediatamente ella se levantó, se despidió y salió. Ernestina, que se había sentado nuevamente, dijo angustiada:

- Esta chica es muy rebelde. No acepta nuestra opinión, siempre nos está cuestionando. Por otro lado, mi marido es muy exigente y los dos están enfrentándose siempre. A mí no me gustan las discusiones. Fui una hija obediente en todo. Las actitudes de Carolina sacan a Augusto de quicio y ella termina siempre de castigo. Pero eso, en lugar de resolver el problema, hace que ella se ponga peor. Yo estoy en el medio, sin saber cómo actuar, queriendo poner paños fríos, evitando que discutan, pero no lo consigo.

Ella se calló esforzándose por contener las lágrimas.

- Si no controlas tu nerviosismo, terminarás enferma y no vas a conseguir lo que quieres.

- ¿Quieres decir que no hay remedio?

- Necesitas entender lo que está pasando. Carolina es una chica muy inteligente.

- No lo creo. Si fuese así, ella no estaría creando problemas.

- Al contrario. Para aceptar las cosas, necesita comprenderlas. Como escuchaste que no le gusta la misa, porque no entiende lo que está pasando.

- Todo el mundo va y acepta. ¿Por qué Carolina tiene que ser diferente?

- Ella no quiere ser hipócrita. Y para ser honesto, cuando voy a la iglesia, no consigo mantener mi pensamiento al ritmo de lo que dice el cura. Cuando me doy cuenta, ya estoy pensando otras cosas. ¿Consigues mantener fijos tus pensamientos cuando estás en misa?

- Bueno, todos tienen sus debilidades. A veces me pasa. Pero en ese momento tenemos que esforzarnos para rezar y prestar atención.

- Las personas no son iguales. Tu hija tiene otra forma de ver las cosas, diferente a la tuya. Mientras te contentas con aceptar lo que dicen los demás, ella no lo acepta. Primero necesita entender para luego aceptar.

- ¿Un buen calmante no la harían más tranquila?

- Puedo hacer eso, tu hija no lo necesita. Noto que estás nerviosa, me gustaría que pensaras en lo que te voy a decir. Carolina es inteligente, cuestiona el porqué de las cosas. Reflexiona sobre lo que oye o ve. Deberías estar orgullosa de tener una hija con estas cualidades.

-Yo quisiera que fuese como las demás.

- Pero ella no es. Piensa, analiza, percibe. Hablaré con Augusto al respecto. Sería bueno que la escuchasen y respetasen su opinión.

- ¡No es posible hacer eso! Sería un caos.

- Mucho peor es obligarla a hacer cosas que no le gustan y la hacen sentirse mal. Es su naturaleza, ustedes no podrán hacer que cambie. Después de todo, no disfrutar de ir a misa no es tan grave así. Puedes enseñar valores espirituales en casa. Esto es lo más importante.

- ¡Augusto nunca aceptará tal cosa! ¿Quieres decir que tendré que seguir estando al medio de estos desencuentros en casa?

- Cálmate, doña Ernestina. Te voy a recetar un tranquilizante suave para que te sientas mejor. Quieres que tu hija cambie para que no tengas que afrontar ningún enfrentamiento. Pero la vida está llena de enfrentamientos. Todos los días colocan en nuestro camino situaciones que tendremos que enfrentar. Huir no resuelve, al contrario, los problemas crecen y mientras no los enfrentamos, no se resuelven solos.

- Pero yo los estoy enfrentando. Quiero mantener a la familia en paz.

- Quieres que tu hija cambie su temperamento. Eso no es posible.

Ernestina se puso de pie nerviosa:

- ¿Cómo no? Ella es joven y tiene que cambiar. ¡Hasta parece que estás en mi contra!

- Tranquilízate. Siéntate y escúchame. Estoy del lado del sentido común. Deseo que ustedes tengan una buena relación. Pero actuando de esa manera, ustedes solo van a conseguir que tu hija se ponga peor. Mientras usen más autoridad, ella más se va a resistir.

- Es así como ella lo hace – convino Ernestina volviendo a sentarse.

- Ustedes necesitan usar la inteligencia. Ella quiere entender las cosas, ustedes deben hablar y aclarar.

- Ella hace preguntas que no sé cómo responder.

Él rio y consideró:

- Dile que no sabes y trata de averiguarlo. En nuestra ciudad tenemos una biblioteca muy buena.

- Estudiar, doctor, ¿a mi edad?

- ¿Y cuál es el problema? Silvia y yo siempre estamos estudiando algo. Esto hace que la vida sea más interesante. Hay muchas cosas que aprender. Inténtalo. Te sorprenderás.

- Voy a intentarlo - mintió.

No tenía ninguna intención de seguir este consejo que consideró ridículo. Pensó que no tenía nada más que hacer allí.

[25]

El médico le prescribió una receta y se la entregó.

- Toma veinte gotas antes de acostarte. Te sentará bien.

Ella agradeció y se fue. Se sentía decepcionada. Carolina la estaba esperando en la otra sala leyendo una revista.

Ella pagó la consulta a la recepcionista, luego se acercó a Carolina:

- Vámonos.

Salieron. En el camino de regreso, Ernestina no dijo una palabra. Carolina inmediatamente notó por su fisonomía que no estaba satisfecha.

¿Qué había hablado con el médico durante tanto tiempo? ¿Qué te habría dicho? Ella no saliera feliz después de esa conversación.

De hecho, sentía que su madre no era una persona feliz. Cerrada, nunca expresaba sus sentimientos. Aunque la madre se esforzaba por demostrar a todos que ella y su esposo eran una pareja feliz, Carolina estaba segura de lo contrario.

Cuando su padre estaba en casa, percibía en ella una ansiedad, siempre queriendo descubrir lo que él quería, para que no tuviese que quejarse de nada.

Ella se enorgullecía de ser una perfecta ama de casa. Le encantaba poner personalmente en los armarios la ropa, impecablemente lavada y planchada, todo estrictamente limpio en su debido lugar.

Sus ojos brillaban satisfechos cuando alguien elogiaba sus prendas domésticas. Carolina notaba que su padre nunca la elogiaba. Exigente en los detalles más pequeños, pensaba que la esposa tenía la obligación de hacer que todo fuera perfecto.

Ella nunca había visto a su madre despeinada, vestida de manera más informal. A veces tenía la impresión que ella se acostaba vestida y no se movía para no despeinarse.

[26]

Cuando era niña, a menudo desarreglaba los cajones de su madre, escondía sus pertenencias, para ver si ella se ponía más cómoda. Su madre la castigaba y la obligaba a colocar todo en su lugar. Después, lo arreglaba a su manera.

Cuando llegaron a casa, Carolina se fue a su habitación, interesada en seguir leyendo el romance.

Ernestina fue a ver cómo iban los preparativos de la cena. Augusto Cezar no había llegado. ¿Qué le diría? Sabiendo que Carolina no estaba enferma, seguro que sería más exigente con ella y la situación podría empeorar.

Tal vez fuese mejor que le diga que el médico iba a conversar con él al respecto. Pensando así, subió a cambiarse de ropa y descansar hasta la hora de cenar.

CAPÍTULO 2

En aquella tarde, Augusto Cezar buscó a Ernestina.

- Está en el dormitorio - dijo Ruth.

Él subió a hablar con la esposa. Estaba ansioso por saber qué había dicho el médico sobre Carolina.

Ernestina se estaba preparando como todas las tardes para esperar a su marido.

- ¿Y entonces? - Le preguntó -. Llevaste a Carolina al médico, ¿qué te dijo?

- Bueno... La examinó y quedó en hablar contigo al respecto.

- ¿Cómo? ¿No te dijo nada?

- Dijo que es frecuente que las jovencitas se desmayen en la iglesia por el olor a incienso, del ambiente, etc.

- Eso ya me lo había dicho. Pero ¿qué pasa con su salud?

- No encontró nada.

Él sacudió la cabeza con irritación:

- ¿No te dije? Esa chica está fingiendo. Pero no permitiré que nos engañe de nuevo. El domingo tendrá que ir a misa como es necesario.

- Antes de decidir que sería mejor hablar con él. Tengo la sensación que no dijo todo.

- ¿Por qué no?

- Tal vez por estar frente a ella, no lo sé. Ve a hablar con él.

- Bien, iré. ¿Dónde está ella ahora?

- En su habitación.

- Ella vive en su habitación. Parece que no le gusta estar con la familia.

- No es nada de eso. Yo siempre estoy ocupada, Adalberto estudiando con amigos, ella no tiene con quien hablar. Si tuviera una hermana, sería diferente. A su edad yo estaba siempre con mis dos hermanas.

- Hablaré con él mañana. Ahora voy a darme una ducha y bajar a cenar.

- Haz eso, hoy hice aquella torta de palmito que te gusta.

Antes de bajar, Ernestina pasó por la habitación de Carolina, giró la perilla, la puerta estaba cerrada. Molesta, llamó con insistencia. Cuando Carolina abrió, dijo:

- Ya te dije que no cerraras la puerta. ¿Por qué haces eso?

- La cerré debido a Adalberto. Quería dormir un poco. Él no respeta mi privacidad. Suele entrar, gritarme al oído, tirarme la sábana.

- Él no haría nada si no te importaras con sus payasadas. Cuanto más te irritas, más disfruta haciendo. También no solo es él, tú también te quejas de todo lo que él hace. Nunca he visto a dos hermanos tan pendencieros. Siempre me llevé bien con mis hermanas.

- Ya sé, ustedes fueron muy amigas. Pues yo cierro la puerta para no pelear. Solo por eso.

Ernestina suspiró desanimada:

- Tu papá está en el baño y pronto serviré la cena. Será mejor que te prepares y bajes. No me quiero retrasar.

- No tengo hambre. Prefiero quedarme sin cenar.

Ernestina sacudió la cabeza vigorosamente:

- Sabes que tu padre exige que todos estén en la mesa a la hora de la cena. Intenta bajar. No más problemas. No inventes moda o te castigaré yo misma. Estoy cansada, merezco cenar en paz.

Carolina concordó. Si ella no fuese, tendría que escuchar varios sermones. Era mejor obedecer. Quería volver pronto a su habitación y continuar con la lectura. El libro estaba muy interesante. Cuando bajó, Adalberto ya estaba en la sala y ella lo miró enojada. Sabía que era disimulado. Fingía obedecer todo lo que sus padres decían, pero lejos de ellos hacía lo que quería.

En una de sus discusiones había dicho:

- Tú que eres una tonta. Soy mucho más inteligente que tú.

- Tú eres un fingido. Delante de ellos eres un santo, educado, amable, pero a sus espaldas haces todo diferente.

- ¿Y qué ganas siendo rebelde, discutiendo con ellos? Solo te buscas discusiones. Haz como yo. Estate en casa a la hora del almuerzo y la cena, ve con ellos los domingos a misa, di sí a todo, alaba la vida familiar y verás que no tendrás problemas.

- No tengo estómago para ser falsa. Me gusta decir lo que siento. Ser verdadera.

- Entonces no te quejes. Sigue avergonzándonos como lo hiciste el domingo.

Viéndola entrar en la sala Adalberto sonrió:

- ¿El Dr. Jorge encontró tu enfermedad? ¿Te recetó algún medicamento?

- No estoy enferma.

- Lo sé. No recetó nada porque todavía no han inventado una medicina para la estupidez.

Carolina lo fusiló con la mirada y no respondió. Ernestina, que entraba y lo escuchó, intervino:

- Cállate, Adalberto. Tus bromas siempre dan malos resultados.

- Es que Carolina no tiene sentido del humor.

- Te dije que te quedaras callado. Tu padre está bajando.

Augusto Cezar entró al comedor, miró a su alrededor y dijo:

- Buenas tardes. Vamos a sentarnos. Puedes mandar a servir.

La cena transcurrió en silencio. Carolina tenía los ojos en el plato y su madre se estaba ocupando que nada faltase y ninguno de sus hijos dijera nada estúpido. Augusto Cezar, de vez en cuando, lanzaba una mirada inquisitiva a todos.

Queriendo mejorar el clima, Adalberto trató de hablar sobre sus clases en la universidad y su padre se interesó. Augusto Cezar prefería que su hijo fuese ingeniero, como él, pero tendría que irse a estudiar a otra ciudad y no quería que su hijo se quedara fuera de su control.

Cuando Adalberto decidió estudiar Derecho, él estuvo de acuerdo. Como abogado, también podía dirigir el negocio familiar como quería.

- Trata de estudiar mucho. Tan pronto como ingreses al segundo año, comenzarás a trabajar en la empresa para familiarizarte.

- No sé si estaré preparado para trabajar. Estoy comenzando. Aun no sé nada. Creo que es demasiado temprano.

- Al contrario. Cuanto antes empieces, mejor. El estudio es importante, pero lo importante es la práctica que te va a mostrar la mejor forma de utilizar las teorías. Para tener éxito profesional, una cosa no puede existir sin la otra. Ya lo decidí. A principios del próximo año comenzarás a trabajar.

Adalberto bajó la cabeza sobre el plato para que su padre no se diera cuenta de su enfado, y respondió:

- Está bien.

Los de ojos de Carolina brillaron irónicos cuando miró a su hermano. Pero no dije nada. Quería que la cena terminara pronto para poder reanudar la lectura.

Cuando el padre se levantó de la mesa, Carolina fue al dormitorio, cerró la puerta, tomó el libro y se sentó cómodamente en el sillón.

Abrió el libro, pero tenía sueño. Lo volvió a cerrar colocándolo sobre la mesita. Se recostó y se quedó dormida.

Soñó que caminaba por un sendero en un campo verde. Admiró el cielo azul brillante y notó que el verde de las plantas estaba más vivo de lo que solía ver. Se sentía ligera, alegre, de buen humor. Caminó rápido, ansiosa por llegar, sin saber a dónde.

Encontró una plaza donde había un quiosco de música de color blanco rodeado de flores. El jardín era maravilloso. Encantada, Carolina se sentó en una banca, mirando a su alrededor con ganas de ver todo.

Fue cuando vio acercarse al chico que había visto en la iglesia y que la había llevado a pasear.

- ¡Te conozco! - Dijo ella, levantándose y yendo a su encuentro.

- Lo sé. Sentémonos y hablemos.

- A pesar de nunca haber estado aquí, este lugar me es familiar.

- Claro. Solías venir mucho aquí.

- No me acuerdo.

- Es natural. Reencarnaste y esa fase es de olvido. Pero según acordamos antes de nacer, yo estoy a tu lado.

- Siento que te conozco, pero no sé dónde. ¿Quién eres, cómo te llamas?

- Marcos. Somos amigos desde hace mucho tiempo. Te traje aquí para hablar de nuestros proyectos. Él le puso la mano derecha en la frente diciendo:

- Ahora vas a acordarte de mí.

De su mano salía una energía de colores entró en su frente y circuló alrededor de la parte posterior de su cuello. Carolina se estremeció, abrió los ojos y dijo alegremente:

- ¡Marcos, eres tú! ¡Qué alegría!

Lo abrazó con cariño. Se quedaron así unos segundos, luego él dijo:

- ¿Ahora te acuerdas?

- Sí. Qué bueno verte.

- Te traje aquí porque es hora que comencemos con nuestros proyectos. Sé que no será fácil. Por otro lado, contarás con toda la ayuda que necesites.

Continuaron conversando durante algún tiempo. Finalmente él dijo:

- Es hora de volver. Al despertar te olvidarás de nuestra conversación, pero esta experiencia quedará grabada en tu memoria y será un punto positivo que te ayudará.

- ¡Estoy tan bien aquí! Me gustaría quedarme un poco más.

- También me gustaría. Pero debemos volver.

- Es que ahí me siento fuera de lugar. La gente es tan diferente a mí.

- Tú tienes más experiencia que ellos, lo que te concede da una mayor responsabilidad en la relación. Por haber vivido más tiempo, eres más capaz de entender su relativismo sin dejar de ser tú misma.

- Es lo que he estado tratando de hacer.

- La confrontación, no siempre es el mejor camino. La firmeza es necesaria, pero sin agresividad ni rebeldía. Es cruel exigir de alguien lo que todavía no puede dar.

- Pero si los dejo, ellos van a transformar mi vida y obstaculizar nuestros proyectos.

- Puedes ser firme sin ser rebelde. Posiciónate de manera clara, pero sin irritación.

Mirando a los ojos de la persona envolviéndola con pensamientos de luz y amor.

- Es que cuando estoy ahí, olvidándome de todo, me ha costado superar la irritación. Si tan solo pudiese recordar nuestra conversación aquí...

- Sé cómo es eso. Pero tienes que intentarlo. Puedes superar todo eso.

- Voy a intentarlo. Pero cada vez que cometa un desliz, haz algo, avísame.

Marcos sonrió y respondió:

- Voy a ver lo que puedo hacer. Ahora te llevaré de regreso.

- Recuerda que cuando estés molesta, posiciónate con firmeza, mira a los ojos a tu interlocutor, envíale luz y amor.

Carolina despertó escuchando las últimas palabras de Marcos. Todavía sentía en el pecho una gran euforia que le causaba una sensación agradable.

Miró alrededor esforzándose por recordar el sueño. Estaba segura que se había encontrado con el chico que la había visitado en la iglesia y que se llamaba Marcos. Recordaba haberlo abrazado, haber conversado. Pero ¿sobre qué?

La escena todavía estaba clara en su memoria, la belleza del lugar... Pero, por mucho que se esforzase no conseguía recordar todo lo que habían conversado, solo sus últimas palabras todavía resonaban en sus oídos:

- Puedes ser firme sin rebelarte. Posiciónate de manera clara, pero sin enfado. Mirando a los ojos de la persona envolviéndola con pensamientos de luz y amor.

Se acordó las exigencias irrazonables de su padre y la pasividad excesiva de su madre, además de las provocaciones de su hermano y pensó:

- Ser firme será fácil. Pero con solo pensar en lo que ellos hacen, me enojo. Será difícil conseguir en esos momentos tener pensamientos de luz y amor. De todos modos, lo intentaré.

✳ ✳ ✳

El sábado por la noche, después del programa de televisión con la familia, Carolina se levantó:

- Voy a subir a dormir. Buenas noches a todos.

- Espera Carolina – dijo Augusto Cezar -. Mañana vamos a la misa de las diez. Quiero a todos listos media hora antes.

Carolina sintió un impulso de ira, pero se esforzó por controlarlo. Se detuvo frente a su padre que la miraba desafiante, lo miró a los ojos imaginando que rayos de luz lo envolvían, y dijo con voz tranquila:

- No me gusta ir a misa, no entiendo nada de lo que dice el cura. Me siento mal cada vez que voy. No quiero ir. Prefiero rezar en mi habitación, a mi manera. Pero no deseo desobedecer una orden tuya, si me obligas, iré. Pero sería feliz si me dejaras quedarme.

Augusto Cezar la miró asombrado y en el primer momento no supo qué decir. Ernestina intercambió una mirada de sorpresa con Adalberto.

[35]

Notando que los tres lo miraban atentos, esperando una respuesta, él reaccionó:

- Quiero a todos juntos en la misa. Hago esto para pedir la protección de Dios. No sabemos qué puede pasar mañana, los peligros a los que ustedes, jóvenes, estarán sujetos. Es una tradición en nuestra familia, mis abuelos, mis padres, todos lo hicieron. Aunque la familia es numerosa, nadie se ha atrevido jamás a romper con esta costumbre.

Hizo una pausa y, notando que los tres seguían esperando, continuó:

- Cuando yo tenía tu edad, tampoco entendía lo que decía el cura, creía que era aburrido, prefería jugar fútbol con amigos. Pero hoy entiendo que mis padres actuaron así para protegerme y estoy agradecido por lo que hicieron por mí. Como padre, tengo el deber de darles una buena formación espiritual. Por eso mañana tendrás que ir a misa -. Su tono era cariñoso, Carolina por primera vez entendió por qué actuaba así y respondió:

- Está bien, papá. Voy a ir. Buenas noches a todos.

Ella salió de la sala y Adalberto comentó:

- ¿Qué le dio? No creo en esa mansedumbre. Cuidado, ella va a salir con algo.

- No me gustó tu comentario mezquino - dijo Augusto Cezar -. He observado que te gusta provocar a tu hermana. Es una falta de respeto y no me gusta nada.

- Disculpa, papá, ya no actuaré así - prometió tratando de ocultar la molestia -. Voy a salir a dar una vuelta. No tardaré.

Después que él se fue, Ernestina comentó:

- Carolina parece cambiada.

Ya no es una niña, siento que ha madurado.

Ernestina suspiró aliviada. Esperaba una discusión desagradable, que no sucedió. A pesar de la actitud cordial de su hija, temía que ella cambiase de idea.

Carolina fue a su habitación, cerró la puerta con llave, tomó la novela que estaba leyendo y se acomodó en el sillón. No abrió el libro. Seguía pensando en su encuentro con Marcos, intentando recordar algo más.

El lugar, el abrazo el bienestar, la alegría que había sentido, continuaban vivos en su memoria, pero de la conversación solo recordaba las últimas palabras.

Él tenía razón. Su padre nunca explicaba por qué daba una orden. Por primera vez, se había justificado. Carolina notó que él actuaba de esa manera a fin de protegerlos. Claro que ella pensaba diferente. No se conmovía con rituales que no entendía, pero era sensible a la belleza de las cosas, veía a Dios en todas partes, creía que el Universo era comandado por la fuente de vida y que la esencia divina estaba dentro de su corazón. Cuando sentía la necesidad de hablar con Dios, se retiraba y dejaba que su alma se expresara. Tenía la certeza que estaba siendo escuchada.

Pero su padre no sabía eso. Cumpliendo el ritual religioso de la familia, creía que estaba cumpliendo su papel de padre. Obligando a sus hijos a obedecer ciegamente sus determinaciones, pretendía saber lo que sería mejor para ellos ser felices. ¡Qué ilusión!

No queriendo un enfrentamiento, Adalberto había adoptado una postura falsa frente a la familia; lejos de los padres, actuaba de diferente manera.

La experiencia que acababa de tener fuera reveladora. Marcos tenía razón. Ella cediera al deseo de su padre, no por miedo, ni porque cambiara su forma de ver, sino porque notó que él los amaba y pensaba estar haciéndoles un bien.

¿Cómo explicarle sus razones más íntimas? Sentía que él no estaba listo para entender. Le encantaría hablar con él sobre su forma de ver el mundo, la vida. Mostrarle que había muchas cosas más allá de las apariencias, que la vida era más de lo que parecía ser.

Pero sentía que aun no estaba listo. Marcos le había aconsejado que tuviera paciencia. Ahora entendía por qué.

Pensó en su madre, siempre temiendo algo, ocultando sus verdaderos sentimientos, insegura, sin el coraje de posicionarse, aceptando pasivamente las órdenes de su marido.

Carolina no recordaba que ella las cuestionara ni una vez. ¿De qué tenía miedo? ¿Por qué se había apegado de esa manera? Era una mujer hermosa y elegante, pero sus ojos no tenían brillo. ¿Cómo sería tu mundo íntimo? Ciertamente no era feliz.

A pesar de aparentar alegría y bienestar, su familia no era feliz. Su padre no compartía sus opiniones con su esposa, daba órdenes, mostraba autoridad. Probablemente porque no la consideraba capaz de adoptar una actitud adecuada.

Ya Carolina pensaba de manera diferente. Había notado que cuando Ernestina estaba distraída, relajada, y su padre no estaba cerca, demostraba un profundo sentido práctico, dejando escapar frases que revelaban un espíritu agudo y observador. ¿Por qué en su presencia se apagaba tanto?

Ya Adalberto, a pesar de estar siempre alegre, de buen humor y sin quejarse nunca de nada, ella notaba el esfuerzo que hacía por no demostrar ningún enfado, cada vez que su padre exigía algo de él. Era un papel que jugaba, deseando ser querido, haciéndose pasar por un buen muchacho.

¿Por qué sería que actuaba así? Ocultar sus sentimientos, mostrar una alegría que no sentía, no habar de sí mismo, de lo que le gustaba o no, debería ser muy penoso.

A Carolina no le gustaba fingir. Ella era profundamente verdadera. Comprendió que, si Marcos no la hubiese ayudado, seguiría reaccionando de manera inapropiada.

La pequeña experiencia de ese día había demostrado que era posible posicionarse, hablar de sus sentimientos, ser escuchada.

Era verdad que el domingo tendría que ir a misa con su familia. Al parecer nada había cambiado. Pero conociendo las razones de su padre, reconociendo sus límites, sería menos penoso obedecerle.

En ese momento, se dio cuenta que la forma en que él le daba las órdenes la incomodaba, era como si ella fuese incapaz de elegir su propio camino.

Se llevó las manos a su rostro asustada: "Ella era tan vanidosa como él".

Entonces le pareció escuchar la voz de Marcos diciendo:

- ¿Por qué crees que tienes un padre así? ¿Por qué, a pesar de los conocimientos que ya tienes, tuviste que nacer en una familia como la tuya? Sepa que la vida hace todo bien. Nadie es una víctima.

¿Cuántas cosas había allí que aun no sabía? ¿Qué necesitarías aprender para ser feliz?

Se sintió un poco insegura. Recordó que Marcos le había prometido ayudarla. ¡Ah! ¡Si tan solo pudiera estar con él de nuevo! ¡Sentir esa sensación de ligereza y alegría!

¡Si tan solo pudiera recordar de qué habían hablado! La próxima vez que estuvieran juntos, le iba a pedir que no la dejara olvidar.

Quería conservar todos esos momentos mágicos de espiritualidad y comprensión.

Pensando en ello, juntó las manos y murmuró una oración de agradecimiento por poder tener este amigo.

Luego se prometió a sí misma esforzarse por seguir el sabio consejo que él le había dado.

Aliviada y tranquila, abrió el libro y esta vez se sumergió en la lectura con placer.

CAPÍTULO 3

Eran las siete de la noche del sábado cuando Adalberto finalmente logró salir de la casa. Su amigo Romeo le había confiado que Ana María estaría en la plaza con Sônia.

Romeo estaba interesado en Sônia y había concertado una cita con ella, quien le había dicho que iría con Ana María, ya que su padre no la dejaba salir sola. Se apresuró a avisar a Adalberto. Sabía que su amigo estaría feliz de acompañarlo. Hacía tiempo que Adalberto quería acercarse a la joven. Pero ella era difícil y no le daba oportunidad.

Él se había arreglado temprano, se había esmerado en la limpieza, pero esa misma noche, la cena, a pesar de haber sido servida a la hora habitual, tomó más tiempo de lo habitual.

Su padre estaba hablando, emocionado, haciendo planes para el futuro y él no veía la hora de salir. Estuvo a punto de protestar, pero logró controlarse. Si protestara, podría ser peor.

Solo Carolina notó su impaciencia y el esmero con el que se había arreglado para salir. Pero Augusto Cezar, de buen humor, no notó nada.

Una vez en la calle, Adalberto fue a encontrarse con su amigo con pasos rápidos.

- ¡Vaya, tardaste demasiado! - Se quejó tan pronto como lo vio.

- Para mí estaría aquí mucho antes. Pero parece que mi padre estaba adivinando. Tiene el poder de ser desagradable. Se le dio por hablar y no paraba.

- ¿Por qué no te disculpaste y saliste?

- Porque él se molestaría y yo soy bueno en política. No quiero incomodarlo.

- ¿Es por eso que prefieres aborrecerte y te arriesgas a perder la oportunidad de conversar con Ana María? En mi casa, cuando quiero salir más temprano, aviso y listo.

- No puedo hacer eso.

- ¿Crees que se molestará solo porque quieres irte un poco antes?

- A él le gusta reunir a su familia durante las comidas. Quiere que todos estén en la mesa a la hora de la cena. Es una regla, casi un ritual.

Se enojaría si me fuera antes.

Los dos caminaron apresuradamente. La plaza estaba llena. Salieron a caminar, buscando a las dos niñas, pero ellas no estaban.

- Son las siete y cinco - murmuró Adalberto -. ¿Se rindieron?

- No lo creo. Sônia se emocionó mucho cuando organizamos la reunión. Estoy seguro que vendrá.

Unos minutos más tarde llegaron. Después de los saludos, Sônia dijo:

- Vine a decir que es mejor que programemos otro día. Escuché a mi padre invitar a mamá a que viniera a la plaza a tomar un helado. No quiero que nos vean juntos.

- Hace tiempo que quiero hablar contigo y no quiero perder esta oportunidad - dijo Romeo -. Salgamos de aquí, busquemos un lugar discreto para hablar.

Adalberto devoró a Ana María con la mirada. Se veía hermosa con su vestido de seda rojo, su cabello ondulado caía sobre sus hombros, sus labios carnosos se entreabrieron en una sonrisa.

Quería hablar, ser interesante, pero a su lado permaneció en silencio, sin saber qué decir. Ella notó su vergüenza y sonrió con satisfacción.

Caminaban uno al lado del otro. Romeo un poco más adelante con Sônia. Adalberto respiró hondo y reaccionó:

- Quería hablar contigo durante mucho tiempo. Pero siempre que nos encontramos estás con alguien de tu familia.

- Mis tíos son muy exigentes en materia de amistades.

- Supe que viniste para acá porque murió tu mamá

- Así es. Mis tíos son mis únicos parientes. Mi padre murió cuando yo era pequeña, mi madre cuando yo tenía dieciséis años. Mis tíos fueron a buscarme. La tía Ángela es la única hermana de madre y no tengo otros parientes.

- Viviste en São Paulo, ¿ya te acostumbraste a vivir aquí?

- Al principio fue difícil, las costumbres son diferentes. Además, era muy cercana a mi madre y la extrañaba mucho.

Sus ojos brillaron de emoción y Adalberto dijo:

- Me lo puedo imaginar.

- Mi vida ha cambiado radicalmente. Mis tíos son muy buenos, pero cuando pueda tengo la intención de volver a vivir a la capital.

- ¿Tus tíos quieren ir allí?

- No. Les encanta estar aquí. Pero deseo una vida diferente. Me gusta el movimiento de la gran ciudad. Todo por aquí está demasiado tranquilo para mi gusto. Pero basta de hablar de mí. Y a ti, ¿te gusta vivir aquí?

- Nací aquí. Estoy acostumbrado a esta vida tranquila.

- Sé que estudias Derecho. ¿Tienes la intención de quedarte aquí después de graduarse?

- Aun no lo sé.

- En São Paulo tendrías más oportunidades de hacer carrera, ganar dinero. Si te quedas aquí nunca subirás en la vida.

- Nunca me preocupé por eso. Mi padre se graduó, siempre vivió aquí y tuvo una buena carrera. Vivimos muy bien.

- Ustedes se conforman con poco.

El tono con que ella lo dijo le molestó y él respondió:

- Estás equivocada. Tenemos un buen nivel de vida. De hecho, a mi padre le gusta el lujo y la comodidad.

- Si ustedes están satisfechos con lo que tienen, no lo cuestiono. Solo sé que yo, tan pronto alcance la mayoría de edad voy a vivir a la ciudad.

- Pero dijiste que tus tíos no van a ir.

- ¿Y eso? Me voy de todos modos.

- Una chica sola en la capital, ¿lo crees correcto? Levantando la cabeza hacia atrás, se rio a carcajadas:

- Ya estás contaminado por la mentalidad del interior. Piensas en pequeño. No me conformo. En São Paulo hay muchas jóvenes que no viven con sus familias. Quieren progresar en la vida. Estudian y trabajan para mantenerse.

- ¿Eso es lo que llamas una buena vida? Aquí con tus tíos no tienes que preocuparte por ganarte la vida. Por lo que he observado, ellos viven muy bien.

Estudias en la mejor escuela, siempre estás bien arreglado, tienes la compañía y el cariño de los que te quieren. Es una locura abandonar todo esto para sufrir sola en una gran ciudad.

- Vine a vivir con ellos, vivo a sus expensas. Por eso, me veo obligada a obedecerlos, a hacer lo que quieran. Mi tío es más liberal, pero mi tía es muy exigente. Quiere todo a su manera.

Continuaron caminando lentamente hasta llegar a una pequeña plaza. Al ver que Romeo y Sônia se habían sentado, buscó un asiento un poco más adelante y se sentaron.

Adalberto retomó el tema:

- Tu tía está cumpliendo tu papel. Hace eso pensando en tu bienestar.

- Lo reconozco. Pero yo soy diferente a ella. Quiero tener derecho a vivir a mi manera. En unos meses cumpliré veintiún años. Así que me iré.

- ¿Cómo planeas vivir en la ciudad?

- Los bienes que me dejaron mis padres están en manos de mis tíos hasta que cumpla la mayoría de edad. Con ellos, creo que puedo vivir muy bien en São Paulo.

- Sentiré tu falta. No te vayas.

Ella lo miró a los ojos, retiró la mano y respondió:

- Nada me hará renunciar a mis planes. No estás incluido en ellos.

Su respuesta directa hizo que la sangre subiera al rostro de Adalberto y éste reaccionó:

- Dije que te extrañaré, no es que tenga la intención de casarme contigo.

La inesperada respuesta despertó su curiosidad, que decidió provocarlo:

- ¿Por qué no?

- Porque eres ambiciosa y eso no me gusta. Prefiero elegir una chica que disfrute de la vida familiar.

- Haces bien al tipo de gente de esta ciudad. Afortunadamente, no tenemos nada que ver el uno con el otro.

- ¿Cómo puedes saberlo? Estamos hablando por primera vez.

- Es suficiente - ella respondió, mirándolo desafiante.

Adalberto irritado no pudo evitarlo, la agarró y la besó en los labios con pasión. Aunque sorprendida, ella le devolvió el beso y él emocionado, continuó besándola. Finalmente, ella se separó de él diciendo:

- Me agarraste por sorpresa. ¿Por qué hiciste eso?

- Hace mucho que quería besarte. No podía perder la oportunidad, ya que pronto te irás.

- Eres un cínico.

- Quería que probaras el gusto de mis labios.

- ¡Pretencioso! Para mí estos besos no significaron nada.

- Pero bien que correspondiste -. Ella se levantó enojada:

Esta conversación sin gracia ya fue demasiado lejos. Me voy. Si Sônia quiere quedarse, que se quede.

Adalberto la tomó del brazo y le preguntó:

- Siéntate, por favor. Prometo que me portaré bien. Si te vas, Romeo peleará conmigo. Está muy interesado en Sônia.

- Espero que sea más confiable que tú.

- Siéntate, vamos.

Ella se sentó, manteniendo cierta distancia.

- Ya te dije que me comportaré - repitió acercándose a ella -. Reconoce que provocaste.

- No es verdad. No quise venir porque noté tu interés en mí. Primero porque no tengo la intención de salir con nadie; luego, incluso si tuviera ese deseo, nunca sería contigo. Fui sincera al decir que no estabas incluido en mi vida.

Ella fue directa y sus palabras cayeron sobre su entusiasmo como un balde de agua fría. Él se esforzó por controlar la decepción. No quería que se diera cuenta de su desánimo.

- Estás exagerando. No dije que quisiera salir contigo. Tienes boca apetitosa y yo quería besarla. Pero no estoy enamorado de ti. Pero ya que fuiste tan franca, dime, ¿por qué esa aversión por mí?

- No tengo aversión. Cuando vivía en São Paulo tuve muchos aborrecimientos por causa de un admirador enamorado que prometía hasta matarme si no lo aceptaba. Tengo la intención de casarme con un hombre mayor que yo, con una vida definida. Estoy siendo honesta contigo.

- Incluso demasiado. A pesar de todo, respondiste a mi beso y disfruté la experiencia.

Lo dijo en tono de broma y ella sonrió:

- Para ser sincero, también me gustó.

- Si quieres podemos repetir la dosis. Estoy disponible.

- No repetiremos nada. Algún día encontrarás una chica hermosa y te enamorarás de verdad.

Romeo y Sônia se acercaban y también se levantaron.

- Vamos - invitó Sônia.

Caminaron de regreso a las cercanías de su casa.

- Vamos a despedirnos aquí. No quiero que nadie nos vea -. Se despidieron. Romeo estaba radiante.

- Somos enamorados - dijo tan pronto como se fueron.

- Felicitaciones.

- También te fue bien. ¿Crees que no vi los besos?

- Al contrario. Ella me dijo claramente que no tiene la intención de tener un enamorado. Quiere irse a São Paulo.

- No lo entiendo. Entonces, ¿por qué el beso?

- Ella me estaba provocando, diciendo que no quería tener nada que ver conmigo, así que la besé.

- ¡Vaya, qué coraje! ¿Ella no reaccionó?

- A ella le gustó eso. Correspondió, pero se le ocurrió una conversación que no quiere tener enamorado, que se va de aquí.

- Pues yo estoy enamorado.

- Mejor para ti.

- No lo sé. Ella se siente muy segura con sus planes, tanto que tengo ganas de insistir solo para hacerla cambiar de opinión.

Romeo lo miró con incredulidad y respondió con cierto aire de malicia:

- ¿Crees que podrías hacerlo?

- Estoy seguro. No sé si vale la pena. Ella me atrae, pero no estoy enamorado.

- Dices eso porque estás enojado. Nunca te habían dado un desquite como ese.

- De hecho, hay muchas chicas que darían cualquier cosa porque las eligiera. Solo que ninguno de ellas me atrae.

Romeo se rio y objetó:

- Si Ana María estuviera interesada en ti, te garantizo que estarías feliz. Reconoce que estás enamorado de ella.

- No lo estoy. ¿Por qué insistes en eso?

- De acuerdo. No diré nada más. Estoy muy feliz hoy para discutir contigo. Vamos, mañana tengo que levantarme temprano.

Adalberto llegó a casa enojado. Carolina estaba en la cocina bebiendo agua y al verlo dijo:

- ¿Qué cara es esa? ¿Fuiste despechado por la chica?

El rubor tiñó el rostro de Adalberto, quien nerviosamente dijo:

- No me provoques que no estoy bien.

Ernestina, que los miraba desde la puerta, intervino:

- ¿Qué es eso? Ni siquiera parecen hermanos. Viven discutiendo. Paren con esta discusión. ¿Dónde se ha visto?

- Fue ella quien comenzó - dijo, señalando a Carolina.

- No haría eso si dejaras de molestarme y me dejaras sola.

- Suficiente. Deberían estar en la cama. Su padre está en la sala, si los escucha, no se librarán de un buen sermón.

Esas palabras tuvieron el don de hacerlos subir en silencio, cada uno a su habitación.

Adalberto se tendió en la cama recordando el encuentro con Ana María. Él no estaba enamorado, pero si ella hubiera mostrado incluso un poco de interés en él, tal vez lo habría hecho.

Recordó los besos que habían intercambiado. Si ella no sentía nada por él, ¿por qué respondería tan ardientemente?

Ante ese pensamiento, sintió un agradable calor en el pecho. "A ella le gustó. Quien desprecia comprar", pensó.

Si lograba conquistarla, sería la gloria. No solo frente a amigos, sino frente a Carolina.

No, no se daría por vencido. Tal vez necesitaba cambiar de técnica. Hasta entonces, estaba muy interesado. ¿Y si actuaba exactamente al revés? ¿Si parecía que le gustaba alguien más?

Recordó a Áurea, la niña más linda de la escuela donde estudiaba Carolina. Ella estaba muy interesada en él. Sus amigos habían comentado que estaba enamorada.

A pesar de su belleza, a Adalberto no le interesaba. Debía de tener diecisiete años, él prefería a las mujeres mayores. Solía decir:

- Ella no me interesa. Es muy infantil, debe ser muy mimada, llenas de suspiros, indecisa, aferrada a su madre, que no sabe mantener una buena conversación. Me gustan las mujeres inteligentes, más independientes. Áurea estaba terminando la secundaria [preparatoria actual] y cada vez que la veía, estaba en uniforme. Nunca habían hablado, pero él sabía que los chicos la acosaban mucho.

A pesar de no estar interesado en ella, se sintió halagado cuando sus amigos más cercanos le dijeron que estaba enamorada de él y cada vez que hablaban ella hacía preguntas sobre él. Lo que le gustaba, cómo pensaba, lo que hacía.

¿Qué haría Ana María si empezara a salir con esa chica?

Sonrió pensando en cómo lo haría. Primero, hablaría con Ana María demostrándole que solo quería ser su amigo. De esa manera, ella bajaría la guardia y él podría monitorear de cerca sus reacciones mientras cortejaba a la otra.

Por supuesto, sería tedioso cortejar a esta apasionada chica. Pero era bonita y él habría disfrutado haciéndola desfilar por la ciudad.

En su fantasía imaginaba que poco a poco Ana María sentiría celos hasta que, sin poder controlar más sus sentimientos, finalmente lo buscaría para revelarle su amor.

Luego, intercambiarían un apasionado beso. El terminaría todo con Áurea y se quedaría con ella para siempre.

Dando alas a su imaginación se encontró casado con Ana María, viviendo una luna de miel ardiente y apasionada.

Pensando así, se emocionó mucho y le resultó difícil dormir. Pero estaba dispuesto a actuar poniendo en práctica sus planes.

El lunes, al final de la tarde, cuando Carolina salió de la escuela, se sorprendió al ver a Adalberto con dos amigos parados frente a la escuela.

Pasó junto a ellos sin darle importancia, pero Nelson la detuvo:

- ¿Cómo estás, Carolina?

- Bien, gracias. Y tú, ¿qué haces aquí?

- Estábamos pasando y al ver que te ibas, decidimos esperarte - explicó Adalberto.

- ¿A quién estás mirando? - Preguntó irónicamente.

- Nadie – respondió con ganas de engañar. - Paramos aquí como podríamos haber parado en cualquier parte.

- Está bien - ella estuvo de acuerdo con picardía.

- Pretenderé creer, me voy.

Nelson preguntó:

- Quédate. Es temprano.

Adalberto le dio un codazo a su amigo que fingió no darse cuenta. Carolina le gustaba desde hacía tiempo y esta era una buena oportunidad para acercarse a ella.

- Tengo que irme. A mi padre no le gusta que llegue tarde.

- ¿Vas a ir sola?

- Lo haré, mi colega que vive cerca de la casa no vino hoy.

- En ese caso, ¿puedo acompañarte?

- No es necesario. Ella conoce el camino - dijo Adalberto.

- Realmente lo hago. Y me gusta ir sola. Adiós. Ella se fue y Nelson se quejó:

- ¿Por qué hiciste eso? Sabes que estoy muy interesado en Carolina.

- Pero ella no está interesada en ti. Despúes, es temprano para que ella salga. Mi padre es muy estricto y no me dejaba.

- Tú que querías venir. Pero ya que la encontramos, mejor la acompaño a casa. No iba a pasar nada.

- Realmente no lo estaba.

En ese momento, Áurea y otras dos chicas salían, Adalberto dejó a sus amigos y cruzó la calle, deteniéndose frente a ellas, quienes lo miraron sorprendidos.

- Busco a Carolina. ¿Alguna de ustedes la ha visto?

- Carolina se fue antes que nosotros. Creo que ya se fue - dijo una de ellas.

- Llegué tarde. ¡Qué pena! soy su hermano, mi nombre es Adalberto!

Se presentaron y él les estrechó la mano a cada uno. Sintió que la mano de Áurea estaba fría. Se dio cuenta que ella se había puesto emocional.

Él sonrió con confianza. Su plan tenía todo para salir bien.

Los amigos se acercaban y él se apresuró a despedirse:

- Es un placer conocerlas. Ya nos veremos.

- ¿No vas a presentar a las chicas? - Preguntó Rodrigo.

- Creo que ya se conocen- respondió Adalberto.

- De hecho. Ya nos conocemos - Nelson estuvo de acuerdo.

- Las chicas quieren irse a casa. Ya nos despedimos. Vamos.

Se fueron y Nelson comentó:

- ¿Qué les has dicho?

- Quería verlas de cerca. Nada importante. Vamos.

- ¿Me vas a decir que estás interesado en una de ellas? - Dijo Rodrigo.

- Le gustan las mujeres mayores - comentó Nelson.

- Bueno, me gustó. Si Áurea me quisiera, estaría de acuerdo - comentó Rodrigo.

Adalberto sonrió satisfecho. Después de todo, a pesar de ser una niña, Áurea de cerca era realmente muy hermosa. No tenía el aire provocador de Ana María, pero sus misteriosos ojos verdes eran impresionantes.

Desfilar con ella sin duda pondría celosa a Ana María, además de hacerle creer que él no estaba interesado en ella. Dañando su autoestima, esperaba que ella lo valorara.

Esa noche, cuando llegó a casa para la cena, su padre lo esperaba con una mirada preocupada.

- Por fin llegaste. ¿Dónde has estado toda la tarde?

- Hablando con algunos amigos. Estoy al día con mis estudios y no llegué tarde a cenar.

- No se trata de esto. Siéntate. Necesitamos conversar.

Adalberto obedeció. Augusto Cezar suspiró y volvió con aire triste:

-Tengo que viajar temprano mañana. Recibí una llamada urgente de tu abuela. Mi padre está enfermo y ella estaba muy angustiada.

- Espero que no sea nada y que se recupere pronto.

- Yo también lo espero. Pero me voy a São Paulo a ver qué pasa. Como van las cosas, volveré en dos días. Mientras no esté, tú te encargarás de lo que sea necesario. Ayudará a su madre en lo que necesite.

- Está bien, papá. ¿No quieres que me ocupe de la oficina?

- No es preciso. Doña Adelaida tiene todas las pautas y lo hará muy bien. No pienso demorarme. Prefiero que te ocupes de la casa y no deambules mientras yo estoy fuera.

- Puedes estar tranquilo. Esta noche acordé recoger algo de material en casa de Rodrigo. Pero mañana solo saldré para ir a la facultad.

- Es mejor no salir hoy, quiero que todos se acuesten temprano.

- Necesito este material para la clase de mañana. No voy a tardar. Solo el tiempo de ir y volver.

- En ese caso, vete después de cenar y vuelve pronto.

La cena se sirvió a la hora habitual, pero Augusto Cezar estaba más callado que de costumbre.

Ernestina se esforzaba por parecer natural, pero Carolina se dio cuenta de inmediato que estaba muy nerviosa.

Cualquier cosa que preocupara a su marido la inquietaba. Se llevaba bien con sus suegros, aunque nunca habían vivido cerca.

Guillermina, su suegra, era una mujer con clase, muy reservada, que a pesar de tratarla muy bien, guardaba cierta distancia. Norbert, el suegro, fue más amable. Trataba a los nietos con cariño, hablaba con ellos, interesándose por sus planes y aspiraciones.

Después de la cena, Carolina, como siempre, se fue a su cuarto a leer. Cerró la puerta, tomó el libro, se acomodó en el sillón y comenzó a leer.

Pero de repente un sueño incontrolable se apoderó de ella y el libro se le escapó de las manos, su cabeza se inclinó hacia un lado y se quedó dormida.

Se vio en el techo del dormitorio, miró hacia abajo y vio su cuerpo dormido en el sillón. Era la primera vez que le pasaba esto y se acercó para ver mejor.

¿Qué estaría pasando, habría muerto? En ese instante Marcos le toco el brazo y ella se asustó:

- No tengas miedo, Carolina. No moriste, simplemente dejaste tu cuerpo, como lo haces todas las noches cuando estás durmiendo.

- Esto nunca me había pasado antes.

- Es que ahora estás lúcida. Vine a recogerla para un paseo.

Sintió una gran sensación de bienestar y sonrió feliz.

- Vamos - dijo, poniendo su brazo alrededor de su cintura.

Ambos se levantaron volitando. Carolina sintió una energía deliciosa y su rostro se transformó, volviéndose más hermoso, irradiando luz.

Durante unos minutos se deslizaron por la noche, mirando el cielo estrellado y las luces debajo que se desvanecían lentamente detrás de ellos.

Luego descendieron suavemente a una calle ancha, frente a una enorme puerta. Marcos le tendió la mano y la abrió de inmediato. Entraron en una avenida florida cuyo delicioso perfume los envolvió.

- Qué belleza - murmuró.

- Amo este lugar. Vamos, un amigo nos está esperando.

Llegaron frente a un edificio rodeado de jardines y cuyas paredes parecían de vidrio, aunque no transparentes. Carolina miró todo, no queriendo perderse ningún detalle. Entraron, caminaron por un amplio corredor y finalmente Marcos dijo:

-Es aquí.

Dijo unas palabras, la puerta se abrió y entró Marcos, llevando a Carolina de la mano.

El salón era grande y había una mesa circular, rodeada de sillones a un lado; al frente unas filas de sillas. No había nadie sentado en las sillas.

Marcos la acompañó a la mesa donde estaba sentado un hombre de mediana edad que llevaba una túnica blanca y, al verlos, se levantó para recibirlos.

- ¿Cómo estás mi amor? - Preguntó Carolina.

- Bien. Me siento emocionada. Me di cuenta que no había estado aquí por mucho tiempo.

La abrazó cariñosamente.

- De hecho, ha pasado algún tiempo. Te pedí que vinieras porque se acercan momentos de decisión y quiero que recuerdes nuestros proyectos.

Puso su mano derecha sobre su frente, cuyo semblante se transformó en el de una mujer mayor y un poco diferente de lo que era.

- ¡Benicio! - Exclamó emocionada. - ¡Qué nostalgia! - Se abrazaron felices. Tomándola de la mano, Benicio la llevó a sentarse alrededor de la mesa, ella se sentó de un lado y Marcos del otro.

- Te tomó mucho tiempo traerme aquí.

- Sabes que venir muchas veces hace más difícil permanecer encarnado. La diferencia: la vibración es muy marcada.

- De hecho. La Tierra es un planeta bendito, lleno de belleza y luz, sin embargo, la carga mental de las personas es muy pesada.

- Lo sabías cuando decidiste volver a trabajar allí.

- Sí. Pero no me arrepiento. Es triste sentir la inquietud, la tristeza, la angustia, la revuelta, la ira, el resentimiento, la falta de preparación para hacer frente a las propias emociones, de la inmensa mayoría de los encarnados, cuando sabemos que sus vidas podrían ser mucho mejores si tomaran conocimiento de la espiritualidad. Si conocieran el bienestar que proporciona la práctica de la generosidad, el amor incondicional, la conquista de la lucidez, el desarrollo de sus propios talentos, no permanecerían tanto tiempo en el círculo vicioso del negativismo y no resistirían tanto la práctica del bien mayor.

- De hecho, durante tantos siglos nuestros equipos han estado trabajando en la corteza terrestre, ya sea en el lado astral o vistiendo el cuerpo de carne para actuar directamente en el entorno social y solo ahora sentimos que el proceso se está acelerando. La transformación, que antes era muy lenta, se hizo más rápida, con resultados más positivos.

- Pocos en la Tierra se dan cuenta de lo que está pasando. Las asociaciones de oscuridad que se han asentado cerca de la corteza necesitan ser transformadas. Muchos de los que vivieron allí se reencarnan como última oportunidad de superación - comentó Marcos.

- Es el final de un ciclo. Para desmantelar estas dimensiones pesadas que crearon y que hace muy densa la atmósfera terrestre, era necesario hacerlos reencarnar. Esta es la causa de la ola de violencia que azota al mundo. Sin embargo, aquellos que no aprovechen la oportunidad y persisten en el mal, cuando desencarnen, serán atraídos a un planeta, que fue preparado para ellos y que, debido a sus primitivas condiciones de vida, les enseñará lo que necesitan para aprender.

Carolina suspiró y dijo:

- ¿Esto va a llevar mucho más tiempo?

- No sabemos cuánto tiempo. Pero es irreversible. Quien no conquiste determinado nivel energético, no reencarnará en la Tierra. La gente no lo sabe, pero después que termine este proceso de violencia y todos esos espíritus se hayan ido, la atmósfera de la Tierra se volverá mucho más ligera, la gente más saludable, la naturaleza mucho más hermosa - respondió Benicio.

- Espero que algún día pueda ver eso.

- Todos queremos un mundo más feliz. Ese día llegará para alegría de todos los que trabajan por él.

- Te trajimos aquí para reforzar tu coraje - dijo Marcos.

- Sí. Tu vida familiar cambiará y pase lo que pase, no te dejes impresionar. Todo está bien. Quiero que recuerdes eso. Recuerda que siempre estaremos a tu lado, ayudándote. Ahora tienes que volver.

Se abrazaron con amor y Marcos se fue conduciendo a Carolina, cuya apariencia había vuelto a ser como antes.

Abrazados, los dos regresaron a la casa de Carolina,

Cruzaron la azotea y Carolina lo abrazó diciendo:

- Gracias por darme tanta alegría. Que Dios los bendiga.

- Te ayudaré a despertar.

Carolina sintió su cuerpo pesado. Cuando despertó se sintió ligero de nuevo. La agradable sensación aun la envolvía. En ese momento, la figura de Benicio aun estaba clara en su memoria, le pareció escuchar sus palabras: "Tu vida familiar va a cambiar, y pase lo que pase, no te dejes impresionar. Está bien."

Mirando a su alrededor, reconociendo su habitación, recordó a Marcos con cariño. ¿Quién era el otro hombre? Sabía que habían hablado mucho, pero ¿qué? No puedo recordar

Su vida cambiaría ¿Qué pasaría?

CAPÍTULO 4

A la mañana siguiente, Carolina se despertó temprano. Inmediatamente recordó su encuentro con Marcos el día anterior.

Recordó la agradable sensación de haber volitado abrazada a él, del lugar por donde entraron y la figura de un hombre con el que había hablado. De esa conversación, solo recordaba la última frase:

"Tu vida familiar va a cambiar y pase lo que pase, no te dejes impresionar. Está bien."

¿Que quiso decir con eso? ¿Podría tener algo que ver con el viaje de su padre a São Paulo?

Curiosa, se levantó, se arregló rápidamente y bajó las escaleras. Sus padres estaban en la despensa tomando café. Al verla entrar, Ernestina comentó:

- Es muy temprano. No necesitabas levantarte.

- Quería desearle a papá un buen viaje.

- Gracias, hija mía.

—Siéntate y tómate un café —dijo Ernestina.

Carolina obedeció. Se sirvió café con leche, pero algo la inquietó. No se contuvo:

- Anoche tuve un sueño curioso. Encontré a una persona que me dio una advertencia.

- ¿Qué era? - Preguntó Ernestina

- Dijo: "Tu vida familiar cambiará y pase lo que pase, no te dejes impresionar. Todo está bien."

Ernestina miró a su esposo con preocupación. Augusto Cezar miró a Carolina diciendo:

- ¡Y tú estabas preocupada! Disparates. Sueño y fantasía.

Ernestina se aclaró la cara:

- Es solo un sueño e imaginación. Nada pasará.

- Claro que no - reforzó Augusto Cezar. - Y tú, Carolina, no te inventes historias para preocupar a tu madre. ¡Ella cree en todo! ¡Sueños! ¿Dónde te has visto?

Carolina se quedó en silencio. La inquietud, sin embargo, continuaba molestándola.

- Papá, ¿realmente necesitas hacer este viaje?

- Claro. ¿Por qué?

- No sé. Cuando lo pienso, me inquieto. Preferiría que no lo hicieras.

Augusto colocó su mano sobre la de su hija, sonriendo:

- No quieres que vaya porque tienes miedo de estar sola. Nada pasará. Tu hermano ha prometido quedarse en casa durante mi ausencia. Son solo dos días. Volveré pronto.

Carolina no respondió. Se levantó, se despidió, puso su maleta en el auto y se fue, saludando a los dos que lo acompañaban al garaje.

Ernestina miró a Carolina y preguntó:

- ¿Por qué te impresionó tanto este sueño? ¿Fue una pesadilla?

- No. Por lo contrario. Fue hasta un sueño muy hermoso, donde caminaba por lugares llenos de flores.

- Entonces no entiendo por qué te preocupaste.

- Porque seguro que el mensaje que me dieron fue verdadero. Nuestra vida familiar cambiará. Pero ¿cómo? ¿De qué manera? ¿Papá está pensando en mudarse de esta ciudad?

- Qué idea, hija mía. ¿De dónde sacaste eso? Le encanta vivir aquí. Y mejor deja de fantasear.

Carolina no respondió. En silencio se fue a su habitación a estudiar. Pronto comenzarían los exámenes en la escuela.

Horas después, Augusto Cezar se detuvo frente a la casa de sus padres, en el barrio de Higienópolis.

Era una hermosa casa que había construido su abuelo y que sus padres habían heredado. Allí, él y su hermana Odete crecieron y vivieron allí hasta que se casaron.

Se casó primero, Odete tres años después. Ella no era feliz en su matrimonio. Osmar, su marido, un joven apuesto, se enamoró de otra mujer y una noche se fue para no volver jamás.

Devastada, infeliz, Odete regresó a la casa de sus padres. Nunca más volvieron a saber nada de Osmar.

Augusto Cezar tocó el timbre y pronto el jardinero abrió el portón y estacionó en el garaje.

Mirando aquel jardín donde había pasado su infancia, Augusto se emocionaba al recordar los viejos tiempos.

Se bajó del auto y Antonio lo esperaba atento.

- ¿Cómo estás, Antonio? ¿Ha mejorado tu reumatismo?

- Estoy bien, Dr. Augusto. Pero la pierna todavía me atormenta. Y la edad, pase lo que pase, ¡no tiene quien la arregle!, ¡Ya usted siempre está de buen humor!

-Sí, estoy.

Recogió la maleta y Antonio inmediatamente dijo:

- Déjeme llevarla. Soy viejo, pero todavía puedo hacerlo.

[61]

- No te molestes. No puedo soportarlo.

- De ninguna manera. no lo permitiré Por favor, doctor, deme esa maleta.

Augusto Cezar sonrió y le entregó la maleta a Antonio.

Luego entró, Odete estaba en la sala. Al verlo, corrió hacia él, lo abrazó, lloró.

- ¿Qué fue Odete? ¿Qué pasó?

- Me alegra que estés aquí. Estamos desesperados.

- ¿Por qué? ¿Qué pasó?

- Papá, está muy enfermo.

- ¿Que tiene?

- No me gusta decir el nombre de esta enfermedad. Pero es muy grave. Él está muy mal y mamá está con él. Vamos a subir.

Augusto subió rápidamente las escaleras sin esperar a su hermana. Sabía que ella era exagerada, dramática. Necesitaba saber hasta qué punto estaba diciendo la verdad.

Llamó suavemente a la puerta y entró. Guillermina estaba sentada en un sillón al lado de la cama, al verlo se levantó y fue a su encuentro abrazándolo.

- Me alegro que hayas venido. ¿Cómo estás?

- Estoy bien. Y tú, papi, ¿cómo estás?

- Más o menos - respondió.

Augusto tomó su mano y notó que había adelgazado, estaba abatido. Ocultó su preocupación.

- ¿Qué tienes?

- Un maldito dolor en la barriga que no me da tranquilidad. El Dr. Roberto no puede evitarlo. Quiero que busques otro médico.

- Estuvimos aquí hace un mes y estabas bien.

- Comenzó hace dos semanas - aclaró Guillermina.

[62]

- Pero desde ayer el dolor aprieta - dijo Norbert -. La medicina alivia, duermo. Pero luego vuelve a doler. Creo que el Dr. Roberto no está acertando esta enfermedad. Quiero ver a otro médico.

- Haremos lo que sea necesario. Ten calma.

Augusto trató de ocultar su preocupación y trató de hablar con naturalidad. Poco a poco, Norbert se calmó y finalmente logró conciliar el sueño.

Guillermina se levantó y le hizo señas a su hijo para que la acompañara. Salieron de la habitación y ella lo tomó del brazo, diciendo angustiada:

- No sé qué hacer. Tengo miedo. El Dr. Roberto dijo que su estado es muy grave.

- No podemos pensar en lo peor. Deberías haberme avisado antes.

- Quería, pero Norbert pensó que pronto estaría bien. Pero eso no es lo que pasó. Han pasado dos días desde que los exámenes estuvieron listos y nos enteramos que tiene un tumor en el intestino. Roberto sugirió cirugía.

- No es cirujano. No te desesperes. Tendremos que ver a un especialista y hacer esta cirugía. Él mejorará.

- Me gustaría creerlo. Pero perdió mucho peso y el dolor va en aumento.

- No podemos esperar. Buscaré al Dr. Roberto ahora mismo a ver que se puede hacer.

- Haz eso.

- Le pediré que nos remita a un buen especialista. Voy a llamarlo. ¿Dónde está la receta?

Guillermina entró a la habitación, recogió la receta y se la entregó a su hijo, quien entró a la sala y llamó de inmediato.

Hablaron y Augusto descubrió que el estado de salud de su padre era grave, ya que el tipo de tumor avanzaba rápidamente, el médico aconsejó una cirugía, pero no aseguró que Norbert se curaría.

Lo derivó a un especialista y Augusto Cezar hizo una cita para la mañana siguiente.

Cuando colgó el teléfono, Odete estaba a su lado y le preguntó:

-¿Y entonces?

- Hice una cita para mañana por la mañana. Quiero que separes todos los exámenes que hizo. Los necesitaremos.

- Prepararé todo, pero me temo que no servirá de nada.

- Para con eso. Él va a sanarse.

Se echó a llorar y Augusto dijo enérgico:

- ¿Qué estás haciendo? Intenta controlarte.

- Esta cirugía no ayudará. Solo lo intimidará.

- Pase lo que pase necesitas controlarte. ¿Qué habría pensado papá al ver su actitud? ¿Quieres que se desanime? Tenemos que darle el coraje para recibir el tratamiento que necesita y creer que está curado.

Ella sollozó y Augusto le pasó el brazo por los hombros y continuó:

- Llorar no curará a papá. Lo va a preocupar y hará que mamá se sienta ansiosa. Tenemos que ser valientes y darles fuerza.

- Yo sé. Pero cuando pienso que puede morir, me desespero ¿Qué será de mí si él se va?

- No te preocupes antes de tiempo. Él sanará. Pero recuerda que si le pasa algo, mamá y yo estaremos ahí para ti.

- Y que es tan bueno, amigo mío, no merecía tanto sufrimiento.

- Las cosas no son como queremos. No podemos entregar puntos antes de tiempo. Creo que estás exagerando, que mañana tendremos buenas noticias.

- Esta enfermedad es incurable.

- Bueno, conozco personas que lograron curarse a sí mismas. Hablemos de cosas buenas. Limpia esos ojos y hablemos. Quiero saber qué has estado haciendo últimamente.

- Casi nada. Después que papá se enfermó, ya no salgo más de casa, excepto para trabajar.

- Vamos a la despensa a tomar un café.

- Vamos. Llegaste de un viaje, debes estar cansado, hambriento, y yo no te ofrecí nada.

- No tengo hambre, pero un café servirá.

Fue la noche en que llamó a Ernestina y la puso al tanto de la situación. Finalizando:

- Quizá no pueda volver en dos días como había programado. En cualquier caso, mañana por la mañana averiguaré qué está pasando realmente. Después que volvamos del especialista, volveré a llamar.

Se despidieron y Ernestina colgó el teléfono. Carolina pasaba y la llamó:

- Carolina, llamó tu padre.

- Él no podrá volver hasta dentro de dos días - dijo.

- ¿Como lo sabe? ¿Estaba escuchando nuestra conversación en la extensión?

- Claro que no. Estaba aquí cuando sonó el teléfono. Siento que el abuelo necesitará a papá y él estará allí por más tiempo.

- Tu padre me llamará mañana, después que llegue del médico para decirme cuándo volverá. Espero que no tarde mucho.

Carolina vio la figura de su abuelo cerca de la puerta, estaba pálido, cabizbajo. Ella se asustó y dijo:

- El abuelo está enfermo y papá no volverá pronto.

- ¿Qué es eso, niña? La enfermedad de tu abuelo es algo serio y no puedes bromear sobre un tema como ese.

- No estoy bromeando, mamá, papá no volverá pronto. Creo que vamos a ver al abuelo.

- Cambiemos de tema porque esta conversación me está poniendo nerviosa. ¡Tienes cada una!

Carolina obedeció. No dijo que vio a su abuelo y sintió que no estaba bien. Ernestina nunca lo creería.

Adalberto bajó y preguntó:

- ¿Se mejoró el abuelo?

- Creo que no. Mañana verán a un especialista y lo averiguaremos. Pero tu padre cree que tendrá que quedarse allí unos días más.

- Espero que todo se calme y regrese pronto.

- Yo también - respondió Ernestina.

Al día siguiente, era pasado el mediodía cuando llamó Augusto. Ernestina respondió rápidamente.

- ¿Y entonces? - Preguntó ansiosamente.

- Desafortunadamente, su situación se ha complicado, el especialista quiere probar la cirugía, pero no garantiza la cura. Papá no quiere hacerlo, tiene miedo.

- ¿No sería mejor buscar otro médico?

- No. Resulta que el tipo de tumor que tiene es de los más agresivos y está creciendo rápidamente, el médico quería hospitalizarlo y operarlo mañana. Pero él se negó.

- ¿Que planeas hacer?

- No lo sé. El Dr. Roberto me informó que si no se opera, sufrirá un dolor terrible. Si lo hace, tal vez tendrá una vida menos dolorosa.

- ¿El Dr. Norbert sabe todo esto?

- No tuvimos el coraje de decírselo.

- No puedes tomar ninguna decisión antes de eso. Tiene derecho a elegir cómo vivir este momento.

- Estoy angustiado. No sé qué hacer. Mamá y Odete están desesperadas. Pero dime, ¿cómo están las cosas en casa?

- Aquí todo está bien, como siempre. Solo nos preocupamos por ti. Voy a la iglesia a prender una vela y pedir ayuda a Dios.

- Hazlo. Veamos cómo resultan las cosas. Por la tarde vuelvo a llamar.

Ernestina colgó el teléfono preocupada. Su suegro era un buen hombre, ¿por qué tendría que pasar por una enfermedad tan cruel?

Carolina estaba en la habitación, se acercó a ella diciendo:

- Acepta lo inevitable y confía en la vida. Ella siempre sabe lo que está haciendo.

Ernestina la miró sorprendida:

- ¿Por qué dijiste eso?

Ella se encogió de hombros y respondió:

- ¿Dije algo? No me acuerdo.

Ernestina sintió un escalofrío recorrer su cuerpo y al mismo tiempo, se apoderó de ella un triste presentimiento. El pensamiento sobresaltado:

- "Voy a la iglesia a rezar. Las cosas no van bien."

Eran las cinco de la tarde cuando Adalberto se paró solo en la puerta de la escuela donde estudiaba Carolina a esperar que se fueran.

Áurea salió con un colega y este se acercó a ellos, extendiendo su mano:

- ¿Cómo estás, Áurea?

- Bien, ¿y tú?

- Muy bien.

Antes de decir nada, Áurea informó:

- Si esperas a Carolina, está hablando con un profesor, pero creo que no tardará mucho.

- No vine a ver a Carolina, te estaba esperando.

Ella se sonrojó:

-¡¿A mí?!

- Sí. El otro día cuando nos conocimos, no tuvimos oportunidad de hablar. Hoy vine especialmente para esto.

- En ese caso, siéntete libre. Tengo que irme – respondió la colega extendiendo su mano para despedirse.

Cuando estuvieron solos, Adalberto dijo:

- ¿Vamos a dar un paseo y hablar?

- Vamos.

Los dos caminaban uno al lado del otro y Adalberto notó que caminaba con elegancia.

- Vine aquí, pero no sé si estoy siendo un inconveniente. Una chica bonita como tú podría verse comprometida y no quiero causarte ningún problema.

- Está seguro. No hay nadie. podemos hablar con libertad.

Siguieron caminando y conversando hasta que llegaron a una plaza y Adalberto invitó:

- Sentémonos un rato. ¡La tarde es tan hermosa!

- De hecho. Los pájaros cantan, me gusta mucho observar la naturaleza. ¿A ti no?

Prefería otras cosas, pero estuvo de acuerdo:

- Me encanta también. Este jardín, por ejemplo, es precioso.

Ella sonrió y él vio que tenía dientes blancos y bien colocados, una boca bien formada y llena. No se había dado cuenta de eso antes. Ahora que lo pensaba, ella era algo atractiva. Eso haría su intención es más agradable.

En cierto momento de la conversación, Adalberto le tomó la mano y le comentó:

- Tu piel es suave, delicada.

Luego se lo llevó a los labios besándola. Áurea retiró la mano y él la miró sorprendido:

- ¿Qué era?

- ¿Por qué estás haciendo eso?

- Lo siento, pero no me pude resistir.

Ella lo miró directamente a los ojos y respondió:

- No creo que sea eso.

- ¿Por qué? ¿No crees que eres atractivo?

- Sé que soy bonita y los chicos siguen diciéndome eso. Nuestro pueblo es pequeño, nos vemos a menudo y nunca estuviste interesado en mí ¿Qué ha cambiado?

- Éramos niños. El otro día cuando te vi salir de la escuela noté que habías crecido, te habías convertido en una mujer atractiva y tenía ganas de conocerte mejor.

- Por otro lado, últimamente he escuchado algunos comentarios sobre ti.

- Y a la gente le gusta mucho el chisme.

- ¿Cómo sabes que esos comentarios no fueron honestos?

- Por el tono sospechoso de su voz.

Ella se rio y respondió:

- De hecho. Tienes reputación de coqueto y lo que hiciste justifica esta creencia.

- No hice nada más. Solo expresé mis sentimientos. Me atraes y también noté que te interesas un poco por mí.

Ella lo miró seriamente, se quedó pensativa por unos momentos y luego dijo:

- No niego que te encuentre un joven atractivo, pero eso no quiere decir que te haya permitido tomarte ciertas libertades conmigo.

- Pensé que estabas sintiendo lo mismo que yo.

- Disfruté conocerte, también quería conocerte mejor, pero eso no significa que me voy a tomar libertades contigo. Preservo mi privacidad. Tu actitud me hace pensar que solo te estás divirtiendo.

- Eso no es verdad. Estoy siendo honesto. No pensé que reaccionarías así. Las mujeres de hoy son más liberales.

- Se podría decir que soy anticuada. No me importa, lo que sé es que no nos conocemos lo suficiente como para que tengas ciertas libertades.

Adalberto no se contuvo:

- ¡Hablas como si hubiera cometido un crimen!

- No exageres. Dijiste que querías conocerme mejor.

Pienso lo mismo. Pero no me gustan las situaciones dudosas. Podemos ser amigos, incluso entablar una relación, o entonces concluimos que preferimos no fortalecer nuestra relación.

- No pensé que fueras tan dura.

- No lo tomes así. Estoy siendo sincera. Me gusta ver las cosas como son.

- Ellas no son así. ¿Y dónde está el romanticismo? Soy un chico romántico. Yo creo en el amor. Y cuando se ama, existe el placer del tacto, del beso, de la intimidad.

- ¡Cuando tú amas! No es nuestro caso. Si alguna vez amo a alguien y es correspondido, entonces todo será diferente.

- Para alcanzar el amor, hay que experimentarlo. Si pones una barrera y no permites que nadie te bese la mano, serás una solterona.

Ella se rio a carcajadas y Adalberto se desconcertó. Dijo esa frase como si fuera la mejor y no esperaba esa reacción de ella. Era irritante y frunció el ceño y permaneció en silencio.

Cuando dejó de reír, lo miró con ojos brillantes y dijo:

- No te enojes conmigo. Y que cuando dijiste eso, me imaginé a mí misma como una solterona vieja y gastada sentada en la sala de estar haciendo croché. Ese no es mi género.

Él también sonrió y ella se levantó:

- Necesito irme. Mi mamá se preocupa cuando llego tarde después de la escuela.

Él también se levantó. A pesar de haber mejorado su apariencia, se sentía desconcertado y poco dispuesto a jugar al chico enamorado como lo había planeado.

Caminaron y Áurea comenzó a preguntarle qué pensaba sobre la universidad, sobre el curso que estaba tomando. Hizo algunas observaciones inteligentes y disfrutó hablando de sus proyectos.

En la esquina de su casa, se detuvieron. Áurea le tendió la mano:

- Hasta otro día, Adalberto.

- Creo que quieres ver mi espalda.

- Cometes un error. Disfruté hablar contigo. Creo que detrás de sus actitudes sociales y tu fachada, hay un joven más enérgico, capaz de convertirse en un buen amigo o un novio sincero. Cuando quieras hablar, preséntate.

Estaba más desconcertado. Trató de ocultarlo, sonrió y respondió:

- Está bien. Hasta otro día.

Ella se fue y Adalberto se alejó pensativo, recordando lo que habían conversado.

Ella era molesta, engreída: "¡Sé que soy hermosa!" Pretenciosa, eso es lo que ella era.

¡Hacer tanto alboroto por un beso inocente en la mano fue lo máximo! Nunca la buscaría de nuevo.

Sus amigos decían que estaba enamorada de él, pero era mentira.

"¡No se permite la intimidad!" Muchas chicas se habrían alegrado que él le hubiera besado la mano, pero ella lo pospuso como un crimen. "¿Quién se cree que es?"

Insatisfecho, entró en la casa donde Ernestina lo vio y le dijo:

- Me alegra que estés aquí. Anda a lavarte que te voy a servir la cena.

Rápidamente cumplió. tenía hambre y bajó entonces.

Carolina y su mamá ya estaban en la mesa y él se sentó. Los tres comieron en silencio. Ernestina, preocupada por su suegro, Carolina con su mal presentimiento, y Adalberto con lo que le había dicho Áurea.

CAPÍTULO 5

Sonó el teléfono y Ernestina se apresuró a contestar. Estaba preocupada. Augusto llevaba una semana ausente y las noticias no eran buenas.

El estado del suegro se había deteriorado y los médicos habían aconsejado una cirugía solo para ver si podían disminuir el intenso dolor que lo atormentaba, pero no ofrecían ninguna posibilidad de curación.

Era Augusto Cezar.

- Entonces, ¿cómo está el Dr. Norbert?

- Lo mismo. ¿Cómo van los niños?

- Bien. Pero ¿tu padre no ha mejorado en algo?

- No. Mamá no está contenta por su sufrimiento, pero tiene miedo que lo operen. Odete y yo decidimos ponernos de acuerdo con los médicos.

- ¿Vas a operarlo?

- Sí. Estamos esperando la ambulancia que lo llevará al hospital. Será operado mañana por la mañana.

- Lo siento mucho.

- Me temo que pasará lo peor. Por eso quiero que vengas aquí hoy. Es hora que la familia esté reunida.

- Está bien.

- Habla con Adelaide para arreglar los boletos y dime a qué hora debes llegar.

Hablaron un poco más y había tanta tristeza en la voz de Augusto que Ernestina sintió un nudo en el pecho.

No le gustaba verlo triste y aunque sabía que no podía evitarlo, se había hecho cargo de su felicidad de tal manera que se sentía nerviosa, como si ella fuera la culpable de su sufrimiento.

Colgó el teléfono, subió a hablar con Carolina. Se irritó cuando vio que, como de costumbre, ella estaba encerrada en su habitación. Llamó insistentemente. Tan pronto como lo abrió, dijo nerviosamente:

- Ya te dije que no metieras la llave en la puerta.

- Lo siento me olvidé. Escuché el teléfono, ¿era papá?

- Sí, fue. Nos vamos a São Paulo. Tu abuelo va a ser operado mañana por la mañana. Separa algo de ropa, no sé cuánto tiempo nos quedamos allá. Te ayudaré a empacar tu maleta. ¿Sabes dónde está Adalberto?

- No. Nunca dice a dónde va.

- Todavía no sé a qué hora abordaremos. Adelaide se encarga de los pasajes. Llama a Romeo, mira si tu hermano está en su casa.

Carolina fue al teléfono para tratar de localizar a su hermano, la inquietaba la sensación que algo malo iba a pasar, pero no dijo nada. ¿Qué bien haría? Su madre le parecía bastante preocupada y no quería aumentar su inquietud.

Romeo contestó el teléfono, dijo que sabía dónde estaba Adalberto, se ofreció a llamarlo.

Lo encontró en la heladería al lado de Áurea. Después del último encuentro que tuvo con ella, Adalberto no quedó satisfecho con las palabras que le había dicho.

Todos sus amigos dijeron que estaba enamorada de él, ciertamente estaba jugando duro para conseguirlo. Tendría el placer para terminar esa pose. Después que lograra doblegarla, daría el cambio.

Era muy pretencioso de su parte querer darse aires de superioridad.

Sabiendo que cuando salía de la escuela pasaba por la heladería, había ido poco antes. Como por casualidad, estaba sentado en una mesa comiendo tranquilamente su helado, cuando llegó ella con una amiga.

Al verlos, Adalberto se levantó y las invitó a sentarse a su mesa. Pidieron los helados y cuando se los sirvieron el amigo se levantó diciendo:

- No pensé que te ibas a sentar, no puedo mudarme. Voy yendo. Tengo una cita hoy.

Ella se despidió y se fue. Adalberto siguió comiendo su helado lentamente. Áurea, sentada frente a él, frente a un tazón de helado de chocolate, que comenzó a disfrutar con placer, no pareció demasiado sorprendida de encontrarlo.

- No sabía que te gustaba el helado. Es la primera vez que nos vemos por aquí.

- Vengo aquí todo el tiempo, me encanta el helado.

- Yo no sabía.

- Pero cuéntame de ti ¿Qué has hecho?

- Lo de siempre. Estudio, ir al club.

- No te he visto en los bailes del club. ¿No te gusta bailar?

- Yo adoro. A veces voy a matinés. Por la noche mi padre no me deja salir. Si tuviera un hermano, lo permitiría, pero sola, no.

- No me gusta ir a matinés porque solo hay niños. Bueno es por la noche.

Áurea suspiró:

- Yo sé. Tengo amigos que van. Quería que mamá me llevara, pero no me deja.

- Tal vez pueda arreglar eso. Si Carolina te invita y yo las acompaño, ¿lo permitiría?

Sus ojos brillaban de alegría:

- Tal vez. No sé, nunca le pregunté.

Romeo entró en la heladería y se acercó:

- Carolina te está buscando. Tu abuelo va a ser operado y tú vas a São Paulo. Y que te vayas a casa ya.

Adalberto se levantó asustado:

- ¿Empeoró mi abuelo?

- Solo sé que lo operarán mañana temprano y su padre te quiere allí.

- Está bien.

Pagó los helados y se despidió de Áurea.

- Espero que no sea nada grave - dijo.

- Gracias.

Se fueron y Romeo no pudo contenerse:

- Dijiste que no estabas interesado en ella, pero la miraste de una manera...

- Oh nada. Quería hacerse pasar por superior, trató de desairarme y quiero vengarme. ¿Quién se cree que es? Una mocosa que apenas deja los pañales.

Romeo se echó a reír:

- Estás enojado. ¡Ella es un mujerón!

- Tiene que crecer. Me gustan las mujeres, no las niñas.

Cuando Adalberto llegó a casa, Ernestina lo esperaba impaciente.

- Esa costumbre tuya de salir sin decir a dónde vas se tiene que acabar - decía ella en cuanto él entró -. ¿Dónde estabas?

- En la heladería. Hace mucho calor, fui a refrescarme.

- Vamos a viajar. Ve a hacer tu maleta. No sé cuántos días nos quedaremos, llevaremos algunas mudas de ropa.

- ¿Cuándo vamos a ir?

- Hoy mismo, más tarde.

Se apresuró escaleras arriba y se encargó de su equipaje. Ernestina había dejado una maleta sobre la cama. Al ver pasar a Carolina en el pasillo, se acercó a ella.

- ¿El abuelo empeoró?

- Creo que sí.

- ¿Sabes si es grave?

- Mamá no lo dijo. Desde que papá se fue tengo la sensación que el abuelo no va a vivir mucho.

- ¡Ahí tienes tus ideas! ¿Cómo puedes saberlo?

- Siento una opresión en el pecho cada vez que pienso en él y un presentimiento que pronto se irá.

- En este momento no necesitamos malos sentimientos.

Porque creo que pronto estará bien.

- Es mejor así. No tenemos mucho tiempo. Termina con tu maleta.

El sexto autobús partió a la hora programada y los tres viajaron hasta aquí. Ernestina preocupada por su marido, Carolina tratando de olvidar su triste presentimiento y Adalberto pensando en Ana María. Ella estaba en São Paulo con su tía y él no sabía cuándo volvería.

Este viaje sería una buena oportunidad para encontrarla. Pero no sabía su dirección. Cuando llegó a casa de los abuelos, lo llamaría Romeo. Tal vez podría averiguarlo.

Una tarde en que él estaba con Áurea en la plaza, pasó ella fingiendo no haberlo visto. Pero estaba seguro que ella los había visto. ¿Se habría sentido celosa? Eso era lo que pretendía al cortejar a Áurea.

¿Y si su tía realmente decidiera vivir en la capital? Su estrategia iba a quedar en nada.

Al llegar a São Paulo, Augusto los estaba esperando en la estación.

Después de los saludos, Ernestina preguntó:

- Entonces, ¿cómo van las cosas?

- Lo mismo. A papá lo van a operar mañana por la mañana. Vamos, quiero acomodarlos y volver al hospital.

Durante el viaje a la casa de sus padres, Augusto se enteró de cómo estaban las cosas en casa.

- Está bien, como siempre - aclaró Ernestina.

- Echaba de menos la paz de nuestro hogar - dijo pensativo -. La vida aquí es muy agitada, la gente ni siquiera se conoce. No puedo esperar a que mi padre mejore y pueda volver a estar tranquilos.

- Nosotros también te extrañamos mucho. Pero Dios nos ayudará y pronto el Dr. Norbert se mejorará porque todo volverá a ser como antes.

Carolina los miró con seriedad. Tenía la sensación que no iba a ser así.

Pero se quedó en silencio. ¿De qué servía decir lo que sentía? Además de ser inútil, los preocuparía aun más. Al llegar a casa de

Norbert, Odete los recibió con cariño. Ernestina se dio cuenta inmediatamente de su abatimiento, pero no hizo ninguna pregunta.

Los llevó al cuarto de huéspedes, donde se había instalado Augusto.

- Carolina, por ahora te quedarás conmigo en mi habitación. Adalberto en la habitación contigua a la nuestra. Es pequeña, pero cómoda.

- No te preocupes por mí, tía. Estaré bien en cualquier lugar - respondió.

Después de dejar sus maletas, Odete los llevó a la despensa, donde la sirvienta sirvió un refrigerio, pero Augusto no quiso comer nada.

- Te quedas con Odete, necesito volver al hospital. Mamá está sola con papá y podría necesitar algo.

- Te acompaño - dijo Ernestina -. Quiero desearle buena suerte y abrazar a doña Guillermina.

- No volveré pronto. Tal vez sea mejor que descanses e ir allí mañana temprano.

- Deseo verlos. Si me quedo, sé que no voy a dormir de todos modos.

- Entonces, vamos.

Odete los acompañó hasta la puerta y preguntó:

- Por favor, Augusto, llámame para decirme cómo está.

- Cálmate. Cuando salí de allí estaba durmiendo. Le dieron un tranquilizante y es probable que duerma toda la noche. Descansa. No hay nada que se pueda hacer por ahora. Mañana lo verás.

- Y, mañana iré.

Augusto salió con Ernestina y Odete trató de hablar con sus sobrinos, pero se notaba que estaba nerviosa, inquieta.

[79]

- Tía, ve a descansar. No te preocupe conmigo. Voy a leer un poco y me voy a dormir. Mañana temprano también quiero ir al hospital a ver al abuelo.

Carolina pasó el brazo por el de su tía diciendo:

- Vamos, tía. Necesitas descansar.

Una vez en la habitación, se dispusieron a acostarse. Se acostaron, pero Carolina notó que Odete se movía en la cama.

Encendió la lámpara, se levantó y se sentó en la cama de su tía.

- No puedes dormir - dijo. Odete suspiró angustiada.

- Lo siento si interrumpí tu sueño. Tengo miedo - Carolina tomó su mano diciendo:

- Lo sé. Tienes miedo de esta cirugía.

- Lo tengo - respondió ella, incapaz de contener las lágrimas.

- Papá es nuestra protección. Si se va, ¿qué será de nosotros?

- Nadie está desamparado - dijo Carolina, acariciando cariñosamente la mano de su tía -. Si tiene que irse, la abuela te necesitará mucho. Es momento de ser fuertes y aceptar lo que la vida nos da.

La voz de Carolina se había vuelto un poco más profunda y las palabras salían con facilidad.

- Me gustaría ser fuerte, querida, pero no lo soy. Nunca tuve el coraje de hacer nada. Siempre dependí de ellos.

-Tal vez es hora que te pares por ti misma. Estoy segura que puedes.

- ¡No quiero que muera! - Exclamó, sollozando.

- No digas eso. La vida en la Tierra es temporal y nadie puede evitar la muerte. Todos tenemos que irnos algún día. Si es su momento, tendrás que dejarlo ir.

- Pero no puedo. ¡Yo lo amo mucho!

- El amor verdadero, libera, no impide que el amado siga su camino.

Odete dejó de sollozar. Carolina habló como una persona experimentada. ¿Como puede ser? Ella era solo una niña.

Él la miró con una sonrisa y dijo:

- ¿Cómo tú, tan joven, sabes todas estas cosas?

- Soy joven ahora, pero he vivido muchas vidas. No te preocupes por el mañana. Acepta la voluntad de Dios. Oremos, pidamos ayuda espiritual.

Ante la mirada sorprendida de su tía, Carolina cerró los ojos y ofreció una sentida oración, pidiendo protección para los miembros de la familia y armonía para volver a ese hogar.

Poco a poco, los ojos de Odete comenzaron a cerrarse y finalmente se durmió. Carolina siguió orando. Vio que el espíritu de Marcos estaba al lado de la cama de Odete, con su mano derecha sobre su frente.

Un sentimiento de alegría se apoderó de ella.

- ¡Viniste! - pensó.

- Dije que siempre estaría a tu lado. Conseguimos que se relajara, recuperara su fuerza. Estaba muy desgastada por la enfermedad de su padre.

- ¿Por qué siento opresión en el pecho cuando pienso en él?

- No temas, la muerte es solo un viaje. En su caso, una liberación. Recuerda, está bien.

Desapareció y Carolina al ver que su tía dormía plácidamente, se acostó, apagó la lámpara y trató de dormir. Marcos le había traído la paz que necesitaba.

Carolina se despertó a la mañana siguiente y notó que el día estaba despejado, el reloj de la mesita de noche marcaba las ocho y su tía Odete no estaba en la cama.

¿Por qué durmiera tanto? Se levantó a toda prisa, se arregló y bajó las escaleras. En la despensa, la mesa todavía estaba puesta con café.

Al verla, la criada se acercó:

- El café está caliente, puedes sentarte.

- ¿Dónde está todo el mundo?

- Están en el hospital. La operación del Dr. Norbert estaba programado para las siete. Solo doña Odete no fue. No se siente bien en los hospitales.

- ¿Dónde está?

- Fue a la misa a rezar por la salud del Dr. Norbert. Siéntate, toma tu café, el pan es fresco.

- Gracias, Dina.

Adalberto apareció en la despensa y se sentó a tomar café.

- Pensé que habías ido al hospital - comentó Carolina.

- Me quedé dormido.

- Papá estaba muy nervioso ayer. Hubiera sido bueno para ti haber ido con ellos.

- Mamá lo cuida mejor que yo. Entonces no me gusta ir a hospitales El olor de la medicina me enferma.

- No es un lugar agradable, pero tendremos que irnos.

- Bueno, creo que el abuelo se mejorará pronto y volverá a casa.

Carolina puso la taza en el platillo pensativa y luego dijo:

- Está en muy mal estado. No creo que vuelva a casa.

Adalberto la miró asustado:

[82]

- ¡Qué horror! ¿De dónde sacaste esta idea? No sucederá. No sé por qué empezaste a usar ese tono sombrío y decir tonterías. Tenemos que pensar en lo mejor.

Carolina suspiró y sonrió:

- Tienes razón, Adalberto. Tenemos que pensar en lo mejor. Pero ¿sabes lo que es mejor para el abuelo?

- Claro que se. Él mejorará. Si vas a decir estas tonterías, mejor calla. La tía Odete está muy conmocionada. ¿Quieres que empeorc?

Carolina no tuvo tiempo de responder porque Odete apareció en la despensa. Afortunadamente no escuchó las palabras de Adalberto.

- ¡Qué bueno verte! ¿Dormiste bien?

- Dormí como un ángel. ¿Y tú? - Preguntó Adalberto.

- Por increíble que parezca, logré dormir – respondió Odete -. Creo que un ángel bueno oró conmigo y sucedió el milagro.

- ¿Está más tranquila, tía? - Preguntó Carolina.

- Estaba muy tensa. Los últimos días no pude dormir, desperté asustada, perdí el sueño. Pensé que no sería capaz de dormir esta noche. Pero después de orar juntos, no sé cómo me quedé dormida y no me desperté hasta las siete de la mañana.

- Estabas exhausta, necesitabas recuperar fuerzas - dijo Carolina.

- Me desperté antes que Augusto y Guillermina regresaran al hospital.

- Creí que se quedaban ahí enseguida - dijo Adalberto.

- No. Me dijeron que volvieron de madrugada, que querían descansar un poco. Pero se despertaron antes de las siete y regresaron al hospital para hacerle compañía a mamá. Debe estar muy nerviosa. Augusto iba a llamar para dar noticias de la operación.

- ¿Han llamado ya? - Preguntó Adalberto.

- No. Por lo que sabemos, llevará tiempo. Por eso fui a misa y recé por papá.

- ¿Ya tomaste café? - Preguntó Carolina.

- No. No tengo hambre.

Carolina se levantó, tomó del brazo a su tía y le preguntó:

- Siéntate, tía. Una taza de café con leche te hará bien. Necesitas fortalecerte para ayudar a la abuela.

Odete obedeció. Carolina puso café y leche en la taza, la endulzó y la colocó frente a su tía. Después, tomó una rebanada de pan, la untó con mantequilla y la colocó en el plato junto a ella, diciendo:

- Pruébalo, tía, está delicioso - Odete no tenía hambre, pero las caricias de su sobrina, sus ojos brillantes esperando, la hicieron tomar unos sorbos de su café con leche y comer un trozo de pan.

- ¿No está delicioso?- Preguntó Carolina con tanto cariño que su tía terminó bebiéndose toda la leche y comiéndose todo el pan.

Cuando se levantaron de la mesa, Odete dijo:

- Me alegra que hayas venido a hacerme compañía. No te imaginas lo agradecida que estoy.

Carolina abrazó; ella sonriendo:

- Mientras esperamos, hablemos.

- Voy a dar un paseo - dijo Adalberto -, a ver si encuentro a unos amigos que conocí durante las vacaciones. Pero no tardaré.

Se fue y Carolina comenzó a hablar con su tía, hablando de la vida que llevaban en su ciudad, sus estudios y las películas que habían visto.

Odete se dio cuenta que estaba tratando de distraerla y aunque estaba tensa, pensando en su padre, notando el cariño y el esfuerzo; brindándole atención, lo que en cierto modo terminó por hacer que las horas pasaran de una manera menos dolorosa.

Augusto Cezar recién llamó después de las 4 pm e informó que Norbert había sido llevado a la UCI donde permanecería hasta que estuviera fuera de peligro.

- Pero ¿mejorará? - Preguntó Odete preocupada.

- Todavía no lo saben. La cirugía fue delicada y necesitan ver cómo reacciona. Está bajo el efecto de los sedantes. Vamos a esperar.

Angustiada, Odete colgó el teléfono, informó a sus sobrinos y concluyó:

- Los médicos aun no saben si mejorará. Tendremos que esperar.

- Es natural - dijo Adalberto, tratando de calmar a su tía - después de tantas horas de cirugía. Pero estoy seguro que saldrá bien...

Carolina abrazó a su tía y no respondió. Ella sabía que él nunca volvería a casa con vida. Pero no dijo nada.

Entonces comenzó la espera para ellos. Hubo momentos de expectativa, que poco a poco dieron paso al miedo que pasara lo que temían.

Norbert entró en coma y la familia estaba pendiente de todo, turnándose para cuidar a Guillermina que, exhausta, perdía la esperanza de recuperarse.

Norbert resistió durante veinte días, hasta que una mañana lluviosa murió. No salió del coma.

CAPÍTULO 6

Durante el almuerzo, Augusto Cezar reunió a su esposa y dos hijos en la oficina de su padre para conversar. La situación era difícil, pero necesitaba tomar algunas medidas.

Norbert había sido enterrado la tarde anterior y todos se sentían agotados. Pero la vida seguía y necesitaba tomar algunas decisiones.

Se acomodaron y esperaron a que hablara Augusto. Pensó un rato y comenzó:

- He estado pensando en lo que pasó y creo que debemos ayudar a Mamá y Odete. El momento es difícil, mamá tiene un ataque de nervios y está muy deprimida, el médico le aconsejó reposo, le recetó medicamentos, pero nadie puede cambiar los hechos y ella está sufriendo mucho. En cuanto a Odete, me temo que también se enfermará. Estaba muy apegada a papá y está desesperada.

Hizo una breve pausa mientras los demás con rostros tristes escuchaban con atención. Él continuó:

- No podemos irnos y dejarlos ahora. Por otro lado, hemos estado fuera de casa durante mucho tiempo y necesito ocuparme de los negocios.

- Podemos llevarlos a pasar un rato en nuestra casa.

- Las trataré con mucho cariño. Estoy segura que en poco tiempo recuperarán sus fuerzas - sugirió Ernestina.

- Pensé en eso. He hablado con ellas, pero ambos se niegan a salir de esta casa.

- Solo será hasta que mejoren.

- Así mismo. Mamá no lo quiere en absoluto. Ustedes dos faltan a clase y eso me preocupa. Puedes perderte el año.

- Estaba al día con mis estudios. Creo que podré pasar - garantizó Adalberto.

- Pero es posible que Carolina no pueda terminar la escuela secundaria este año. Perdió varios exámenes - recordó Augusto Cezar preocupado.

- Estamos a mitad de año - respondió Carolina - Ya tendré tiempo de recuperarme.

- Mañana por la mañana vendrá el médico a ver a mamá y le pediré que examine también a Odete. Según lo que diga, programaré nuestro regreso a la casa. Ya no puedo estar fuera de la empresa.

Se volvió hacia Adalberto:

- Y tú, en cuanto volvamos, vas a empezar a trabajar en la empresa conmigo. Si hubiera hecho eso, ahora podrías ocuparte de los negocios mientras yo me ocupo de los problemas aquí.

- Está bien, Augusto, lo que decidas se hará - asintió Ernestina.

A la mañana siguiente, después que el médico los hubiera examinado a ambos, Augusto Cezar lo llevó a su oficina para hablar.

- Entonces, doctor, ¿cómo están?

- Doña Guillermina, además de estar agotada, tiene algunas dificultades para respirar.

- ¿Es grave, doctor?

[87]

- No lo sería si ella se defendiera. Pero en su caso, la depresión puede agravar el proceso. Necesita alegría, distracción, lo cual no será fácil. En cuanto a doña Odete estaba muy unida a su padre.

También se está dejando llevar por la tristeza. Es natural, pero sería bueno si pudiéramos encontrar una manera de motivarlos a vivir.

- En las circunstancias actuales, no sé cómo hacerlo. Yo también me siento desolado.

- Piense, Dr. Augusto Cezar. Estoy seguro que encontrarás la manera porque lo que necesitan ningún medicamento se lo podrá dar.

- Los invité a pasar un rato con nosotros, pero mamá se niega.

- Esa sería una buena solución. La compañía de sus hijos les haría mucho bien.

- Voy a ver qué puedo hacer. Estoy pensando en volver a casa después de la misa del séptimo día. Hasta entonces tendré que decidir.

- Seguro que tomarás la mejor decisión. Pasado mañana volveré a verlos. En cualquier caso, si me necesitas, tienes mis números. Puedes llamarme.

Se despidió y se acercó a Ernestina, que lo esperaba ansiosa. Notó la angustia de su esposo y se sintió desolada por no poder encontrar una solución que lo satisficiera.

En los días siguientes notó que Odete se había encariñado mucho con Carolina. Quería que ella le diera la medicina, que se quedara a su lado cuando fuera a cuidar a Guillermina.

Carolina era la única que podía hacerla comer un poco. Cuando la vio llorar fingió no darse cuenta, le hablaba, le contaba agradables cuentos que había leído, hablando de flores, de animales, y Odete terminó prestándole atención y olvidándose un poco de su tristeza.

Fue el médico quien se percató de estos detalles cuando regresó dos días después y sorprendió, a los que estaban en la habitación de Guillermina, atentos a una historia que contaba Carolina sobre un perrito y su amor por el dueño.

Ella habló con total naturalidad, con los ojos brillantes, mientras los otros dos, olvidados de todo, quedaron atrapados en sus palabras.

Al verlo entrar, Carolina se calló mientras él decía sonriendo:

- Continúe por favor. A mí también me gustaría saber el final de esta historia.

- Estaba terminando - respondió ella levantándose - No hay nada más que contar.

Ernestina, que acompañaba al médico, preguntó:

- Ven conmigo, Carolina. El médico examinará a doña Guillermina.

- Volverás más tarde - preguntó Odete -. Quiero que le cuentes esa historia del mono terco a mamá. Este no lo ha escuchado todavía.

- Está bien, tía. Luego seguimos.

Se fue con Ernestina, el médico los examinó y luego fue a ver a Augusto Cezar a su consultorio. Pasó la mayor parte de su tiempo allí, usando el teléfono, tratando de resolver los problemas de la empresa incluso a distancia.

Al ver entrar al médico, se levantó para saludarlo.

Entonces preguntó:

- Entonces, doctor, ¿cómo están?

- Un poco mejor.

- Menos mal. No podemos permanecer más tiempo lejos de casa, lejos de los negocios. Mis hijos necesitan estudiar.

- ¿Puedo darte una sugerencia?

- Por supuesto, doctor. Por favor, hable.

- Puedes volver a casa después de la misa del séptimo día, pero deja que tu hija se quede aquí un poco más.

- ¿Carolina? Pero ella necesita continuar sus estudios. No quiero que se pierda el año.

- ¿No habría forma que ella siguiera estudiando aquí? Tenemos buenas escuelas, creo que ella no se vería perjudicada.

Augusto sacudió la cabeza pensativamente y luego preguntó:

- ¿Por qué crees que sería una buena solución?

- Observé que tu hija tiene muy buena forma de tratar con ellos. Hoy cuando entré a la habitación, Carolina les estaba contando una historia tan brillantemente que los dos estaban escuchando, olvidándose de sus problemas y es exactamente lo que necesitan reaccionar, para salir de la depresión.

- He notado que Odete se encariñó mucho con ella. Ernestina ya me lo había dicho. Pero no sé...

- Bien, tú eres quién sabe. Pero creo que si dejas que tu hija se quede aquí unos meses, le será más fácil recuperarse.

- Bueno... Veré qué puedo hacer. Sigue siendo una solución, lo que no puedo hacer es quedarme más tiempo fuera de casa.

- Dejé una nueva receta con doña Ernestina, así como sugerencias para reforzar su dieta. Ambos están debilitados y una buena alimentación las ayudará a recuperarse.

Después que se fue el médico, Augusto Cezar se quedó pensativo. Ernestina se acercó:

- ¿Qué pasó, todavía estás preocupado?

En pocas palabras le contó lo que le había dicho el médico.

Y terminó:

- No quisiera dejar a Carolina aquí, lejos de nosotros.
Luego está la escuela secundaria.

- Yo también preferí que fuera con nosotros. Pero si el médico cree que puede ayudar, tal vez sea bueno dejarla. Después de todo, algunos meses pasan rápido.

-Pero ¿la escuela? Ella puede perderse el año.

- Eres amigo del director. Habla con él. Tal vez ella pueda estudiar aquí por unos meses y tomar sus exámenes finales allí.

- No sé si podría.

- Pero te preocupan los negocios. Si Carolina se queda aquí cuidándolos, iremos más tranquilos.

- No sé... es tan joven. ¿No sería mucha responsabilidad para ella?

Ernestina sacudió la cabeza negativamente.

- Ella es mejor hablando con ellos que yo. Odete no hace nada sin Carolina cerca. Doña Guillermina ya está llamando a Carolina para que se quede en su cuarto. Ellas se llevan muy bien.

-En ese caso, hablaré con Carolina. Tendremos que programar todo bien. Tiene que prometerme que estudiará y se esforzará para no perder el año.

Esa misma noche, después de la cena, Augusto Cezar llamó a Carolina a la sala para conversar y fue directo al grano:

- He notado que tanto mamá como Odete se encariñaron contigo.

- He estado tratando de distraerlas. Todavía están muy molestos por la muerte del abuelo.

[91]

- Todos lo estamos. Pero la vida sigue y tenemos que reaccionar. Tengo una necesidad urgente de ir a casa, mi ausencia está causando problemas para nuestro negocio. No puedo esperar más ¿Qué te parece si nos vamos y te quedas aquí con ellos un poco más?

- Me encantaría. Me tratan con mucho cariño.
Sería una forma de retribuir.

- El problema es la escuela. No quiero que te pierdas el año.

- Tal vez pueda transferirme a una escuela aquí.

Augusto negó con la cabeza, pensativo:

- No sé... En ese caso tendrías que quedarte hasta el final del año escolar. No quiero que se quede tanto tiempo. Y solo hasta que ellas mejoren. Hablaré con Odete. Tal vez pueda conseguir que un maestro venga y te enseñe. Hablaré con el director de la escuela, le explicaré las circunstancias.

- Pero, papi, están muy deprimidos. La recuperación puede llevar mucho tiempo. Sería mejor transferir mi matrícula y estudiar el resto del año aquí.

- No quiero que te quedes fuera de casa tanto tiempo. Hablaré con Odete sobre encontrar un maestro.

Carolina no respondió. Sabía que cuando su padre tomaba una decisión, no había nada más que decir. Fue a su cuarto y encontró a Odete quien al verla entrar le dijo:

- Te estaba buscando. Mamá está impaciente. Nos pidió que fuéramos a hacerle compañía.

Carolina la acompañó a la habitación de la abuela. Al verlos entrar, Guillermina dijo entre lágrimas:

- ¡Al fin! ¡No sé qué será de mi vida ahora en esta soledad! Tengo miedo.

- No necesitas. ¿Dónde está tu fe? ¿Quieres que el abuelo esté triste?

- ¡Está muerto, ni siquiera sabe cuánto lo extrañamos!

- La muerte es solo un cambio; el abuelo se ha mudado al otro mundo y también extraña a su familia. Necesitamos ayudarlo a seguir su nuevo camino.

Guillermina estalló en sollozos y Odete apenas contuvo las lágrimas. Carolina acarició la cabeza de su abuela, diciendo en voz baja:

- Eres una mujer valiente. Está cansada, pero sabes que la muerte es natural. Todos vamos a morir algún día. Cuando llega el momento, no hay forma de detenerlo.

- ¡Lo sé, pero podría quedarse conmigo un poco más!

- No pudo, no. Ha llegado el momento que él vaya al otro mundo. Y tuvo que hacer ese viaje solo. Pero aun lejos, sigue amando a su familia, triste por tener que irse y, al mismo tiempo, aliviado de dejar un cuerpo enfermo, que tanto sufrimiento le causaba.

Guillermina levantó la cabeza, mirando seriamente a su nieta, diciendo:

- ¡Hablas con tanta seguridad! Y eres casi una niña, ¿qué sabes de la vida? Sé que quiere consolarme, pero no puedo olvidar todo su sufrimiento. ¿Y cuál es el punto? Terminó muriendo de todos modos.

Carolina acercó una silla, se sentó al lado de la cama, tomó la mano de su abuela y le pidió a Odete que se sentara a su lado y le tomara la mano también.

- Abuela, sé que la vida continúa después que el cuerpo muere. Nuestro espíritu vivirá en otro mundo.

- Solo dices eso para animarme. Pero creo que es imposible.

- Es verdad, créeme. Tus lágrimas son tristes para el alma del abuelo. Él los ama mucho y no quiere que simplemente se separen.

- Por él nunca me hubiera ido. Incluso sufriendo tanto dolores prefería quedarse aquí, al lado de su familia.

- Yo sé de eso. Se tragó el sufrimiento para no entristecerme - comentó Odete.

- Ahora tenemos que devolver ese amor. Necesita seguir el nuevo camino, pero mientras estemos llorando, tristes, lamentándonos, no lo logrará. ¿Crees que es justo que él, que hizo todo para hacernos felices, sea sancionado ahora?

Los dos dejaron de llorar mirándola pensativos. Carolina continuó:

- Es hora de superar nuestro dolor y reconocer que sus sufrimientos han terminado. Dios lo entregó. Quienes lo amamos no podemos arrepentirnos de esto.

Guillermina la miró asombrada:

- ¡No había pensado en eso!

- Es verdad, mamá. Si seguía con vida, estaría sufriendo. Esta enfermedad no tenía cura. Estamos siendo egoístas.

- No quería prolongar su sufrimiento. Quería que se curara.

- La vida sabe lo que es mejor para cada uno de nosotros.

Se quedaron en silencio por unos momentos, luego Guillermina preguntó:

- ¿De verdad crees que él, en el otro mundo, puede estar triste por nuestra culpa?

- Está triste porque no quería dejarnos y más al notar nuestra tristeza. Si te hubieras ido al otro mundo y él se hubiera quedado aquí, ¿cómo te sentirías al ver su tristeza?

- Es verdad - asintió Guillermina -. No quiero que estar triste. Pensaré que se liberó de los sufrimientos de esa desgraciada enfermedad.

- Así es, abuela. Su enfermedad se quedó en su cuerpo, ahora está curado.

Augusto Cezar y Ernestina habían entrado hacía unos minutos y al ver la escena de los tres tomados de la mano conversando, esperaron sorprendidos y en silencio.

Al ver que Carolina les soltaba las manos, se acercaron:

- Vinimos a hablar porque queremos irnos mañana.

Odete se levantó y abrazó a Carolina, diciendo nerviosa:

- ¿Ya?

- Sí - reforzó Ernestina -. Hemos estado fuera demasiado tiempo.
Tenemos que irnos.

- Nos van a abandonar - lamentó Guillermina.

- No. Sabes que nos gustaría llevarlas a casa.

- No tengo ganas de irme de aquí - dijo Guillermina.

- Yo tampoco - respondió Odete.

- Estamos pensando en dejar que Carolina se quede un poco más contigo -dijo Augusto Cezar.

Los rostros de las dos se distendieron:

- ¿Dejar a Carolina? Que bueno - dijo Odete sonriendo.
Guillermina miró ansiosa a Carolina y le preguntó:

- ¿De verdad quieres quedarte? ¿No te aburrirás en nuestra compañía?

- Por supuesto que no, abuela. Me encanta estar contigo.

- En ese caso - dijo Augusto -, nos vamos mañana y Carolina se queda un poco más.

[95]

- Gracias, hijo mío - respondió Guillermina -. Esa chica tiene la locura de hacerme olvidar un poco mi tristeza.

- Sería bueno que ella pudiera vivir aquí con nosotras - sugirió Odete.

- Eso no - respondió Ernestina -. Carolina necesita continuar sus estudios.

Odete no se dio por vencida:

- Pero hay excelentes escuelas cerca, tal vez incluso mejores que donde vives.

- Eso está fuera de discusión - dijo Augusto -. Ella se quedará sola hasta que te sientas más fortalecido. Su casa está allí, y al lado nuestro.

No respondieron y Augusto Cezar, dirigiéndose a Carolina, continuó:

- Hablaré con el director de tu escuela, le explicaré lo que pasó es pedir el plan de estudios para los próximos dos meses, tiempo más que suficiente para que mejoren. Odete, vas a contratar a un profesor para que te dé clases particulares. A ver si consigo al Dr. Eurico que puedes hacer los exámenes cuando vuelvas. Pero tienes que estudiar.

- Por supuesto, papá. Mis notas son buenas y si puedo hacer los exámenes cuando regrese, estoy segura que no tendré problemas.

Más tarde, en el dormitorio, mientras Ernestina hacía las maletas, Augusto Cezar dijo pensativo:

- ¿Qué opinas de este apego que tienen las dos con Carolina?

- Es natural. La presencia de Carolina está llenando un poco el vacío que la muerte del Dr. Norbert dejó.

- No es solo eso, lo que me admira es la forma que tiene Carolina de hablarles. Tú sabes lo difícil que es mamá, le gusta darle vueltas a los problemas y Odete, después que Osmar la dejara, se volvió amargada, pesimista. Temía que Carolina no quisiera quedarse. Ya sabes cómo es ella, no siempre cumple con nuestras decisiones. Pero ella aceptó incluso con cierta satisfacción.

Ernestina metió las camisas en la maleta y dejó de mirar a su esposo con asombro:

- Creo que tienes razón. Noté que Carolina ha cambiado últimamente. Está madurando. Solo tiene un problema. Pueden apegarse aun más a Carolina. Odete quiere que se quede a vivir aquí. ¿Dónde se has visto?

Augusto sonrió:

- Tu tienes celos. Pero no te preocupes. No lo permitiré. Cuando llegue el momento, ella volverá a casa y las dos tendrán que aceptar. Después de todo, ¿por qué no quieren ir a vivir allí?

- Lo entiendo. Siempre han vivido aquí, en la casa familiar, no se sentirían cómodos en nuestra casa. Están acostumbradas a tener su propio espacio. Ellos viven en esta casa enorme y la nuestra, aunque cómoda, es más pequeña.

- Podríamos vender esta casa y comprar otra en Bebedouro. De esa manera tendrían privacidad y nos mantendríamos cerca.

- Esta es una buena idea. Antes de irnos, hablaremos con Carolina sobre esto y le pediremos que nos ayude a convencerlos.

Mientras tanto, Carolina seguía hablando con Guillermina y Odete.

-Aunque su padre la dejará aquí. Pero al mismo tiempo estoy pensando, quizás prefieras ir con ellos. Sin ella no somos buena compañía para ti. Dos personas amargadas y tristes.

- Eres joven, debes preferir la compañía de gente de tu edad - consideró Odete.

Carolina los miró con seriedad y respondió con voz firme:

- No, tía. Me gusta quedarme aquí. A pesar del momento difícil que estás pasando, me cubriste de cariño, y el amor no tiene edad. Siento placer en corresponder y en este intercambio.

Todos ganamos, el amor hace el amor, reconforta y hace la vida mejor.

Las dos la abrazaron emocionados. Sus palabras, su tono de voz, el brillo sincero de sus ojos, cayeron como una bendición en sus vidas y sintieron un agradable calor en el pecho, bendiciendo el hecho de estar allí, las tres juntas.

CAPÍTULO 7

A la mañana siguiente, a las seis, Odete y Carolina estaban en la despensa esperando que todos bajaran a tomar un café.

Acomodada en un sillón, Guillermina se aseguró de bajar las escaleras para despedirse.

Ernestina bajó las escaleras acompañada de su esposo y Adalberto que cargaban las bolsas.

Al verlos, Augusto dijo:

- No tenían que levantarse tan temprano. Ya nos despedimos ayer. Mamá no debería levantarse de la cama.

- Para nada - protestó Guillermina -, estoy enferma, pero no discapacitada. Quiero disfrutar de la compañía hasta los últimos minutos.

-Podrías ir con nosotros. Aun hay tiempo. ¿Vamos? - invitó Ernestina.

Guillermina sacudió la cabeza negativamente:

- Ahora no quiero salir de esta casa.

- Cuando seamos más fuertes, tal vez podamos ir a pasar al menos unos días contigo - prometió Odete.

Adalberto había ido a poner las maletas en el auto, y cuando regresó ya estaban todos sentados desayunando. Se sentó y dijo:

- Papá, la maleta de Carolina no bajó.

- Se quedará aquí un poco más, hasta que su abuela se sienta más fuerte.

- En ese caso también me gustaría quedarme.

- Nada de eso. No puedes perderte más días de clase.

-¿Y ella puede?

Ernestina miró a su hijo con irritación.

- Ella puede. Seguirá estudiando aquí mismo.

Adalberto iba a replicar, pero Augusto lo miró de tal manera que no dijo nada más.

Durante los días que estuvieron en São Paulo conoció mejor la ciudad y quedó fascinado.

A pesar de las circunstancias que vivían y del control de su padre, logró salir de noche y quería irse a vivir a la capital.

Eso sí y así fue la vida. Ni la calma del tranquilo pueblo donde vivían. ¿Por qué el padre se fue a vivir allí?

Cuando la abuela se negó a irse a vivir al campo con ellos, se llenó de alegría. Su padre no los dejaría solos. Ella esperaba que él decidiera mudarse a la capital.

Pensó en Ana María. Pronto se mudaría a São Paulo, lo que haría imposible su sueño de conquistarla. Después, al ver a los chicos de la ciudad, se había sentido provinciano. Si pudiera venir a vivir a la capital, pronto estaría convirtiéndose en uno de ellos.

Como siempre, los padres estaban protegiendo a Carolina. Se portó bien con su abuela y su tía, sin duda porque quería quedarse.

Era irritante ver lo amable y cariñosa que estaba siendo con las dos. Nunca la había visto tan bien educada y sensata. Lo estaba fingiendo, seguro. Tonto ella no tenía nada.

Pero el ceño fruncido de su padre indicaba que necesitaba guardar silencio para no causar problemas.

Decidió aceptar temporalmente la situación y hacer campaña para convencer a su padre que viniera a la capital.

Después de despedirse, se fueron. Durante el trayecto, Augusto Cezar estuvo silencioso, triste.

Ernestina trató de consolarlo:

- Se van a estar bien.

- Es triste tener que dejarlas. Si no fuera por mi negocio, me quedaría un poco más.

- Le dije a Carolina que tratara de convencerlos de mudarse a nuestra ciudad.

- Mamá dijo que no quiere vivir con nosotros porque cree que perderemos nuestra privacidad. Ya sabes cómo es ella. No se molesten.

Adalberto intervino:

- Ellas no se molestarían, pero si así lo creen, podríamos mudarnos a la capital.

- Estamos acostumbrados a vivir en el interior donde la vida es más tranquila. Después nuestra empresa está ahí y sería difícil cambiar, volver a empezar todo, además no me gusta el bullicio de la ciudad.

Hizo una breve pausa y continuó:

- La muerte de papá me hizo pensar que viviendo lejos de él dejamos de disfrutar de su compañía todos estos años. Mamá no está y la muerte de su esposo la ha golpeado muy fuerte. Me temo que te ha pasado algo.

- Son los que quedan de nuestra familia - dijo Adalberto.

- Siempre han vivido en la capital y no se acostumbrarían en nuestra ciudad.

- ¿Por qué dices eso? Es una buena ciudad. me encanta – responde Augusto.

- He estado mirando. La gente de la capital es diferente en términos de habla y vestimenta. Frente a los muchachos allí me sentí como un provinciano. Me gustaría ser como ellos. Después, estoy seguro que pronto nos acostumbraríamos.

- Mudarse a São Paulo está descartado. Salir de la calma de nuestra ciudad sería acabar con nuestra paz.

- Para Carolina y para mí sería una forma de buscar un futuro mejor. No me gustaría convertirme en un abogado aburrido en un pueblo pequeño. Es en la capital donde pasan las cosas.

-Yo no pienso así. Tendrás una vida mucho mejor en el campo.

Adalberto guardó silencio. Pero en ese momento se prometió a sí mismo que en cuanto fuera mayor de edad, su padre, lo quisiera o no, se mudaría a São Paulo.

Ya en casa, después de la cena, Adalberto se disponía a dar una vuelta por la ciudad cuando Augusto lo llamó para conversar:

- ¿No puede ser mañana? Perdí muchas clases y acepté ir a la casa de un colega para ponerme al día.

- No voy a tardar. Siéntate.

Al verlo acomodado, Augusto continuó:

- La muerte de papá me hizo pensar. Estoy bien de salud, pero no sé cómo será de ahora en adelante. Y mi ingenio te prepara para la vida.

-¿Por qué esta conversación ahora? Vivirás muchos años, estoy seguro.

- Tal vez, pero el aprendizaje siempre nace. Por esa razón, a partir de mañana, comenzarás a trabajar en nuestra empresa. Te enseñaré a cuidar de nuestro negocio.

- ¿Y la Universidad?

- Irás por la mañana, como siempre, y después de comer, me acompañarás a la oficina.

- ¿Y cuándo voy a estudiar?

-Por la noche y los fines de semana. Estableceré un horario y lo cumplirás como cualquier empleado.

- No sé si puedo. Hay muchos temas para estudiar, trabajos que hacer.

- Lo harás, sí. Recibirá un salario, que aun evaluaré.

Adalberto trató de hacerlo cambiar de opinión, pero Augusto estaba decidido.

- Eres inteligente y estoy seguro que puedes con todo. Ya no eres un niño, eres un hombre, necesitas saber el precio de las cosas y el valor del trabajo. Si me pasa algo, sabrás cuidarte a ti y a tu madre.

Trató de moverse:

- Pero papá, lo haré después de graduarme. Mientras tanto, tendré tiempo para dedicarme por completo a mis estudios.

-Nada de eso. Debería haber hecho esto antes. Está decidido. Comienzas mañana.

Adalberto no insistió. Sabía que una vez que su padre tomaba una decisión, no retrocedía. Suspiró resignado, asintió y Salió.

Fue a la plaza y encontró a Romeo en un grupo de amigos.

Él se acercó. Después de saludarlos, satisfizo su curiosidad por lo que había visto en la capital.

Dio alas a su entusiasmo, exagerando un poco. Posteriormente, él y Romeo abandonaron el grupo con el pretexto que Adalberto se enteraba de materias universitarias durante su ausencia. Romeo era su compañero de cuarto en la universidad.

Tan pronto como se encontró a solas con su amigo, quiso saber si las chicas lo habían extrañado.

- ¿Has visto a Ana María? ¿Ella preguntó por mí?

- No hablé con ella, pero Sônia quería saber dónde estabas y creo que era para decírselo a Ana María.

- Tal vez me extrañaba, se moría por saber dónde estaba, pero le gusta jugar duro para conseguirlo. Las mujeres son así, siempre están disimulando.

- Puede que Ana María lo sea, pero Sônia es diferente. sincera, sencilla.

- ¡Mmm! Por cierto, ¡estás enamorado!

- Lo estoy, no lo niego. Ella es la mejor.

- ¿Has visto a Áurea?

- El domingo por la tarde estuve en la heladería con Sônia y entró con una amiga. Como saben, estudian en la misma escuela secundaria. Empezaron a hablar y terminaron sentándose en nuestra mesa.

- ¿Preguntó por mí?

- No. Pero le dije que tu abuelo murió y que todavía estabas en la capital.

-¿Y ella?

- No dijo nada. Pensé que estaría interesada, queriendo saber cuándo volverías, pero no preguntó ni mostró mucho interés. Escuché que estaba enamorada de ti, pero no creo que sea cierto. Ya sabes cómo y, esta gente habla mucho.

- Sí, hablan demasiado de todos modos - respondió, tratando de ocultar la ira.

Esa chica petulante era muy antipática. Sería muy bueno poder darle una lección. ¿Dónde se ha visto? Solo se acercó a ella para poner celosa a Ana María.

Solo porque él había mostrado un poco de interés, pensó que tenía derecho a jugar con calma.

Después de un poco más de conversación, Adalberto se despidió de su amigo. Llegó a casa abatido. Había estado fuera tantos días y en esa ciudad nada había cambiado. Todo continuaba igual, en una rutina aburrida, donde nada nuevo sucedía.

Lo que realmente quería era irse a vivir a São Paulo. Decidió que insistiría con su padre. Si no estaba de acuerdo, tan pronto como se graduara cambiaría incluso en contra de la voluntad de su padre.

Los días pasaban y la rutina familiar continuaba como siempre. Augusto Cezar había ido a la escuela donde estudiaba Carolina y había hablado con el director quien le informó que sería difícil lograr que ella tomara los exámenes recién al final del año escolar.

Para graduarse, necesitaría tener el número necesario de asistencias, sin las cuales no podría aprobar aunque le fuera bien en los exámenes. Él le aconsejó que la trajera de vuelta para que no se perdiera el año.

Augusto llegó a casa nervioso, preocupado, el camino era traer de regreso a Carolina.

- ¿Y entonces? - Preguntó Ernestina apenas lo vio llegar.- Nada hecho, la escuela no pudo hacer lo que le pedí. Me aconsejó que trajera a Carolina de vuelta para que no se perdiera el año.

Suspiró con tristeza y continuó:

- Se encariñaron tanto con Carolina y no querrán que se vaya.

- Pero si no hay otro remedio...

- Llamaré a mamá y veré cómo están.

Fue a la oficina, se sentó y llamó. Respondió Odete. Después de los saludos preguntó:

- ¿Cómo está mamá?

- Muy débil. Carolina ha sido muy dedicada. Todos los días doy gracias a Dios que se quedó. ¡Mamá se encariñó tanto con ella! Tienes que ver.

- ¿La ha examinado el médico?

- Sí. Dice que está muy deprimida, no tiene ganas de hacer nada, no tiene apetito. Solo Carolina logra que coma un poco.

- Estuve con el director de la escuela de Carolina hoy y me dijo que no hay forma que ella venga a hacer los exámenes de fin de año. Si no regresa pronto, fracasará.

- ¡No la llevarás de regreso ahora! Por favor no lo hagas eso. No estoy en condiciones de cuidar sola a mamá.

He estado enferma.

- Pero ella está en el último año de secundaria.

- Déjala aquí, mañana voy a buscarle una buena escuela, la mejor de todas. Por favor. Déjala quedarse. No le quites ese consuelo. No tendrás que preocuparte, yo misma pagaré todos los gastos y la cuidaré como si fuera mi hija.

Augusto vaciló:

- No sé... No quería que se alejara tanto tiempo de nosotros. Todo sería mucho más fácil si decidieras venir a vivir aquí.

- Mamá no estará de acuerdo. Tú tienes tu privacidad y nosotros la nuestra. No queremos molestar.

- En ese caso, compraríamos otra casa, cerca de la nuestra y vendrías aquí. Tendrían privacidad. Aquí hay una hermosa ciudad, buen para vivir y todos estaríamos juntos.

- Ella no quiere salir de esta casa, que siempre ha sido de nuestra familia.

- Pero no puedo dejar a Carolina para siempre lejos de nosotros, lejos de casa.

- Déjala con nosotros al menos hasta que se gradúe a finales de este año. Hasta entonces, puedo intentar convencer a mamá para que se mude cerca de ti.

- ¿Crees que podrías?

- Te prometo que lo intentaré. Con el tiempo, mamá mejorará y luego todo será más fácil. Solo será hasta finales de este año. ¡Por favor!

Augusto se quedó pensativo unos momentos, luego dijo:

-Está bien. Pero solo hasta fin de año. Tienes que prometerme que te encargarás que estudie para que no pierda el año. A estas alturas, cambiar de escuela, tener otros profesores, otro currículo, puede ser difícil para ella.

- Carolina es inteligente. Te prometo que la ayudaré y haré todo lo posible para que no se pierda el año.

- Está bien. Déjame hablar con ella.

Carolina contestó y él la puso al tanto de todo, recomendándole que se esforzara.

- Confío en ti - dijo al fin - Espero que no me defraudes.

- No te preocupes, papá. Voy a esforzarme al máximo.

Después de despedirse, Carolina colgó el teléfono.

Odete la abrazó:

- Quería que fueras a casa, pero insistí en que te quedaras sin preguntarle su preferencia. Tal vez tenía nostalgia, quería volver... Pero la idea que te fueras me aterrorizaba. Has sido nuestro apoyo en estos momentos difíciles.

- No quiero irme, prefiero quedarme

El rostro de Odete se iluminó:

- ¡Menos mal! Le prometí a tu padre que buscaría una buena escuela. Mañana veremos esto. Siempre fuiste a la misma escuela secundaria. ¿Crees que será difícil adaptarse a otros lugares?

- No, tía. E incluso nacido para cambiar un poco. Conocer a otra gente, renovar ideas.

- Me alegra que pienses eso. Me sentía muy egoísta haciendo que te quedara. Vamos a darle la noticia a mamá.

A la mañana siguiente, fueron a una universidad para discutir el asunto. A Carolina le gustó lo que vio y pronto tomaron las medidas necesarias para la transferencia.

Tan pronto como llegaron a casa, Carolina llamó a su padre, hablaron sobre la escuela y Augusto se encargó de proporcionar la documentación requerida para el traslado.

En cuanto Adalberto se enteró, se irritó. ¿Por qué Carolina podría estudiar en São Paulo y él tendría que quedarse en el campo?

Pero después, reflexionando, llegó a la conclusión que quizás lo mejor era que ella se quedara allí y se convirtiera en su aliado. Estaba seguro que después de una estadía tan larga, Carolina no querría volver al campo. En ese caso, sería más fácil convencer al padre de mudarse a la capital.

Esa tarde fue a esperar a Áurea a la salida de la escuela. Desde su llegada, la había visto un par de veces, pero ella lo había saludado y no se detuvo a hablar.

- "Ella se hace la dura – pensó -, le mostraré lo que puedo hacer."

Cuando salió junto a un colega, él se acercó.

Al verlo, ella le tendió la mano y le preguntó:

- ¿Cómo estás, Adalberto, qué haces aquí?

- Vine a la escuela para ver si los documentos de transferencia de Carolina están listos - mintió.

- ¿No va a volver?

- No. Va a estudiar a São Paulo.

- Tengo que irme. ¿Te quedas?

- No. Ya tengo la información que quería.

Siguieron caminando y su colega se despidió diciendo:

- Voy a hacer unas compras que me pidió mamá.

La amiga se alejó y Áurea caminó al lado de Adalberto.

- Escuché que tu abuelo falleció. Lo siento mucho.

- Gracias. Bueno, muy triste por cierto. Nunca había visto morir a nadie. Él era muy querido. Mi abuela estaba desconsolada, se enfermó y mi tía lloraba sin cesar. Por todo eso, Carolina se quedó con ellas, para darles un empujón.

- Perdí a una hermana dos años menor que yo. Mi madre no la ha olvidado hasta hoy.

- Pero ¿tienes otra hermana?

- Tengo. Cintia, ella es tres años mayor que yo. Fue Berta la que murió. Tenía solo ocho años.

- Me impresionó mirar a mi abuelo muerto. Parecía otra persona. Perdí el sueño, no podía olvidar esa escena.

Áurea lo miró seriamente:

- En esta vida todo tiene una razón de ser. Después que murió Berta, cambié mucho.

- ¿Cambió cómo?

- Estaba muy llena de vida, estaba unida a mí, así que, mirando su cuerpo sin vida, tuve la sensación que esa no era ella.

- Cómo así...

- Era solo un trozo de carne sin vida. Ella se había ido a otra parte. Desde ese momento, comencé a preguntarme a dónde van las personas después que sus cuerpos mueren.

- Nunca pensé en eso.

- Era inteligente, había brillo en sus ojos, alegría en su sonrisa. No creo que todo eso terminara cuando ese cuerpo murió. La gente tiene un alma. Y ella quiere dar vida.

Adalberto la miró asombrado.

- ¿De verdad piensas eso? Parece imposible.

- ¿Por qué? ¿Alguna vez has estado en algún lugar por primera vez y te has sentido como si hubieras estado allí antes?

- Ya. Pero esto es solo una impresión, una ilusión.

- Porque siento que ya vivíamos en otro lugar antes de estar aquí y que cuando nos vamos de este mundo volvemos a donde venimos.

- Estás fantaseando. ¿De dónde sacaste eso? La muerte es el fin de todo.

Áurea lo miró seriamente y respondió:

- La vida es mucho más que este paso por este mundo. Si todo terminara incluso con la muerte, la vida habría perdido su propósito.

- Bueno, no creo que vivir tenga otro fin que no sea disfrutar mientras somos jóvenes, estamos sanos. Y solo eso, nada más.

- Me gustaría ver las cosas de esa manera simplista como tú. Sería más fácil. Pero me gusta buscar las causas de las cosas y tú hablando de la muerte de tu abuelo me hiciste pensar. Sabemos tan poco al respecto.

- Cambiemos de tema y hablemos de cosas más alegres.

- Muchas personas tienen miedo, prefieren fingir que la muerte no existe. Pero esto es una ilusión. Todos tendremos que enfrentarla algún día.

Adalberto se santiguó:

- ¡Dios no lo quiera! Hablemos de cosas más felices. El sábado habrá un baile en el club. ¿Tú vas?

- Aun no sé.

- Tengo la intención de ir. Mis amigos están entusiasmados con el set que tocarán.

- Escuché que vienes de Ribeirão Preto.

- Casi seguro que lo haré.

Se acercaron a la casa de Áurea quien dejó de decir:

- ¿Quieres pasar, tomar un café?

-No gracias. Necesito estudiar, recuperar el tiempo que estuve fuera. Si vienes al club el sábado, podemos encontrarnos allí.

- No me gusta decidir nada de antemano. Si tengo ganas en ese momento, lo haré.

- No vas al club muy a menudo. ¿No te gusta bailar?

- Me gusta. Depende de la música y con quién. En nuestro club todo pasa siempre igual. Sabemos quién va a estar con quién, no pasa nada nuevo. A menudo prefiero leer un buen libro o escuchar música en casa.

- No podemos olvidar que estamos en un pueblo de campo. En São Paulo todo es diferente.

- ¿Conoces algún club allí?

- Sí - mintió -. Esta vez no pude ir a ninguna por culpa de mi abuelo. Pero en otras ocasiones iba con amigos.
No hay comparaciones con los de aquí. Pero como no podemos ir allí, tenemos que aceptar lo que tenemos. Espero que vengas para que podamos hablar.

- Vamos a ver.

Ella le tendió la mano, ambos se despidieron. Ella entró y él se alejó pensativo. Quería que Áurea fuera allí a cortejarla y poner celosa a Ana María.

Comenzó a imaginar cómo lo haría. Al final, Ana María no soportaría los celos y caería en sus brazos.

CAPÍTULO 8

Olina aceleró el paso con preocupación. No quería llegar tarde. Había pasado una semana desde que asistía a clases en esa escuela y un mes desde que sus padres se mudaron al campo.

Al enterarse que el director de la escuela donde estudiaba Carolina no había accedido a que ella hiciera los exámenes de fin de año si no asistía a clases, Odete trató de matricularla en otra escuela lo antes posible por temor a que Augusto Cezar cambiara de idea y la llevara de vuelta a la casa.

Tanto Odete como Guillermina no querían que Carolina se fuera. Su presencia, joven y hermosa, sus palabras de aliento, les traían consuelo y bienestar.

Augusto había estado preocupado por los documentos para la transferencia de escuelas, sin embargo, Adalberto, interesado en mantener a Carolina en São Paulo, rápidamente entregó los documentos y al final se llevó a cabo la transferencia. Carolina no podía perder el año.

En los primeros días de clase, Carolina era un poco extraña. Los profesores estaban más nerviosos y el plan de estudios, aunque era casi el mismo que en la escuela anterior, el orden en que se habían impartido las materias era diferente.

Había algunos que ya había estudiado y otros que ya había aprendido y ella aun no sabía. Los colegas eran más ruidosos, sus bromas más agresivas y mezquinas. Ella, sin embargo, estaba dispuesta a estudiar y logró terminar el curso.

Mientras caminaba, pensaba en lo que debía hacer para ganar este desafío.

Entró al salón de clases en el momento exacto en que entró el maestro. Rápidamente fue a sentarse en su asiento, tratando de ignorar la mirada irritada que él le dirigió.

El profesor Bento enseñaba Ciencias Sociales en esa escuela desde hacía más de quince años y era conocido por su intolerancia. Se preocupó por mantener una rutina que no cambiaba por nada y para él la puntualidad revelaba el carácter de cada uno.

La clase comenzó llamando a Carolina y haciéndole algunas preguntas. Ella notó de inmediato que él pretendía ponerla en dificultades frente a los demás estudiantes, pero mantuvo la calma y las dos primeras respuestas, acertó. La tercera, sin embargo, trataba sobre un tema que aun no había estudiado, justificándose así:

- Lo siento, profesor, pero todavía no he tenido clases sobre este tema.

- Ya enseñamos esta clase al principio del año escolar.

- Pero me trasladaron de otra escuela y allí no estudiamos este tema.

- Eso es imperdonable de tu parte. Ya llevas aquí una semana y lo primero que debiste haber hecho fue conocer las materias que ya habíamos dado y estudiarlas. Si sigues así, no podrás seguir el ritmo de la clase.

Carolina apretó los labios y contuvo su indignación, respondiendo con una voz que intentaba serenarse:

- Eso no sucederá, profesor. Solo es una cuestión de tiempo voy a tratar de recuperarme.

- Espero que sea así. Comience por estudiar este material y veamos cómo resultó en la próxima clase.

Carolina se sentó. Cuando terminó la clase y el maestro salió del salón, la alumna que estaba sentada detrás de Carolina la llamó:

- No hagas caso a las implicaciones del profesor Bento. Él es así con todo el mundo.

- Me di cuenta que estaba enojado conmigo porque llegué a última hora. Quería que perdiera la calma para poder regañarme.

-¡Oh! ¡Te diste cuenta! Menos mal. Mi nombre es Mónica y el tuyo?

- Carolina.

- Mira, si quieres te puedo dar todos los materiales que ya tenemos.

Carolina sonrió:

- Gracias. Me ayudará mucho.

- Hablaremos a la salida.

Carolina estuvo de acuerdo. Mónica era una morena clara, con grandes ojos color miel que sujetaban los suyos mientras la miraba, cara bonita, cuerpo bien formado. A Carolina le gustó a primera vista

Cuando terminaron las clases, las dos se fueron hablando. En pocas palabras, Carolina le contó los motivos que la llevaron a cambiar de escuela.

Mónica era un año mayor que Carolina y pronto las dos se llevaban muy bien.

- Hagámoslo así, yo voy a hacer una lista de todas las materias que hemos estudiado desde el principio del año y tú haces otra que ya has estudiado en la otra escuela. Para que podamos cambiar, yo te ayudo con la mía y tú con las que ya conoces.

- Gran idea. yo vivo cerca de aquí ¿y tu?

- En otro barrio. Pero a mi madre le gusta esta escuela y por eso estudio aquí.

- Es una pena porque si estuviera más cerca podríamos estudiar juntas.

- Vamos a estudiar juntas. Puedo ir a tu casa o tú a la mía.

- Todavía no sé mucho sobre la ciudad.

-En ese caso, habla con tu abuela. Si ella lo permite, estudiaré en tu casa.

- Le hablaré solo para satisfacerla, pero estoy seguro que tanto ella como mi tía estarán felices de verte.

Las dos se detuvieron en la acera, un auto se estacionó frente a ellas y Mónica dijo:

- Mi hermano vino a recogerme. Tengo que irme.

Carolina miró el auto, su corazón se aceleró, se puso pálida: En el auto iba un joven que se parecía mucho a Marcos.

- ¿Qué es? - Preguntó Mónica -. Parece como si hubieras visto un fantasma.

Carolina hizo un esfuerzo por controlar sus emociones:

- ¿Este joven es tu hermano?

- Sí. ¿Lo conoces?

- No. Se parece un amigo que me gusta mucho.

- Ven. Te lo presentaré.

A su señal, el chico salió del auto y se acercó:

- ¿Qué deseas? No puedo parar aquí por mucho tiempo.

- Yo sé. Quiero presentarte a Carolina. Ella está estudiando en la misma clase que yo.

Le arregló la cara de emoción a Carolina y dijo:

-Mi nombre es Sérgio. ¿Ya nos conocimos?

-No. Te pareces mucho a un amigo mío.

- Gracioso, tengo la sensación que ya nos han presentado.

- No puede ser. Carolina vivía tierra adentro. Lleva poco tiempo en São Paulo -. Había un auto detrás de él tocando la bocina y Mónica continuó -. Tenemos que irnos. Mañana continuaremos nuestra conversación. Adiós.

Arrastró a su hermano quien, mirando a Carolina, dijo:

- Hablamos otro día.

Se fueron y Carolina poco a poco se recuperó de la emoción, el nombre era diferente, pero el parecido con Marcos era grande. Ella también sentía que lo conocía. ¿Estaba sintiendo esto solo porque se parecía a Marcos?

Carolina caminó lentamente recordando aquel encuentro inesperado y cuanto más pensaba, más veía el parecido entre el hermano de Mónica y Marcos.

¿Había sido breve el encuentro, lo había visto bien o el parecido solo había existido en su cabeza? Tenía ganas de volver a verlo para observarlo mejor.

Entró a la casa y fue a buscar la abuela. Guillermina estaba sentada en un sillón de la sala y Odete insistió en que tomara una taza de té y comiera un trozo de torta.

Cuando vio llegar a Carolina, dijo nerviosa:

- Mamá no almorzó; o ni siquiera quiere tomar el té. Ella necesita alimentarse. Me alegro que hayas llegado. Ve si puedes hacer que al menos se coma el pastel.

Carolina se acercó y Guillermina se quejó:

- Quiere que coma a la fuerza. No tengo hambre.

Carolina tomó la taza y se sentó en el taburete a sus pies.

- Abuela, come al menos un poco. Te hará bien.

- Déjalo sobre la mesa. Más tarde lo como.

- Ahora está delicioso, luego estará frío y sin sabor.
Vamos, solo un poco.

Carolina la miró a los ojos con cariño y cuando acercó su taza a los labios de Guillermina, bebió un poco.

- ¡Así que está hecho! Ahora vamos a probar el pastel.

Comí un trozo por la mañana y estaba delicioso.

- No tengo ganas.

Carolina puso el plato sobre la mesa y dijo:

- Si no comes terminarás enferma, ¿es eso lo que quieres?

-No...

- Equilibrio de lo que parece. Al abuelo no le gustará verte enferma. Se afligirá.

Se secó los ojos y dijo con tristeza:

- Está muerto y nunca volverá.

- No, el abuelo vive en otro mundo y un día nacerá de nuevo en la Tierra. Pero antes de eso, ya habrás ido a buscarlo.

- Tú crees eso, pero no sé si es verdad. Si es así, quiero ir a él ahora.

- Si no comes, te enfermas y mueres, no lo encontrarás.

- ¿No dijiste que cuando muera lo encontraré?

- A menos que provoques tu propia muerte, porque eso sería lo mismo que suicidarse. Para encontrarlo, tendrás que aceptar vivir hasta que la vida te lleve cuando llegue el momento.

Guillermina se quedó pensativa unos instantes y luego dijo:

- Entonces tomaré té y comeré pastel.

- Es mejor así, abuela.

Odete suspiró aliviada. Fue difícil tratar con su madre, reaccionar ante su propia tristeza para tratar de ayudarla.

Mientras comía lentamente, Carolina compartió su amistad con Mónica y su deseo de estudiar juntas.

Guillermina estuvo de acuerdo de inmediato.

- Eso es genial, Carolina - comentó Odete satisfecha -. Tú debes estar cansada de vivir con dos ancianas. Necesitas juntarte con gente de tu edad.

- Eso no. Me encanta estar con ustedes, pero Mónica es una chica muy agradable y educada. Estoy segura que me ayudará a adaptarme a la escuela. Te prometo que seremos discretas y no perturbaremos tu tranquilidad.

- No digas eso, hija mía - se quejó Guillermina -. Nos hará muy bien tenerlas con la alegría de la juventud. Dile que será muy bienvenida.

Poco después, Carolina fue a su habitación a preparar un resumen de las clases que había tomado en la escuela para llevarla al día siguiente.

Tenía prisa por volver a ver a Mónica con la esperanza de conocer a Sérgio y ver cuánto se parecía a Marcos.

Al día siguiente, las dos confrontaron los resúmenes y acordaron estudiar juntas.

-Hoy no porque no le avisé a mi madre. Pero mañana, después de clase, vamos a tu casa. Mi hermano me recogerá cuando terminemos.

Tanto a Odete como a Guillermina les gustó Mónica a primera vista. Muy educada y discreta, charló un poco con las dos y luego ambas se fueron a estudiar a la oficina de su abuelo.

Carolina no había estado allí desde que él murió por que Odete la había mantenido cerrada sin atreverse a mirar el lugar donde su padre pasaba la mayor parte del día.

Pero deseando romper esa resistencia que sentía y sacudirse algunos de sus recuerdos, Odete sugirió que las dos estudiaran allí. Abrió las puertas, pero no entró.

Las dos se calmaron y comenzaron a comparar los puntos. Decidieron estudiar lo más urgente, y como Carolina aun no había estudiado el material del profesor Bento, Mónica compartió con él todo lo que sabía al respecto.

Después, confesó que no entendía a otro punto que Carolina ya había estudiado y le tocó colaborar con lo que ya sabía.

Dos horas después, Odete apareció en la puerta:

- Creo que es suficiente por hoy. Deben estar hambrientas.

- No, gracias – respondió Mónica sonriendo -. Carolina ya trajo una merienda. Nuestro encuentro fue muy bueno, informativo.

Hablamos tanto que ni vi pasar las horas. Perdón doña Odette. No quiero abusar.

- De alguna forma. Es un placer tenerte con nosotros.

- Es mucha amabilidad. Pero es hora de irse.

Armaron todo y acompañaron a Odete a la sala.

Mónica pidió usar el teléfono, llamó a su casa y le pidió a su hermano que fuera a buscarla. Mientras esperaba, se sentó en la sala de estar con las demás.

- Me gustaría que te quedaras a cenar con nosotros - comentó Guillermina.

- Gracias, pero mi madre me está esperando.

- Sería bueno tener su compañía.

- Me gustaría que Carolina viniera a estudiar a mi casa también.

- Y que no conoce la ciudad. Nuestro coche está en el garaje, pero mi padre conducía. Nosotras no sabemos conducir - explicó Odete.

- Si la dejan, al salir de clase podría ir conmigo, mi hermano siempre me recoge en la escuela. Entonces la traeríamos de vuelta.

- Sería mucho trabajo para él - respondió Guillermina.

- Estoy seguro que estará feliz de hacer eso.

- Aun así, no quiero abusar - intervino Carolina. Mónica sonrió:

- Vamos a ver.

Mientras esperaban a Sérgio, Odete insistió en que fueran a la despensa a tomar un refrigerio. Incluso Guillermina se sentó a la mesa y accedió a tomar un refresco y comer unos bocadillos, lo que hizo comentar a Odete, dirigiéndose a Mónica:

- Tu presencia hizo que mamá se animara. ¡Ha pasado un tiempo desde que se sentó a la mesa con nosotros!

- En ese caso volveré más a menudo - bromeó ella sonriendo.

- Así es - asintió Guillermina -, tu presencia es tan agradable que disipa cualquier tristeza. Me encanta escuchar las risas calientes que dan.

- Tengo la costumbre de reírme a carcajadas y mi madre siempre me pide que baje el tono. Creo que perturbé tu paz.

- Bueno, no lo creo. Por el contrario, molesta tanto como puedas. Ha pasado mucho tiempo desde que escuché una risa tan feliz en nuestra casa como la tuya. Para mí fue una medicina santa - comentó Guillermina.

- Alegría y alimento para el alma - dijo Carolina.

- Me encantó esa línea - respondió Mónica -. Cuando mi madre me llama la atención, ya sé lo que voy a responder.

Siguieron hablando y poco después sonó el timbre. La criada fue a abrir, volvió y dijo:

- Su hermano vino a buscarla - Odete se levantó:

- Le pediré que entre y tenga algo con nosotras.

- Es un poco retraído, no lo aceptará.

- Iré de todos modos.

Odete se fue, volvió un poco después, Sérgio la acompañaba. Luego de besar la mano de Guillermina, estrechar la mano de Carolina, para sorpresa de Mónica accedió a sentarse a tomar un trago.

Carolina lo observaba disimuladamente y cuanto más lo hacía, más pensaba que se parecía a Marcos. ¿Era una coincidencia?

Sérgio había aceptado la invitación de Odete porque quería ver a Carolina. Sentía que la conocía, pero ¿de dónde? No podía recordar. Durante el transcurso de la conversación, quiso saber cuánto tiempo hacía que ella había estado en la ciudad, los lugares que frecuentaba, a qué se dedicaba.

Ella informó:

- Cuando llegué aquí, mi abuelo ya estaba enfermo, luego murió, mi abuela estaba mal de salud y la tía Odete estaba deprimida. Así que me quedé para hacerles compañía.

- Esa fue la mejor idea que tuvo mi hermano. fue maravilloso, pronto nos acostumbramos y la compañía de Carolina se volvió indispensable. Hicimos todo para mantenerla aquí.

Guillermina intervino:

- Estamos muy agradecidos con Mónica por venir a estudiar con carolina A menudo me preguntaba si no estaríamos siendo egoístas al mantener a Carolina en compañía de dos ancianas. Sabíamos que necesitaba hacerse amiga de personas de su misma edad.

- Esta niña no ha salido a caminar desde que llegó, y del colegio a la casa y viceversa.

- Hay mucho tiempo para eso, tía. No se preocupe.

[121]

- Esto no seguirá así - reflexionó Mónica -. Vamos a arreglar eso, ¿no Sérgio?

- Ciertamente. Primero, necesitamos saber qué le gusta hacer a Carolina.

- Por el momento estoy interesada en recuperar las materias para no perder el año.

- Esto no impide que salgas un rato para despejar la mente - comentó Odete -. Esta chica no suelta sus libros.

- Leer es mi pasatiempo favorito – dijo Carolina -. Yo amo un buen libro.

- De hecho. Un buen libro es como una nueva aventura, te hace viajar, mirar las cosas desde otros ángulos, fuera de lo cotidiano

Sérgio dijo.

- ¡Hola! Estoy entre dos lectores empedernidos. Dentro de poco empezarán a hablar de libros y nosotros, que no tenemos esta preferencia, estaremos fuera de la conversación – dijo Mónica sonriendo.

- De nada - respondió Carolina -. Yo nunca haría eso, el libro es un buen compañero, nos acompaña en nuestros momentos de soledad, pero cuando estoy en tan buena compañía, me gusta intercambiar ideas.

- Tú sabes cómo ser amable. Esa es una cualidad rara en las chicas con las que he estado - objetó Sérgio.

- Actualmente, en nuestra sociedad, muchas chicas de tu edad confunden modernismo con falta de educación.

- Por todo eso, tengo muchos conocidos, pero pocos amigos. No me gusta la gente pretenciosa - explicó Mónica -. Es tiempo de salir, estamos abusando.

[122]

- ¡Es temprano aun! - se quejó Guillermina -. La conversación es tan buena que ni siquiera vi pasar el tiempo.

Sérgio también se levantó:

- Mónica tiene razón. Volveremos en otra ocasión.

- Espero que sean breves - comentó Odete.

- Mañana Carolina estudiará en mi casa según lo acordado.

- Qué pena. Preferiría que siempre estuviera aquí - lamentó Odete.

Se despidieron y Carolina fue a acompañarlos hasta la puerta. Acordaron las materias que debían estudiar la tarde siguiente en casa de Mónica.

Ambas se despidieron con un ligero beso en la mejilla y Sérgio hizo lo mismo, luego, aun sosteniendo la mano de Carolina, la miró a los ojos diciendo:

- ¿Dónde nos encontramos? ¡No puedo recordar!

- ¡Tal vez fue en otra dimensión!

Se estremeció levemente, un poco asustado, luego respondió:

-Tal vez...

Mónica los miró con cierta malicia y dijo:

- Vi que además de un hermano raro, también encontré un amigo como él.

- ¿Por qué estás diciendo eso? - Preguntó Carolina.

- Porque me acabo de enterar que tienen las mismas manías.

- No importa - dijo Sérgio sonriendo - Lo dice porque le gusta parecer una persona muy equilibrada.

- Hasta mañana, Carolina.

Mónica jaló a Sérgio del brazo y continuó:

- Vamos, a mamá no le gusta que lleguemos tarde a cenar.

Después que se fueron, Carolina seguía parada en la puerta pensando. Era demasiada coincidencia para ella aceptar esa hipótesis. Parecía más bien un reencuentro astral o quién sabe de vidas pasadas.

Si era Marcos quien la visitaba de vez en cuando, ¿por qué no le había dicho que él estaba en carne y hueso y que se llamaba Sérgio? Esa era una respuesta que solo Marcos podía darle.

Una vez en el auto, Mónica comentó:

- Me sorprendió que aceptaras la invitación de doña Odete para entrar y aun tomar un refrigerio con nosotras.

- ¿Por qué? ¿Qué es demasiado?

-Cualquier cosa. Solo tu eres retraído y cuando vas a buscarme a algún lado nunca entras.

- Y que quería ver a Carolina de cerca. Desde que la vi tengo la sensación que nos conocemos de algún lado.

- Eso no es posible. Ella vivía en el campo y hace poco tiempo que está en São Paulo. Como doña Odete dijo, no sale de casa, no sale en sociedad. Estás equivocado.

- Y. Verás que me equivoqué - accedió más bien a cambiar de tema, ya que no quería prolongarlo con la hermana.

En privado, sin embargo, la pregunta todavía estaba en su cabeza.

Lo más probable sería un encuentro astral. Carolina lo había mencionado. ¿Hablaba en serio? ¿Entendería este asunto?

Y lo que pretendía averiguar en el futuro. Ella no sabía que a menudo se veía a sí mismo fuera de su cuerpo mientras dormía, hablando con personas desconocidas, cuyo tema no podía recordar claramente cuando despertaba.

¿Podría haberla conocido en uno de esos viajes? Ese pensamiento despertó su curiosidad. Si eso fuera cierto, tal vez ella podría darle una idea de estas salidas del cuerpo cuando pudiera ver su propio cuerpo dormido en la cama mientras levitaba a través de lugares desconocidos.

CAPÍTULO 9

Al siguiente, al terminar la clase, Carolina y Mónica se fueron y esperaron a Sérgio. Según lo acordado, estudiaría en casa de su amiga.

Sérgio llegó puntual, se bajó del auto y abrió la puerta trasera para que Carolina entrara mientras Mónica se sentaba en el asiento delantero:

- A mí nunca me abres la puerta – se quejó ella solo para avergonzarlo.

- Si te portas bien, veré qué puedo hacer a partir de ahora – respondió sonriendo.

- ¿Ves, Carolina, cómo me trata?

- Él te recoge de la escuela todos los días sin quejarse. Bueno, ojalá mi hermano fuera así. A Adalberto le encanta bromear conmigo.

Mientras Mónica hablaba de un espectáculo al que quería asistir, Sérgio miraba a Carolina por el espejo retrovisor. Tenía un rostro expresivo y su fisonomía cambiaba en reacción a lo que escuchaba revelando sus pensamientos.

Cuanto más la miraba, más seguro estaba Sérgio que había estado con ella en alguna parte.

Media hora después llegaron. La casa de la familia de Mónica estaba en Jardim América, era hermosa, rodeado de un jardín magnífico.

El enorme portón de hierro forjado se abrió y el auto se detuvo en el semicírculo frente a la puerta principal.

Bajaron y se acercó un empleado:

- ¿Puedo guardar el coche?

- Puedes. Pero volveré a salir más tarde.

Hubo un ladrido de felicidad y luego apareció un perro peludo de tamaño mediano, rodeando a Mónica. Ella se inclinó, le acarició la cabeza, diciendo con cariño:

- Que bueno verte. Estaba con nostalgia.

El perro movía la cola alegremente y sus ojos brillaban de emoción.

- Este es mi amigo Jordan, esta es mi amiga Carolina - Carolina acarició la cabeza del perro:

- ¿Cómo estás, Jordán? ¡Qué bonito eres! Siempre deseé tener un perro. Pero mi padre nunca quiso.

- El mío tampoco lo quería, pero hice tanto que terminó aceptándolo. Ahora muere de amor por él.

- Este bribón supo ganarse a todos en esta casa - comentó Sérgio -. Es mimado en todo momento. Entra, Carolina.

Una señorita, muy elegante, se acercó y Mónica presentó a Carolina:

- Esta es mi colega, Carolina.

- Bienvenida, mi nombre es Wanda. Ese perro debería estar encerrado. Te está molestando.

- A Carolina le gustan los perros.

- Así mismo. Lugar para animales es en el patio trasero.

Mónica tomó a Carolina de la mano:

- Ven, quiero mostrarte mi habitación.

La casa era hermosa y estaba decorada con buen gusto. Carolina amaba todo lo que veía. Atravesaron tres habitaciones enormes, ricamente amuebladas y subieron una escalera, cruzando un pasillo. Finalmente, Mónica abrió una de las puertas:

- Es aquí. Y aquí está mi refugio.

El perro que había sido sacado afuera, aprovechó el descuido de la empleada y subió sigilosamente las escaleras entrando rápidamente a la habitación antes que Mónica cerrara la puerta.

Estalló en carcajadas, acarició la cabeza del animal y dijo:

- ¡Muy bajo! Los engañaste. Ahora cállate, no hagas ruido porque si mami te escucha, te mete en la perrera.

Jordan se sentó jadeando felizmente, mostrando su lengua roja, sus afilados dientes blancos.

- Es guapo e inteligente - comentó Carolina.

- Siempre hace eso. Entonces es tranquilo. Sabes lo que pasará si mamá se entera.

- ¿A tu madre no le gustan los animales?

- Ella tiene sus reglas de convivencia. Tuvo una educación rígida, quiere todo en su lugar. Pero, por suerte, Jordan y yo siempre conseguimos lo que queremos.

Mónica dejó los libros, se cambió de ropa y luego invitó a Carolina a ver el resto de la casa. Cuando bajaron, Wanda estaba en la sala hojeando una revista. Al verlos, preguntó:

- Siéntate aquí conmigo un rato.

- Le mostraré a Carolina la casa.

- Hazlo después. Toma asiento. Solo quiero llegar a conocerte mejor.

Obedecieron y Wanda hizo:

- Mónica me dijo que llegaste hace poco a la ciudad. ¿De dónde viniste?

- Desde Bebedouro, en el interior de São Paulo. Mi familia vive allí. Estoy en casa de mi abuela. Mi abuelo falleció, ella se quedó sola con mi tía Odete, y ambas estaban muy molestos, así que me quedé para hacerles compañía.

- Entiendo. ¿No te da pena vivir en compañía de dos ancianas?

- No. Son dos personas encantadoras. Nos llevamos muy bien.

- Estás en el último año de secundaria. ¿Tienes la intención de ir a la universidad?

- Sí. Pero mis padres quieren que me quede aquí hasta fin de año. Cuando termine el curso, regresaré a mi ciudad.

- ¿No te gusta São Paulo?

- Todavía no sé mucho sobre la ciudad. Sé que hay lugares muy bonitos, pero todavía no he tenido la oportunidad de visitarlos.

- Mamá, ¿no crees que estás interrogando a Carolina? ¿Qué pensará ella?

- Siempre eres traviesa. No la estoy interrogando. Como dije, solo intento conocerla mejor. Espero que a ella no le importe.

- Absolutamente. Tienes todo el derecho a conocer a las personas que entran en tu casa. Si fuera la mía, estoy seguro que mi padre sería igual.

Wanda apretó los labios ligeramente. Esta chica, a pesar de su rostro ingenuo, tenía una respuesta preparada. No era lo que parecía. Trató de ocultar su disgusto, sonrió y dijo:

- Sabía que lo entenderías. No quiero detenerlas Carolina para ver el resto de la casa.

Las dos se levantaron y cuando estaban lejos de Wanda, Mónica intervino:

- A veces mi madre me molesta. Pero finjo que no me doy cuenta porque cuando ella se enfada se pone mucho peor.

- No te preocupes.

Recorrieron todas las habitaciones y se dirigieron a la piscina donde Sérgio estaba tumbado en una tumbona leyendo un libro. Se había cambiado la ropa formal por unos pantalones de franela blanca y una camisa deportiva.

Al verlos llegar, cerró el libro y se levantó. Mónica informó:

- Le estoy mostrando alrededor de la casa.

- ¿No quieres sentarte a descansar? - Preguntó.

- Eso es para otro día. Tenemos muchos temas para estudiar - respondió Carolina.

- Es verdad - estuvo de acuerdo Mónica.

- En ese caso, no insisto. Pueden irse.

Ellas se fueron y Sérgio volvió a acomodarse en la tumbona. Abrió el libro, pero sus pensamientos estaban en Carolina. La sensación de conocerla de alguna parte volvió con fuerza. ¿Dónde la habría encontrado? No podía recordar.

Las dos subieron a la habitación de Mónica y comenzaron a estudiar. Esas reuniones estaban siendo productivas para ambas. A pesar del poco tiempo, habían aclarado muchos puntos y mejorado su desempeño en la escuela.

Carolina se sentía más tranquila. El hecho que Mónica se hubiera convertido en su amiga había hecho que más colegas la miraran con más simpatía. Mónica tenía cierto ascendiente sobre las demás alumnas de la clase, ya sea por su amabilidad o porque su familia era más acomodada, muchas de ellas copiaban su forma de hablar, su postura y hasta su forma de vestir.

El hecho que a Mónica le gustara Carolina fue suficiente para que los demás hicieran lo mismo.

Durante más de una hora estudiaron los materiales para las clases del día siguiente y luego bajaron las escaleras. Wanda las estaba esperando en la sala, al verlas entrar dijo:

- Deben estar hambrientas. Lleva a Carolina en la copa y ve si quiere comer algo. En cuanto a ti, es mejor esperar a la cena.

Fue Carolina quien respondió:

- Gracias, doña Wanda, pero no tengo hambre. Hemos terminado por hoy y prefiero irme a casa.

- Quería que te quedaras a cenar – preguntó Mónica.

- Gracias, pero no puedo. La abuela a veces no quiere comer y la tía Odete siempre me pide ayuda. Todavía no han superado la pérdida de mi abuelo.

- En ese caso no debemos insistir - dijo Wanda.

- Llamaré a Sérgio para que nos lleve – dijo Mónica.

- No es preciso. Tú me dices qué autobús tomar y me voy sola.

- De alguna forma. Prometimos llevarte a casa y eso es lo que haremos. Llamaré a Sérgio.

Apareció en la habitación:

- No es preciso. Yo estoy aquí.

- Carolina quiere irse.

- ¿Ya? Todavía es temprano - objetó Sérgio.

- Ya terminamos de estudiar. No quiero estar fuera de casa tanto tiempo. Cuando no estoy, mi tía mira por la ventana esperándome.

- Entonces será mejor que nos vayamos - comentó Mónica. Sérgio miró a Carolina y le preguntó:

- ¿Tienes cinco minutos más?

- Claro.

- Ven conmigo, quiero mostrarte algo.

Carolina miró a Mónica sin saber si debía ir con ella.

- Vamos - accedió Mónica.

Las dos lo siguieron y él las condujo a su habitación invitándolas a entrar. Había una pequeña habitación con dos puertas, una iba al otro dormitorio, la otra a un estudio. A estos últimos se los llevó Sérgio.

Había una librería grande llena de libros, unos centímetros, un escritorio, una mesa alta de dibujo y algunas mesas auxiliares.- Siéntate. Siéntense libres.

Ellas obedecieron. Fue a la mesa de dibujo, recogió unos rollos de papel grueso y los colocó sobre el pequeño escritorio. Luego tomó uno, lo abrió y lo colocó frente a Carolina, diciendo:

- Ves. ¿Reconoces este lugar?

Carolina se quedó mirando el paisaje dibujado en la cartulina durante unos segundos y respondió:

-No.

Entonces Sérgio abrió otros rollos y en el tercero, Carolina dijo:

- Este lo conozco, he estado en este lugar. Las flores, los colores, el cielo es azul, lo recuerdo perfectamente, más adelante hay una casita con galerías floridas y dos colibríes cerca.

En silencio, Sérgio abrió otro rollo y ahí estaba la casa mencionada y los colibríes.

Mónica se quedó atónita:

- ¿Quién hizo estos dibujos? ¡Son lindos!

-Fui yo.

- ¿Por qué nunca nos dijiste nada?

- Es algo muy mío y no quería compartirlo con nadie. Espero que sepas cómo guardar un secreto. Quería que Carolina los viera y no quería esperar un momento más propicio.

Carolina se quedó en silencio, asombrada. Esos paisajes eran del lugar al que había ido con Marcos. Sérgio se parecía al hermano gemelo de Marcos, pero si él hubiera sido quien la había llevado en ese viaje astral, seguro que la recordaría.

- Entonces, Carolina, ¿qué dices al respecto? - Preguntó Sérgio, mirándola fijamente.

- Bueno, no sé... A veces me pasan algunas cosas, pero nunca se lo he contado a nadie.

- A mí también me pasan cosas raras y es la primera vez que hablo de ellas.

- ¿Qué por ejemplo? - Preguntó Carolina.

- Sueño que estoy en estos lugares, hablo con la gente, pero cuando despierto solo recuerdo los paisajes, que son tan reales que los dibujo para no olvidarlos. Son lugares maravillosos y estar ahí me da una sensación de bienestar imposible de describir.

Carolina lo miró asombrada y no respondió de inmediato.

- Entonces - insistió Sérgio -, ¿qué dices?

- Yo también visito estos lugares... - vaciló un poco y concluyó -, pero quien me lleva es alguien muy parecido a ti.

Mónica los miró asombrada y Sérgio mirándola a ella preguntó:

- Mónica, antes de hablar más sobre este tema, quiero que me jures que no le dirás a nadie lo que estás escuchando aquí.

- No sé, es muy curioso lo que dicen. Sería mejor seguir el consejo de otras personas.

[133]

- Si no juras, nos detendremos aquí. No quiero que nadie lo sepa.

- ¿Por qué? ¿Qué hay de malo en eso?

- Porque es algo muy íntimo y hasta que aclaremos todo, mejor no decir nada. Podrían pensar que estamos fantaseando, divirtiéndonos a nuestra costa. Siento que este tema es serio y no se presta a divagar.

- Estoy de acuerdo - intervino Carolina.

- En ese caso, lo juro. No le diré nada a nadie.

- Muy bien. Sigue, Carolina.

- Cuando te conocí me sorprendí mucho porque eres igual que Marcos que de vez en cuando me lleva a estos lugares, me habla, me presenta a la gente, me aconseja. Desafortunadamente, cuando me despierto, no recuerdo todo lo que hablamos, solo quedan en mi mente algunas frases finales, pero las impresiones de los lugares, su presencia y otras personas, permanecen en mi memoria durante varios días.

- Cuéntame cómo y cuándo empezó esto – preguntó Sérgio.

Carolina contó lo que había pasado en misa y otros momentos en que Marcos la había ayudado a mejorar la relación con su padre, y concluyó:

- Cuando nos conocimos, pensé que eras el Marcos de mi sueño, pero si lo fueras, recordarías nuestros encuentros y eso no sucedió.

- Pero cuando te vi, sentí que nos conocíamos, que ya habíamos estado juntos. Eres muy familiar para mí.

- Tú también.

- ¡Lo que ustedes están diciendo es increíble! - Dijo Mónica.

- ¿Cómo podemos saber la verdad?

- No tengo ni idea. Cuando vuelva Marcos, le preguntaré. Y que puedo hacer. Es un espíritu muy lúcido, siento que tiene mucho que enseñarme.

- Entonces no puede ser yo - comentó Sérgio -. Me gustaría ser así, como lo describiste, pero no lo soy.

- Confío mucho en la vida. Esperemos a ver qué pasa - dijo Carolina -. Ahora tengo que irme a casa.

- Vamos - asintió Sérgio. Enrolló los cuadros, los guardó y todos bajaron.

Al verlos regresar, Wanda comentó:

- Se tardaron mucho ¿Qué hacían ahí arriba?

- Sérgio nos mostró algunos libros que nos serán útiles para nuestros estudios - comentó Mónica.

Se irritaba cada vez que su madre insistía en hacerle preguntas.

Se fueron rápidamente. En el auto, durante el trayecto, Sérgio no dejaba de hablar con Carolina sobre los lugares a los que iba en sus sueños y ambos encontraban muchos puntos similares en las descripciones.

Cuando llegaron frente a la casa de su amiga, vieron a Odete en la ventana y Carolina comentó:

- La tía Odete está en la ventana, seguro que la abuela está impaciente esperándome.

Bajaron y Carolina los invitó a pasar, pero Mónica no quería. Era la hora de la cena y no quería ser una molestia.

- Tenemos que irnos, Carolina. Mamá nos espera para la cena.

-Me gustaría hablar más contigo - dijo Sérgio-, pero no quiero abusar.

- Pasa por nuestra casa cuando quieras - invitó Carolina -. A mi abuela y la tía Odete les cayeron muy bien ustedes dos y estoy segura que estarán muy contentas de recibirlos.

- ¿Solo ellas? - Preguntó Sérgio. Carolina se sonrojó y respondió:

- Por supuesto, el mayor placer será mío. Ustedes son mis únicos amigos en esta ciudad. Entonces tenemos un tema común.

- Así es - asintió Mónica -, estoy deseando descubrir este misterio.

- Para mí es solo un misterio porque no sabemos la verdad. En la vida, solo sucede lo que es natural.

- Yo también lo creo - añadió Sérgio.

Luego de despedirse, Carolina entró a la casa y Odete comentó:

- ¡Te echamos de menos! Mamá estaba inquieta.

- Yo también te extrañé. Voy a pedirle a Mónica que venga aquí más a menudo en lugar que yo vaya a su casa.

- ¿Te hubiera gustado haber ido?

- Lo encontré un poco extraño porque la Sra. Wanda me hizo muchas preguntas. Pero entiendo que ella no nos conoce y quiere saber con quién está su hija.

Odete se encogió de hombros:

- Tonterías. Nos gustó Mónica tan pronto como la vimos. No necesitamos preguntar nada.

- Es que su madre es de la alta sociedad y esta gente le da mucha importancia a los apellidos.

- Puede que no seamos tan ricos como ella, ni frecuentamos la alta sociedad, pero somos buenas personas y nuestro nombre es honrado.

- Así es, tía. Estoy muy orgullosa de pertenecer a nuestra familia. Veamos a la abuela antes que se inquiete más.

Abrazadas, las dos se dirigieron a la habitación donde Guillermina las esperaba impaciente.

Carolina la abrazó cariñosamente, diciendo:

- Abuelita, ¡te extrañé mucho!

Su rostro se suavizó y sus ojos brillaron de felicidad cuando ella la abrazó.

CAPÍTULO 10

A fines de noviembre, cuando llamó Augusto Cezar, como lo hacía religiosamente dos veces por semana, Odete contestó y después de decir que todo estaba bien, pidió hablar con Carolina.

- Aun no volvió de la escuela - le informó Odete.

- ¿Cómo es que aun no ha llegado? Sabía que iba a llamar para que pudiéramos hablar.

- Tiene un examen mañana y se fue a casa de Mónica a estudiar.
Solo llegará a tiempo para la cena.

- Quería hablar con ella. Saber cómo van sus notas en la escuela.

- Todavía no lo sabemos, pero Carolina ha estudiado mucho. La ayuda de Mónica ha sido invaluable. Conoces los problemas que enfrentó.

- Eso nos preocupó un poco. Pero Carolina aseguró que ahora está siguiendo bien.

- Es así mismo. Tan pronto como llegue, le pediré que te llame.

- Haz eso. Sabes que cuando termine este año ella debe volver a casa. Ernestina la extraña mucho.

Una ola de tristeza ensombreció el rostro de Odete, pero ella respondió con sencillez:

- Lo sé. Pero mamá se encariñó mucho con Carolina. Estará muy triste cuando ella nos deje.

- Eso es lo que temía cuando la dejé quedarse. La mejor solución sería que vendas la casa y te acerques a nosotros. Así estaríamos todos juntos.

- Incluso me iría, pero mamá ama esta casa y no quiere dejarla.

- El mes que viene iré allí y hablaremos. Tal vez pueda convencerla que venga aquí.

Se despidieron y luego de colgar el teléfono, Odete se dirigió a Guillermina:

- Llamó Augusto para saber de todos. Se quejó que Carolina no estaba en casa esperando su llamada.

- ¿Dijiste que se fue a estudiar?

-Le dije.

Guillermina se quedó pensativa unos instantes y luego volvió:

- ¿Te has fijado en cómo mira Sérgio a Carolina?

- ¿Mira cómo?

- Sus ojos son dulces, cariñosos, creo que le está gustando.

- Esto lo noté desde el primer día. Pero Carolina garantiza que son solo buenos amigos.

- Pero sus ojos brillan cuando él aparece.

- No me di cuenta - mintió Odete.

Tenía miedo que Guillermina se preocupara por su relación. Ella misma prefería que las niñas estudiaran en casa porque así podía observarlas mejor.

Desde que se conocieron, siempre estuvieron juntos, aunque Mónica, la mayor parte del tiempo, se quedaba en casa de Guillermina.

Se sentía más cómoda lejos de los ojos críticos e inquisitivos de su madre. Con el pretexto de estudiar, todos los días se reunían y al final de la tarde llegaba Sérgio a recoger a su hermana y terminaban quedándose a platicar.

Tanto Guillermina como Odete querían mucho a los dos hermanos, solo notaban el interés de Sérgio por Carolina y ella por él y temían que si Augusto Cezar se enterara se burlara del muchacho y se llevara a Carolina.

Ambos sabían que Augusto Cezar era muy formal y que si aparecía algún joven interesado en Carolina, primero tendría que ser cuestionado y aprobado por él.

Odete vaciló un poco y luego dijo:

- Augusto tiene la intención de llevarse a Carolina tan pronto como termine el año escolar.

- Era lo que me temía... Hasta quería que repitiera el año.

- Si eso sucediera, Augusto la llevaría más rápido.

- Quiere que nos mudemos allí.

- Pues yo pienso lo contrario. Ellos son los que deberían mudarse aquí. ¿Qué futuro pueden tener Adalberto y Carolina en una ciudad del interior? No está pensando en el bien de los dos, solo está pensando en su paz mental, esa pequeña vida pacífica. Soy vieja, pero no me acostumbraría a vivir en esa calma. Por lo menos aquí sabemos todo lo que sucede a nuestro alrededor.

- Tienes razón. Prefiero quedarme aquí también. Intentemos convencerlo que se mude aquí.

Una hora después, cuando entró Carolina acompañada de sus dos amigos, luego de saludarla, Odete habló de la llamada telefónica.

- Le prometí que más tarde llamarías a tu padre - Ella vaciló un poco y luego continuó -. Él quiere saber cuándo terminarán sus estudios porque tiene la intención de llevarla de vuelta poco después.

Inmediatamente Mónica abrazó a Carolina diciendo:

- ¡No puedes irte! Si es necesario, hablaremos con tu padre hasta que lo convenzamos que te deje quedarte.

- Dijo que me dejaría quedarme hasta finales de este año. Le resulta difícil cambiar de opinión. Cuando programa algo, va hasta el final.

- Nosotros también vamos a ordenar - dijo Odete -. Mamá insistirá en que se muden aquí.

Sérgio permaneció en silencio, pero sus ojos reflejaban preocupación.

Al observar las caras tristes de todos, Odete continuó:

- Mantengamos nuestro optimismo. Todo todavía puede cambiar y suceda como deseamos. Debes estar hambriento. Vayamos a la despensa y tomemos un refrigerio. Hice ese pastel de chocolate que te gusta.

- No te molestes, doña Odete, nos vamos - dijo Mónica.

Pero Sérgio intervino:

- Bueno, con mucho gusto acepto.

Mónica miró a su hermano con asombro. Ella se había negado precisamente porque él era el primero al que no le gustaba que lo molestaran.

Fueron a la despensa donde Odete había dejado la mesa puesta. Sacó la jarra de jugo de grosella negra del refrigerador y la colocó sobre la mesa, donde ya había algunos dulces y el famoso pastel de chocolate. La conversación fue un poco diferente a lo habitual. Hicieron un esfuerzo por parecer felices, pero había cierta tristeza en el ambiente.

Después, los dos hermanos se despidieron y Carolina se fue a su habitación. No quería volver a la casa de sus padres y retomar la vieja rutina que ahora parecía peor que antes.

También estaba Sérgio. Ella estaba enamorada de él y sentía que le correspondía ¿Qué haría si la obligaran a regresar a la casa de sus padres? Quería llamar a su padre y decirle que no quería ir, pero por supuesto que no iba a volver.

Odete azotó la puerta del dormitorio diciendo:

- Carolina, ¿no vas a llamar a tu padre? Se lo prometí.

- Ya voy, tía.

A pesar de no tener ganas de hablar con él, que sin duda sacaría el tema, se dirigió a la sala de estar para hacer una llamada telefónica.

Augusto Cezar respondió:

- Carolina, finalmente llamaste. ¿Por qué tomaste tanto tiempo?

- Estaba estudiando en casa de Mónica. Tenemos una prueba mañana.

- Estoy planeando ir allí con tu mamá y Adalberto a pasar unos días, necesito que me avises cuando termines tus exámenes porque esta vez volverás con nosotros.

- Padre, todavía no lo sé, porque además de los exámenes está el formulario, la escuela todavía no ha informado cuándo será.

- Cada colegio marca estos trámites con antelación. Seguro que ya tienen esas fechas. Parece que no te interesa saberlo.

- No es eso, papá. Y que actualmente estamos estudiando bastante y más interesado en brindarnos.

- Tu tía dice que estás bien.

- Seguro, pero quiero poder entrenar con buenas notas.

- Está bien. Intenta averiguarlo y llámame de inmediato. Te extrañamos mucho. Tu madre no habla de otra cosa. Te quiere de regreso.

- También os extraño. ¿Estás bien?

- Todo bien como siempre. No olvides llamarme.

- Tu bendición, papá.

- Dios la bendiga.

Carolina colgó el teléfono y estaba a punto de regresar a su habitación cuando volvió a sonar. Ella respondió e inmediatamente reconoció la voz de Sérgio:

- ¡Carolina, necesito hablar contigo!

-¿Pasó algo?

- Tu padre tiene la intención de llevarte. Eso me entristeció. Haré todo para impedirlo.

Carolina, con el corazón latiendo con fuerza, se quedó en silencio unos segundos y luego respondió:

- Si pudiera, no lo haría.

- Dejé a Mónica en la casa y tengo la intención de ir allí a hablar, solos tú y yo. Ahora son las siete, las siete y media y el rey te está esperando en la esquina de tu casa. ¿Tú vas?

Ella vaciló un poco, pero luego volvió:

- Está bien, iré.

Se despidieron. Colgó y se fue a su habitación a arreglarse. Cuando pensó en la fecha, su corazón latía con fuerza y esperaba que el tiempo pasara rápido. Al pasar por la habitación de Guillermina, Odete preguntó:

- ¿Qué dijo tu padre?

- Lo mismo que tú. Él quiere llevarme de vuelta.

- Tendremos que pensar en una forma de hacerle cambiar de opinión.

- Es lo que más quiero en este mundo. Estos meses que pasé aquí sé que fueron los días más felices de mi vida. Me encanta vivir contigo.

- ¿Le dijiste eso? Puede ponerse celoso,

- Quería, pero no dije nada.

- Sigue bien. Ahora voy a ayudar a mamá a bañarse. Entonces hablaremos.

Carolina fue a su habitación, se quitó el uniforme, se puso un vestido ligero de seda y se arregló. Faltaban cinco minutos para las siete y media y ella ya estaba lista en la sala, mirando de vez en cuando a la vuelta de la esquina en busca de Sérgio.

Fue puntual, se bajó del auto y esperó. Con el corazón saltando, ella se acercó a él, y él abrió la puerta del coche para que ella entre. Luego se sentó a su lado y le dijo mirándola a los ojos:

- Gracias por aceptar mi invitación.

- No puedo demorar. La tía no sabe qué hacer.

- Vamos salir de aquí.

Sérgio encendió el auto y Carolina preguntó:

- ¿A dónde vamos?

- No muy lejos.

Dobló por una calle y poco después se detuvo frente al muro de una casa grande, bajo el dosel de un árbol frondoso.

Sérgio tomó la mano de Carolina diciendo con emoción:

- Hoy, cuando tu tía dijo que tu padre te quiere llevar, sentí un dolor muy fuerte. Te amo, Carolina. No puedo soportar la idea de separarme de ti.

Ella estaba conmovida y él estaba seguro que su amor era correspondido. Él la abrazó con ternura y besó sus labios repetidamente. Ambos permanecieron abrazados, tratando de controlar la emoción, luego de unos segundos, Sérgio comentó:

- Siento que tú también me quieres.

- Sí. Yo también te amo. No quiero separarme de ti.

- Estoy pensando en hablar con tu padre sobre nuestros sentimientos. Quiero casarme contigo.

Sus ojos brillaban de placer y su rostro se inundaba de alegría.

- ¡Siento que juntos seremos felices!

Pero luego el placer desapareció de su rostro y dijo:

- No sé si mi padre lo consentirá. Si se entera que estamos saliendo, querrá llevarme lejos más rápido.

- ¿Por qué? Mis intenciones son buenas y mi familia es respetada.

Carolina vaciló un poco y luego respondió:

- Es eso... Soy demasiado joven. Nunca he tenido citas... mi padre siempre dice que solo debo pensar en tener citas después de haber terminado la escuela y tener la edad suficiente para hacerlo.

- Esa es una forma anticuada de pensar. Hoy las costumbres están cambiadas. Hay chicas más jóvenes que tú que están yendo bien.

- Mi padre es algo conservador. Por eso temo que no esté de acuerdo con nuestro noviazgo.

- Tenemos que encontrar una manera de cambiar eso. ¿Crees que tu abuela y tu tía aprobarían nuestra relación?

- Pienso que sí. Son más tolerantes y, además, les gustas mucho.

Sérgio sonrió satisfecho:

- En ese caso serán nuestras aliadas. Hablemos con ellas ahora mismo.

- Vamos. Ellos tampoco quieren que me vaya.

Sérgio la besó repetidamente, luego dijo:

- Hace tanto calor aquí que desearía que el tiempo se detuviera y estuviéramos juntos para siempre.

- Yo también, pero si queremos su aprobación, no podemos dejar que se preocupen. Me fui sin decirles nada y es bueno irme pronto.

- Tienes razón. Vamos.

Arrancó el auto y fueron al frente de su casa. Se bajaron y entraron. Odete estaba en la sala y al verla comentó:

- No sueles salir de noche, estaba tratando de averiguar a dónde habías ido. No sabía que Sérgio estaba aquí.

- ¿Cómo está, Sr. ¿Odete?

- Bien, gracias. ¿Mónica no vino contigo?

- No. Necesitaba hablar con Carolina a solas, llamé y quedamos para hablar.

Odete escuchó atentamente y prosiguió:

- Cuando supe que el Dr. Augusto Cezar pretende llevársela a fin de año, yo estaba muy triste. Sé desde hace algún tiempo que realmente amo a Carolina. Mis intenciones son serias, pero quería saber si era correspondido.

- Y tú, Carolina, ¿también lo amas?

- Sí, tía, y también siento que tenemos mucha afinidad.

- Bien que me había dado cuenta de algo - Él la miró con ternura y sus ojos brillaban cuando estaba cerca.

- ¿Apruebas nuestra relación? - Preguntó Sérgio.

- Sí. Estoy feliz porque sé que ustedes serán felices.

- Me gustaría hablar con doña Guillermina y hacerle la misma pregunta.

- Ahora está acostada y necesita descansar. Pero seguro que a ella también le alegrará la noticia, el problema es Augusto Cezar...

- Carolina dijo que él podría no consentir y llevársela más rápido.

Odete suspiró preocupada:

- A veces es demasiado formal. Crea reglas y quiere que toda la familia las obedezca. Él piensa que una chica debe tener citas solo después de terminar sus estudios.

- Pero tú y la abuela pueden interceder por nosotros, pídele que apruebe nuestro noviazgo.

- Eso ciertamente lo haremos, pero conociéndolo como lo conozco, estoy seguro que aunque consienta en que estén juntos, no dejará que ella se quede aquí. Pondrá algunas condiciones y se la llevará de todos modos.

- Preferiría que se quedara, pero aunque se vaya a casa, si él lo permite, la veré siempre que pueda.

- Lo sé, hijo mío, pero tampoco queremos quedarnos sin ella. Esta niña trajo alegría a nuestro hogar. Nos acostumbramos a su sonrisa, a su presencia, incluso a su perfume.

- Yo también prefiero quedarme contigo, pero si digo eso a papá, será peor. Estará celoso y me llevará más rápido. Siempre hace un punto de unidad familiar incluso en las mañanas, pequeñas cosas. Si falta alguien a la hora de la cena, se pone nervioso. Todos tenemos que estar en la mesa a tiempo.

- Me gustaría encontrar una manera de hacerle cambiar de opinión. Pero sé lo difícil que es - observó Odete.

- Cuando papá programa algo, no da marcha atrás.

- Pero pensaré en algo que lo haga rendirse. Mamá está mejor, pero podría enfermarse...

- No, tía, eso no. Me sentiría culpable - Odete sonrió con malicia:

- No es el caso. La enfermedad puede ser ficticia. Un poco de maquillaje, un poco de teatro.

Las dos rieron y Carolina abrazó a su tía emocionada:

- ¿Harías eso por mí?

- Lo haré por todos nosotros. ¿No es eso lo que queremos?

- ¿Crees que no se dará cuenta? - Preguntó Carolina.

- Vamos a ver. ¿Crees que no sabré cómo actuar? Hice teatro en la escuela secundaria. Si no hay otro recurso, ¿qué voy a hacer? Simplemente no sé si será bueno para él enterarse de la relación.

- Y lo que estoy pensando también - Sérgio intervino:

- Me gustaría hablar con él. No me gusta ocultar nada. Quiero casarme con Carolina.

- Lo sé, pero podríamos omitir ese dato por un tiempo. ¿Piensas casarte pronto?

- Me gusta hacer las cosas por mí mismo, no quiero depender de mi familia. Creo que en un año o dos, podríamos casarnos.

- Es un plazo relativamente corto. Augusto quiere que Carolina se gradúe de la universidad. Antes de eso, no aceptará.

Sérgio se apresuró a contestar:

- Incluso casada podrá seguir estudiando.

- Tienes buena voluntad, pero tienes que aceptar que una mujer casada tiene otras obligaciones, es difícil estudiar - continuó Odete.

Carolina intervino:

- Me gusta estudiar, pero mi felicidad es lo primero. En ese caso, hablaré con papá yo misma.

Sérgio la abrazó con ternura:

- Me gusta saber que pretendes luchar por nuestra felicidad y si tenemos a doña Guillermina apóyanos seguro que lo lograremos.

- Pueden contar con nosotras. Si fuera por nosotras dos, te casarías cuando quisieras.

Carolina besó cariñosamente la mejilla de su tía:

- Gracias tía. Sé que tanto tú como la abuela harán todo lo posible para hacerme feliz.

Sentados en la sala, los tres continuaron hablando y haciendo planes para el futuro. Cuando Sérgio se despidió, Carolina lo acompañó hasta el portón.

Él la miró con cariño y dijo:

- Me gustaría quedarme aquí para siempre. Ella sonrió feliz:

-Yo también.

Sérgio la besó largo rato en los labios y le confió:

- Es difícil irse.

- Soñaré contigo - prometió Carolina, con los ojos brillantes de felicidad.

Después de otro abrazo, él se fue y ella miró cuando subió a su auto, luego saludó y entró.

Esa noche fue difícil conciliar el sueño. Los momentos de amor que había vivido con Sérgio y el placer que había sentido estaban muy vivos y su corazón vibraba de emoción.

Ya había tenido algunas citas con chicos en su ciudad, pero nunca había sentido lo que sentía por Sérgio. Con él estaba segura que estar a su lado para siempre era todo lo que quería en la vida.

Arrullada en sus sueños de felicidad, Carolina finalmente se durmió.

CAPÍTULO 11

A la mañana siguiente, Sérgio se despertó y su primer pensamiento fue a Carolina. Nunca había sentido por ninguna otra mujer lo que sentía por ella. Al recordar los besos que habían intercambiado, se estremeció de emoción y placer.

Se levantó feliz, se duchó y bajó a desayunar. Encontró a toda la familia reunida en la despensa. Se sentó en el lugar de costumbre, pero su alegría despertó la curiosidad de Wanda, quien comentó:

- Te ves diferente hoy. ¿Sucedió algo?

- Amanecí bien con la vida. ¿No es un hermoso día?

Mónica miró por la ventana y dijo:

- El cielo está nublado, parece que va a llover.

Sérgio miró hacia afuera y no se dio cuenta:

- Me gustan los días como este. Me parece bonito.

Mónica sonrió. Ella había notado el interés de su hermano en Carolina hacía mucho tiempo y lo había sorprendido cuando la llamó por teléfono la noche antes de programar la reunión. Para su alegría era saber que fue correspondido.

Al notar la mirada de complicidad entre los hijos, Wanda miró con curiosidad de uno a otro queriendo saber qué estaba pasando. Mientras los dos permanecían en silencio, ella no pudo contenerse:

- ¿Saliste anoche, fuiste al cine?

- No. Fui a encontrarme con una chica.

Wanda sonrió victoriosa, pero un poco inquieta:

- ¿Es ella de nuestros parientes?

Sérgio puso la taza en el platillo, la miró seriamente y respondió:

- Estás loco por saber. No veo ninguna razón para no contarlo. Tendrías que saberlo de todos modos, ya que tengo la intención de casarme con ella.

Wanda se estremeció y casi dejó caer la taza que sostenía:

- ¿Casarte? ¿Cómo así? Ni siquiera estabas saliendo.

- Pero ahora lo estoy.

Wanda y Humberto miraban con admiración. Mónica sonreía feliz.

- ¿Es tan serio, hijo mío? - Preguntó Humberto.

- Sí, papá. Estoy enamorado, ayer me declaré y ella dijo "sí."

Wanda lo miró seriamente y volvió a preguntar:

- ¿Vas a decirnos quién es ella?

- Carolina es la chica que amo.

- ¿No crees que te estás precipitando? Se conocen desde hace poco tiempo, y sus padres son del campo, ciertamente gente de poca posición social.

- Que yo sepa, son buenas personas. En cuanto a la proyección social, no me importa. Me voy a casar con Carolina por amor.

- Piénsalo, hijo mío. Es posible que esté desperdiciando una carrera profesional exitosa al elegir a una chica fuera de nuestro círculo para su esposa.

Mónica intervino:

- Estás hablando de la familia de Carolina sin conocerla. Doña Guillermina y doña Odete, la abuela y la tía de Carolina, son personas dignas y educadas.

- Tal vez tengas algo que ver con esta historia, creo que es mejor quedarse fuera y no adivinar. Y eso es lo que pasa por traer a nuestra casa a compañeras de colegio de familias desconocidas. En la casa de mi padre, no se nos permitía llevar a nadie que no fuera de familias conocidas o presentadas por ellos.

- Ese tiempo ya pasó, mamá - hizo que Sérgio se irritara un poco -. Hoy la nobleza está en el corazón de las personas, en sus actitudes, no en sus apellidos que portan como un trofeo inútil y pasado de moda.

Wanda se volvió hacia Humberto y le dijo con voz llorosa:

- ¿No dices nada? ¿Permites que los valores de nuestros padres y nuestros valores sean arrastrados por el barro?

Humberto la miró y respondió algo de mala gana:

- ¿Por qué haces tanto ruido por un tema tan desagradable? Estamos desayunando. ¿No sería más apropiado dejar las discusiones a un lado?

Humberto odiaba cuando Wanda hablaba en ese tono de víctima, que sabía que no lo era en absoluto.

Mónica estaba disfrutando de la escena, pero fingió no estar interesada. Sabía que si su madre se daba cuenta de lo que estaba pensando, descargaría todo su mal genio con ella.

Sérgio siguió bebiendo su café con naturalidad. No tomó en serio las ideas de su madre. Prefería evaluar a las personas por comportamiento, actitudes y no por su posición social.

[152]

Al ver que su escena no surtía efecto, Wanda se enojó, se volvió hacia su esposo y le dijo:

- Tu hijo dice que se va a casar con una chica que no es de nuestro medio y ¿tú no dices nada?

- ¿Qué quieres que te diga? Es mayor de edad, dice estar enamorado ¿Qué podemos hacer?

- ¿Cómo así? Como padre, tienes la obligación de guiar a tu hijo.

Sérgio, que había terminado de beber su café, se levantó y, mirándola, dijo con voz firme:

- Papá tiene razón. Estoy enamorado y muy feliz.

Si no estás satisfecha con mi elección, lo siento, pero eso no cambiará nada. Es mi felicidad la que está en juego y no la cederé bajo ningún concepto.

- ¿No ves que un matrimonio con desigualdad social ya no funcionará? - Wanda argumentó.

- Nuestro matrimonio tiene todo para funcionar. Si eso no sucede, somos nosotros, ella y yo, quienes tendremos que pagar el precio. Y estamos dispuestos a correr ese riesgo.

Mónica aplaudió alegremente diciendo:

- Felicidades. ¡Estás realmente enamorado! ¡Qué bueno!

Wanda la miró y, actuando ofendida, salió de la despensa. Mónica se levantó y siguió a su hermano que se disponía a salir y tomándolo del brazo le dijo:

- ¡Amo a Carolina! ¡Estoy muy feliz!

- Gracias, hermanita - respondió él, besándola suavemente en la mejilla.

- Me muero por ir a la escuela y encontrar a Carolina. Ella va a tener que contarme todo lo que pasó anoche.

[153]

- Nada de más. Nos conocimos, le propuse matrimonio, nos besamos y luego fuimos a hablar con la tía Odete, que fue muy amable.

- ¿Ya la pediste formalmente a la tía Odete y doña Guillermina?

- Solo a la tía Odete, doña Guillermina estaba descansando. Pero la tía Odete nos aseguró que aprobará nuestra relación.

El mayor problema es el padre de Carolina.

- ¿Has hablado con su padre?

- No. Pero Carolina dijo que él le prohibía tener citas antes de graduarse. Temen que si se entera de nuestro noviazgo, se la lleve de inmediato.

- Y ahora, ¿qué piensas hacer?

- Quiero casarme con Carolina, soy buena persona, de buena familia. Hablaría con él, haría la petición y listo. Pero dicen que no. Todavía no sé qué hacer.

- Carolina me dice que su padre es muy formal. Que cuando decide algo, nunca da marcha atrás.

- Bueno, es lo que dijeron. Pero creo que si sabe que tengo buenas intenciones, no prohibirá que salgamos.

Mónica se quedó en silencio por un momento, luego dijo:

- Lo principal es que se amen y sean felices.

- Eso es lo que importa.

Sérgio se fue y Mónica fue a sentarse junto a la piscina, pensando en la suerte de su hermano, que había encontrado el amor, y de Carolina, que se merecía todo el apoyo.

A ella también le gustaría conocer a alguien, pero eso aun no había sucedido. Le gustaba imaginar que en algún lugar del universo debía estar el hombre de su vida, y que llegado el momento, él aparecería como por arte de magia, despertando su corazón al amor.

Los días que siguieron fueron felices para Sérgio y Carolina. Mónica compartió la alegría. Cada tarde, Sérgio las recogía del colegio e iban juntos a la casa de doña Guillermina, donde ya les esperaba un sabroso refrigerio y el cariño tanto de ella como de la tía Odete, que aprobaba su noviazgo.

Las dos amigas estudiaron un poco, pero el placer de estar juntos y conversar era más fuerte. Sin embargo, les estaba yendo bien en la escuela y ya les había ido bien en los últimos exámenes.

Después de comenzar a salir con Sérgio, Carolina fue a la casa de Wanda solo una tarde para estudiar y pronto se dio cuenta que ella no aprobaba su cortejo. No perderá la oportunidad de acosarla con preguntas sobre su familia, sus antepasados. La vergüenza de Carolina era visible, lo que provocó la irritación de Mónica y Sérgio.

Al salir de la casa de Wanda, ya en el auto, Carolina fue directa:

- Tu madre no aprueba que salgamos.

- No es nada personal. Mi madre es muy estricta y cree que tiene que cuidarnos. Nos trata como niños.

- Es más que eso. Ella no cree que esté a la altura del nombre de tu familia.

La franqueza de Carolina no le dio oportunidad de negarlo.

- Cuando te conozca mejor, cambiará de opinión. Ella no puede decidir por mí. Te amo y nos vamos a casar. Ni tu padre ni mi madre podrán detenernos.

Carolina suspiró pensativa. Ella prefería que no fuera así, pero Sérgio tenía razón. Cualquiera que fuera la situación, se amaban y querían estar juntos.

A partir de ese día, Carolina ya no quiso estudiar en casa de Mónica. Con el pretexto que el año escolar estaba por terminar, los invitó a su casa.

- Creo que le estamos dando muchos problemas a tu tía - dijo Mónica.

- Estamos abusando - asintió Sérgio -, ¡pero es tan malo que solo dejaré de venir cuando hayas tenido suficiente!

- Eso nunca pasará, te quieren. Nuestra presencia ha estimulado a los dos de tal manera que se alegraron, hablan de ti con cariño y siempre están buscando recetas deliciosas para componer nuestro almuerzo.

- ¿De verdad crees que no estamos abusando? - Preguntó Mónica -. Mi madre sigue peleándose con nosotros por eso, diciendo que la estamos molestando. Todas las noches cuando llegamos a casa dice lo mismo.

- Tal vez ella quiera venir aquí - sugirió Carolina -. ¿Por qué no la invitas una tarde?

Mónica la miró sorprendida:

- Pensé que te sentías incómodo con su forma de ser.

- No. Hasta cierto punto, es natural que sienta curiosidad por la familia donde te quedas todas las tardes.

- Por muy formal que sea, no vendría sin una invitación especial de tu abuela - dijo Sérgio.

- Hablaré con la abuela para formalizar la invitación.

Al día siguiente, Wanda recibió una tarjeta de Guillermina por parte de un mensajero invitándola a tomar el té en su casa dos días después.

Wanda le dio la vuelta a la tarjeta delicadamente perfumada, examinándola con curiosidad. A pesar de querer fervientemente ir, dudó pensando que esa invitación había llegado porque querían acercarse a los padres de Sérgio con la intención de formalizar esta relación. Esto no la complació en absoluto.

Al final de la tarde, cuando llegó Humberto, le mostró la tarjeta diciendo:

- Mira, la abuela de Carolina me invitó a tomar el té en su casa. No sé si debo ir.

- ¿Por qué no?

- Quiere acercarnos pensando en un posible matrimonio entre su nieta y Sérgio.

Humberto pensó un poco y respondió:

- Tal vez no. Un simple té no supondrá ningún compromiso. ¿No siempre quieres saber por qué a nuestros hijos les encanta ir a esa casa? Es una forma de saber.

- Sí... quizás tengas razón.

- El compromiso serio solo existe después que Sérgio le proponga matrimonio al padre de Carolina. Aun así, puede que no funcione. Hay matrimonios que se deshacen incluso en vísperas.

- Pero no quiero correr el riesgo. Sérgio se merece algo mejor. Hay tantas chicas de buena cuna a las que les gusta, ¿por qué se enamoró de esta chica desconocida de inmediato?

Humberto sonrió:

- Son misterios del corazón. Es la primera vez que Sérgio dice que está enamorado. Podría ser un destello en la sartén.

- No lo sé. Parece decidido.

- Para mí lo que importa es que sea una buena chica y pueda hacer feliz a nuestro hijo.

- ¿Estarás en mi contra en esta historia?

- No estoy ni a favor ni en contra. Tengo muchas ganas que Sérgio sea feliz.

- La desigualdad social perjudica cualquier relación.

- Carolina no parecía diferente a nuestra hija. Por cierto, se llevan muy bien.

- Ya sabes cómo es Mónica. Nunca seleccionó a sus amigos. Se lleva bien con cualquiera.

- Si así lo crees, es mejor que vayas a ese té.

- ¿Y qué voy a hacer?

A la mañana siguiente, Wanda envió a Mónica para agradecerle la invitación y decirle que iría.

El día señalado, precisamente a las cinco, Wanda tocó el timbre de la casa de Guillermina.

Odete abrió la puerta y Wanda se presentó:

- Soy Wanda Souza Soares, mamá de Mónica y Sérgio.

- Mucho gusto. Soy Odete, la tía de Carolina. Entra, por favor - Wanda entró y Odete continuó:- Mamá está en la habitación, ven conmigo.

Wanda miró todo con interés. La casa era vieja pero estaba amueblada al estilo tradicional y Odete vestía bien.

Una vez en la sala, Odete le presentó a Guillermina, quien se levantó y le tendió la mano diciendo:

- Bienvenida a nuestra casa. Gracias por aceptar mi invitación. Siéntese por favor.

Wanda se acomodó en un sillón y respondió:

- Gracias. Tenía muchas ganas de conocerlas. Mis hijos no se van de aquí. Tal vez los estén molestando.

- Absolutamente - respondió Guillermina -. Ellos trajeron alegría a nuestra casa. Desde que mi esposo murió hemos estado tristes Augusto Cezar, el padre de Carolina, la dejó un rato con nosotros para que nos ayudara a reaccionar. No sé qué hubiera sido de nosotros sin ella.

- De hecho - asintió Odete - Carolina, con su juventud y ternura, nos ha ayudado a superar la pérdida de papá. Lamentablemente, Augusto Cezar vendrá a buscarla en unos días para llevársela de regreso.

A Wanda le gustó la noticia, pero no dejó que se notara. Sería bueno que ella se mantuviera alejada porque entonces quizás Sérgio cambiaría de opinión. La situación era mejor de lo que había pensado.

Fue cordial y cuando llegó Carolina con Mónica y Sérgio los encontró tomando el té en la sala con varios manjares que la mucama sirvió diligentemente.

Wanda era amable y delicada, lo que sorprendió a Carolina. Media hora después se fue dejando una ola de delicado perfume en el aire. Guillermina comentó encantada:

- ¡Qué hermosa mujer! Odete aprobó diciendo:

- Tan joven, que ni siquiera parece una madre de dos hijos pequeños.

Los dos hermanos intercambiaron miradas de satisfacción. Una hora después se retiraron. A solas, en el auto, Sérgio comentó:

- Estaba preocupado por esta visita. Sigo pensando que mamá fue amable. Sin duda se rindió a la simpatía de las dueñas de casa.

- No creo. Mamá no es fácil de rendirse solo a la simpatía de la gente. Algo más debe haber sucedido.

- ¿Qué podría ser? Ella estaba bien, y una señal que le gustaban. Después de eso, dejará de oponerse a Carolina.

Mónica sacudió la cabeza negativamente:

- Que ingenuo eres. Ella continúa en su contra de la misma manera. Ya verás.

- ¿Será?

- Trataré de averiguar por qué cambió.

Después de esa tarde, Wanda no mencionó el nombre de Carolina Una semana después, Augusto Cezar llamó diciendo que llegaría en dos días con su familia. Afirmando que podrían quedarse hasta Navidad. Asistirían a la graduación de Carolina y entonces todos se irían a casa.

Sérgio se mantuvo firme en la idea de hablar con los padres de Carolina y formalizar el compromiso, aunque Guillermina y Odete le aconsejaron esperar.

Las clases habían terminado, las dos amigas se habían graduado y se estaban preparando para las celebraciones de graduación. La víspera de la llegada de la familia, Sérgio salió con Carolina a dar un paseo con el pretexto de tomar un helado. Desde que su padre la llamó, había perdido gran parte de su alegría habitual y él quería hablar.

Caminaron hasta la plaza más cercana:

- Sentémonos en esa banca - invitó Sérgio.

La noche era cálida, las estrellas brillaban y los macizos de flores estaban en flor. Pero Carolina, tan envuelta en sus propios pensamientos, ni se dio cuenta.

Sérgio le tomó la mano cariñosamente:

- Estás preocupada - Ella suspiró y luego dijo:

- No hay forma de evitarlo. No quiero irme.

- No quiero que te vayas. Por eso ya lo he decidido. Hablaré con tu papá.

- No sé. Quiere que continúe mis estudios. No consentirá.

- He de convencerlo que nuestro matrimonio no interferirá con tus estudios.

- No sabes lo determinado que es cuando decide alguna cosa.

- Pero tendrá que entregarse a la verdad. Si es necesario, mi padre hablará con él. Todo estará bien.

La abrazó con ternura, depositando un delicado beso en su mejilla.

- A pesar de lo que dices, no puedo evitar sentir una opresión en el pecho cuando pienso en ello.

- Bueno, estoy seguro que podemos. Ya verás. Ahora sonríe. No me gusta verte triste. Necesitamos ser firmes, con un corazón alegre. Tristeza, la preocupación puede atraer exactamente lo que temes.

- El ambiente en casa se volvió deprimente. La abuela lloraba y la tía Odete hacía un esfuerzo por consolarla.

- Tienes que hacer un esfuerzo para cambiar eso. Después de todo, tu familia llegará y seguro que los estás extrañando. Habla con tu abuela, tu tía, tienen que aprender que la tristeza atrae lo que no quieres. Solo la alegría, la confianza en la vida, en el futuro, hace las cosas que queremos que funcionen.

- ¿Cómo sabes que es así?

- A veces sueño con algunas personas que me hablan, me enseñan cosas y me piden para observar mejor cómo funciona la vida a nuestro favor.

- Siempre confié en la vida. Nunca tuve miedo de nada. Pero ahora, tengo miedo de perderte.

- ¡Eso nunca ocurrirá! Tira ese miedo antes que nos separe.

- No sé cómo hacer eso. Siento, incluso en contra de mi voluntad.

- Reacciona. Visualicémonos los dos juntos, abrazándonos, amándonos siempre, felices, alegres y serenos. Y nada ni nadie podrá separarnos. Todo el universo vibrará a nuestro favor.

[161]

Sus ojos brillaban, su tono era convencido y Carolina sonreía.

- Tienes razón. ¡Estamos juntos, nuestro amor es verdadero y nadie podrá separarnos!

- ¡Así se dice!

Sérgio la besó apasionadamente en los labios. Carolina sintió que su miedo había desaparecido. Caminaron de regreso a casa, abrazados y felices.

Cuando llegaron, encontraron a Guillermina y Odete conversando en la sala. Al verlos, la abuela trató de contener las lágrimas, pero de todos modos cayeron.

Odete trató de sonreír, pero sus ojos estaban tristes. Se podía ver que estaba haciendo un gran esfuerzo por controlarse.

Carolina los miro y se acercó diciendo:

- ¿Qué está sucediendo? ¿No están contentos con la llegada de la familia?

Odete se apresuró a responder:

- Claro que estamos contentos con su llegada, lo que estorba es que Augusto Cezar te quiere llevar.

- Si quieres convencer a papá que me deje quedarme, será mejor que seas feliz. Necesitan darse cuenta que mi presencia aquí les causa alegría, no tristeza.

- Eres la alegría de nuestra vida. No queremos que te vayas.

- Abuela, las cosas no siempre son como queremos que sean. Si mi partida te lastima haciéndote infeliz, me sentiré culpable y desearé no volver a quedarme aquí nunca más.

Las dos se miraron sorprendidas. Carolina continuó:

- Tenemos que mirar las cosas de otra manera. Gracias a la vida por permitirnos pasar todo este tiempo juntos y no quejarme si tenemos que estar separados por algún tiempo.

Sérgio intervino:

- Eso mismo. Hagamos todo lo posible para que Carolina se quede. Pero si necesita irse, sabremos esperar. Tenemos la intención de casarnos y cuando eso suceda, nos vendremos a vivir a São Paulo. Te prometo que estará cerca de aquí y vendremos a verte todos los días.

- ¡Qué bendición si eso fuera cierto! - dijo Odete, sonriendo.

- ¿Por qué dudas? - Sérgio continuó -. Cuando lleguen, tengo la intención de hablar con el Dr. Augusto Cezar.

- No aceptará... - Recordó Guillermina.

- Ya sabremos convencerlo - dijo Carolina sonriendo.

- Bueno, creo que debería esperar para hablar con él.

- ¿A qué le temes? ¿No confías en nuestro amor? ¿Crees que no podrá convencer a su hijo para que nos dé su consentimiento? Le voy a proponer, decir que Carolina va a seguir estudiando incluso después de la boda y seguro que va a consentir.

Los dos se miraron más felices, el entusiasmo y la seguridad fueron contagiosos.

Odete se levantó y los abrazó feliz:

- Empiezo a pensar que tienen razón. Tomemos un poco de té y pastel que hice esta tarde. Está delicioso.

Guillermina sonrió, el ambiente era más tranquilo y la gente estaba bien. La tristeza de antes se había ido.

CAPÍTULO 12

Augusto Cezar llegó a casa al final de la tarde irritado. Ernestina, al verlo entrar, notó de inmediato que no estaba en sus mejores días. Su pecho se sentía oprimido. Cuando él estaba de mal humor, ella estaba alerta, temiendo que fuera por el comportamiento de los hijos.

Como regresaron de São Paulo con motivo de la muerte de su padre, había decidido poner a Adalberto en la empresa para trabajar a tiempo parcial.

Todos los días después del almuerzo, Adalberto acompañaba a su padre a la oficina y le hacía pequeños mandados, tratando de instalarlo en la empresa. Aunque prefería el derecho a la ingeniería, Augusto Cezar soñaba que estaría preparado para encargarse de todo cuando se jubilara.

Adalberto odiaba ir a la oficina, tener que quedarse allí le resultaba muy doloroso. Estaba acostumbrado a ver a sus amigos, a ver a las chicas, a hacer lo que quisiera, seguro que su padre estaría ocupado todo el día y él estaría libre.

Haber perdido esa libertad lo deprimía, pero como siempre, fingía que la disfrutaba para no disgustar a su padre. Sin embargo, perdió el gusto por los estudios y empezó a ir mal en la universidad. Cuando Augusto Cezar se enteró que le estaba yendo mal en algunas materias, se enojó mucho. Pero Adalberto le mostró el

Código Civil, diciendo que necesitaba saberlo todo y que estaba fuera de tiempo.

- Me he estado acostando muy tarde para compensar las horas que he estado trabajando, he estado estudiando, pero no puedo. Luego están los trabajos en grupo, que siempre son por las tardes. Me gustaría mucho seguir ayudando a la empresa, pero corro el riesgo de no pasar el año.

Entonces, por primera vez, Augusto Cezar dio marcha atrás. También comenzó a trabajar solo después de graduarse. Así que decidió que Adalberto también lo haría.

Ernestina observó que a su hijo no le gustaba ir a la empresa, pero trató de motivarlo para no disgustar a su esposo. Haría cualquier cosa por no ver a Augusto Cezar nervioso por sus hijos.

- ¿Dónde está Adalberto? - Preguntó nada más al llegar.

- Fue a estudiar a la casa de Romeo.

- ¿Estás seguro que está estudiando allí?

- Estoy. No tiene por qué mentir. Él está luchando para recuperar sus notas.

- Eso espero. A veces pienso que no conseguirá pasar. Me molesta mucho. Nunca repetí ni un año. Mi hijo tiene la capacidad de hacer lo mismo.

- Estoy segura que pasará.

- Carolina ya cerró las materias, y en cuanto Adalberto termine las clases, nos vamos a São Paulo. No puedo esperar para traer a nuestra hija de vuelta.

- Tu madre y Odete no querrán que se vaya.

- Está decidido y hecho. Tendrán que conformarse, lo correcto sería que vendan la casa y compren una cerca de la nuestra. Así tendrían nuestra compañía y Carolina estaría siempre a su lado.

- Un día entenderán que será mejor venir aquí.

[165]

Adalberto en realidad había ido a la casa de Romeo a estudiar. Se estaba cansando; caminando. Si lo repetía, tendría que soportar el castigo de su padre y sus sermones.

En la misa del domingo había visto a Ana María más hermosa que nunca. Todavía vivía en Bebedouro. Entonces, recordó que hacía tiempo que no veía a Áurea. Necesitaba continuar con su plan antes que Ana María se fuera.

A las cinco estaba frente a la escuela de Áurea. Ella salió con sus dos compañeras de siempre y él se acercó:

- ¿Cómo estás, Áurea?

- ¡Quien está vivo siempre aparece! - bromeó una de ellas sonriendo.

- Está realmente vivo. El otro día nos encontramos y ni me saludó, imaginé que era una visión - dijo la otra.

- Estoy muy distraído. Ni siquiera te vi.

- No les hagas caso - respondió Áurea -, ¿qué haces aquí? - Preguntó.

- Verte. Estaba con nostalgia.

- Mientras se extrañan, caminaremos - dijo una de sus colegas.

- Ponte cómodo – completó la otra.

Se alejaron y Adalberto continuó:

- Te he estado extrañando durante días.

Áurea lo miró a los ojos y dijo con naturalidad:

- Conmigo, no tienes que ser formal.

- Yo estoy diciendo la verdad. ¿No crees?

-A veces me pregunto por qué me has estado buscando.

Aunque un poco sorprendido por la inesperada observación no se encontró a sí mismo.

- Porque disfruto de tu compañía. ¿Crees que te estoy molestando?

- Eso no es lo que dije. Eres un tipo inteligente, buena compañía, lo que me intriga es que nunca te has acercado a mí, a pesar que vives en la misma ciudad desde que nacimos y nos encontramos en todas partes. Es evidente que tienes algo en mente ¿Qué es?

- Y que de repente noté lo mucho que habías crecido y te convertiste en una hermosa niña. Y quería llegar a conocerte mejor.

Áurea sonrió y consideró:

- Eres coqueto. No necesitas decir eso para ser amigos honestos.

- Parece que no te gustan los cumplidos.

- Me gusta cuando son sinceros. Y antes de seguir en esta línea quisiera preguntar: ¿Carolina seguirá viviendo en São Paulo?

- No. En unos días voy con mis padres a recogerla.

- Cuando supe que tu abuelo murió, pensé que te ibas a vivir a São Paulo.

Los ojos de Adalberto brillaron cuando respondió:

- Es lo que me gustaría. Pero papá no quiere. Pero basta de los demás. ¡Quiero hablar de nosotros!

-¿De nosotros?

- Sí. Durante el período que estuve en São Paulo pensé en ti todo el tiempo. Por ti, quería volver lo antes posible.

- ¿Y por qué no me buscaste de nuevo?

- Después que nos conocimos ese día que fui a buscar los documentos de mi hermana a la escuela, no tuve el coraje de decirte todo lo que sentía.

Adalberto tomó su mano, llevándola suavemente a sus labios. Ella no retiró la mano y sus ojos buscaron los suyos inquisitivos.

- Te pido que pienses bien en lo que estás diciendo.

- Ya lo pensé. Me gustas y quiero saber lo que sientes por mí.

Ella retiró la mano sin apartar la mirada y respondió:

- Me gustas. Pero soy joven y nunca he tenido citas. Puede que esté mezclando mis sentimientos. Eres un chico guapo, de buena familia, muchas chicas quisieran salir contigo. Pero para amar de verdad, necesito mucho más que eso. Quiero un compañero verdadero, amoroso, que cultive valores éticos y espirituales.

Ante su resistencia y temeroso que ella lo rechazara, Adalberto dijo:

- Los dos somos jóvenes y no sé si tengo todas las cualidades que mencionaste, pero ¿cómo lo sabemos si no lo intentamos? ¿Quieres salir conmigo? - Áurea pensó un poco y luego volvió:

- Está bien. Podemos intentar. Pero quiero dejar claro que esto es solo una experiencia. Si uno de nosotros siente que no va a funcionar, será honesto y terminaremos el compromiso.

Adalberto se sintió ansioso. Había imaginado que cuando le pidiera que fuera su novia, Áurea lo aceptaría de inmediato y se sentiría animada por su interés. Pero no, ella era difícil y este comportamiento hirió su orgullo. Quería que ella dijera que sí a toda costa.

Decidió aceptar la propuesta. Estaba seguro que se la ganaría y la haría gatear hasta ponerse de pie.

- Será como quieras. ¿Nos sentamos en la plaza y hablamos un poco más?

- Hoy no puedo. Si hago horas extras, mi madre se preocupa.

- Así que nos vemos esta noche en la plaza.

- Veré lo que puedo hacer. Estaré allí a las siete.

Habían llegado cerca de su casa y Áurea se detuvo:

- Vamos a despedirnos aquí.

Estaban debajo de un árbol y Adalberto jaló a Áurea y la besó en los labios. Ella respondió, pero pronto se alejó diciendo:

- Basta por hoy.

- Hace tiempo que quería besarte. Solo uno más...

Miró a su alrededor y luego, al ver que estaban solos, presionó sus labios contra los de él, y él la apretó contra su pecho, sintiendo que su corazón latía con fuerza. Luego, ella lo empujó y se fue rápidamente dejándolo emocionado.

- ¡Es demasiado bonita! Por eso me quedé así.

Salir con ella será menos doloroso de lo que pensaba.

Luego, satisfecho, se fue a su casa. Áurea llegó a casa pensativa. Adalberto le gustaba desde hacía mucho tiempo, pero a pesar que él la buscaba, sentía que no estaba siendo sincero.

Áurea tenía mucha sensibilidad. Cuando estaba con la gente, era capaz incluso de sentir lo que estaban pensando y, a pesar de las amables palabras de Adalberto, sentía que detrás de ellas había un sentimiento desagradable que no podía definir.

Por eso, aunque él le había pedido salir con ella, ella se puso a la defensiva, como si tuviera algún peligro inminente. Pero al mismo tiempo, el beso que habían compartido había acelerado su corazón y había sido placentero.

Áurea entró a la casa y fue directo al dormitorio. Quería estar sola para analizar mejor sus sentimientos. ¿Por qué no podía confiar en Adalberto? Se había declarado, ¿era justo desconfiar de él? ¿Qué mal te puede pasar si aceptas su petición?

Por mucho que quisiera convencerse a sí misma con argumentos racionales, cuando pensaba en él, la sensación desagradable regresaba.

Cintia entró a la habitación y de inmediato preguntó:

- ¿Qué pasó? Viniste aquí y no hablaste con nadie, ¿qué pasó?

- Quería estar sola para pensar.

- Qué costumbre la tuya de pensar, de pensar en todo. Piensas demasiado. Después de todo, ¿qué te preocupa?

- Adalberto me encontró a la salida de la escuela y me pidió que saliéramos.

Cintia se levantó de un salto y aplaudió diciendo:

- ¡Al fin! Pensé que nunca te miraría. ¡Siempre fue tan elegante! ¡Parece que tienes al rey en tu barriga! Aceptaste, por supuesto.

- Acepté, pero no sé... hay algo en él que me hace sospechar que no está siendo sincero...

- Qué absurdo. Tu eres muy bonita. Se sintió atraído y decidió bajar del pedestal.

- No sé... hay algo en él que me pone en guardia.

- Ahí vas con tus cismas. ¿Por qué no haces como todos los demás? Siempre imaginé que si alguna vez se interesaba, saltarías de alegría. No entiendo, ¿qué más quieres? Deja de ver problemas. ¿Qué otro interés podría tener en ti? Su familia es más rica que la nuestra. Intenta aprovecharlo porque si sigues buscando pelaje de huevo, puede que se dé por vencido. Si yo fuera tú, intentaría seducirlo para que nunca más me dejara.

- Yo pienso diferente a ti. Me gusta Adalberto, sueño con él, pero no mezclo las cosas. Si noto que no tiene las cualidades que quiero en el hombre que vivirá a mi lado, terminaré esta relación aunque la sufra.

Cintia sacudió la cabeza negativamente:

- ¡No la entiendo en absoluto! Si alguien me gustara, haría cualquier cosa por tenerlo a mi lado, aunque tuviera muchos defectos. Con el tiempo lo cambiaría y lo alinearía, tal como me gusta.

Áurea no respondió. Se dio cuenta que su hermana no eligió sus amistades, a menudo trayendo a casa amigos sin carácter que terminaron causándole un poco de disgusto, pero ella no cambiaba. Creía en todos. Ya Áurea, no. Era una chica que trataba bien a todos, no era orgullosa, pero sabía cómo preservar su privacidad. No le gustaban las personas que, bajo el pretexto de la amistad, invadían su intimidad, su hogar, su vida. Cuando eso sucedió, pronto los colocó en su lugar, preservándose.

La gente la respetaba, cosa que no sucedía con Cintia, que siempre se enfadaba con los amigos que hacía. Por todo esto, cuando se quejaba de la gente, Áurea respondía:

- Haces mal en quejarte de los demás. Eres tú que no debes dejar que invadan tu privacidad. Realmente no saben cuáles son tus límites de tolerancia si no los dices. Hay momentos para decir que sí y otros para decir que no. Aceptas todo incluso cuando no te gusta. Actuando así, ¿cómo sabrán lo que quieres?

Cintia se comprometió a hacer esto, pero pronto se olvidó y volvió a suceder. Por ello, Áurea decidió no insistir y simplemente respondió:

- Somos diferentes. Siento que debo ser cautelosa con Adalberto y es lo que haré. Si lo que dice es cierto, sabrá comprender mis actitudes.

- Si se da por vencido, es tu culpa.

- No. Si se da por vencido es porque no le gusto. En ese caso, será mejor que rompamos. Ahora, si no te importa, quiero estar sola para pensar.

Cintia hizo una reverencia y dijo feliz:

- Como desees. Se suponía que Norma pasaría para que pudiéramos ir a la papelería para comprar un cuaderno. Voy a ver a Clovis. Es hora que él esté en la cafetería.

Se fue y Áurea se sentó en el sillón junto a la ventana.

Empezó a recordar todos los encuentros que había tenido con Adalberto, tratando de comprender cada momento.

Adalberto llegó a casa feliz. Ernestina, viéndolo entrar, comentó:

- ¿Lo que le pasó? ¡Parece que viste un pájaro verde!

- Es que la tarde está bonita, agradable y me sienta bien.

- Espero que estés estudiando mucho para mejorar tus notas universitarias.

Abrió el refrigerador, llenó el vaso con jugo de naranja, lo cerró y respondió, tratando de ocultar su irritación:

- Sé lo que estoy haciendo. Te garantizo que pasaré el año. No tienes que ponerte alerta.

Antes que ella pudiera replicar, él se fue y fue a encerrarse en su habitación. Estaba contento y no iba a perder su buen humor. Se sentó en el sillón y saboreando el jugo, recordó el beso que le había dado a Áurea.

Era muy hermosa, sus labios suaves y húmedos eran deliciosos. No recordaba haber obtenido tanto placer de un beso. Este noviazgo iba a ser muy placentero, el problema es que Áurea estaba muy asustadiza. Pero él la haría tan apasionada que esta barrera sería destruida. Después de todo, él siempre había sido de quien las mujeres se habían reído. Su mayor problema fue alejarlas después de la conquista, cuando ya no estaba interesado.

Alguien llamó a la puerta y Adalberto, sacado de sus pensamientos, fue a abrir de mala gana. Ernestina se quejó:

- ¿Por qué cerraste la puerta con la llave? ¿Consigues lo mismo que Carolina?

- Yo estaba estudiando - Mintió y continuó -. ¿Qué quieres?

- Romeo está en la habitación y quiere hablar contigo.

- Pídele que suba.

- Asegúrate de no pasar demasiado tiempo hablando. Tienes que seguir estudiando.

Ernestina bajó y poco después subió Romeo con un libro en la mano. Adalberto cerró la puerta y preguntó:

- Nunca vuelves a casa fuera de hora. ¿Sucedió algo? ¿Qué libro es ese que trajiste?

- Esa es la excusa que encontré para venir aquí. A tu madre no le gusta, dice que interfiero con tus estudios. Pero necesitaba venir. Sônia vino a buscarme y dijo que Ana María se iba a mudar a São Paulo con su familia. Se van temprano mañana.

Adalberto no se contuvo:

- ¿Ya? En ese caso necesito verla, ver si puedo conseguir su nueva dirección.

- Sônia dijo que no volverá más aquí.

- Pero estoy a punto de ir a São Paulo. Quiero verla allí.

- No sé si te dará la dirección.

- Voy a intentarlo. Pero si no lo hace, cortésmente pregúntaselo a Sônia. Ellas son muy amigas. Debe saber.

Romeo se rascó la cabeza con cierta preocupación. Sônia a veces era muy discreta.

- Mira, trata de conseguirlo tú mismo porque no sé si Sônia querrá dármela, y yo no quiero pelearme con ella por tu culpa.

- Y en muchos casos, estoy seguro que conseguiré lo que quiero.

- Bueno, ya dije lo que quería y me voy. Tu madre dice que viene tu padre y que no quiero que me vea. En cualquier caso, te dejo el libro. Mañana me lo devuelves.

Romeo se fue y Adalberto lo acompañó hasta la calle. Como había predicho, su madre estaba en la habitación mirando. Aunque había quedado en que más tarde lo encontraría en la plaza, al despedirse dijo en voz alta:

- Hasta mañana, Romeo.

Después que su amigo se fue, Adalberto se fue a su habitación, pero esta vez sus pensamientos estaban en Ana María. Junto con el deseo de conquistarla estaba el deseo de ir a vivir a la gran ciudad. Soñaba con convertirse en un chico moderno, bien vestido como los chicos que había visto en la capital. Así, le sería fácil conquistar a Ana María.

Para eso tuvo que fingir que estaba estudiando. Acomodó los libros y cuadernos sobre el escritorio, acomodó todo como si estuviera inmerso en sus estudios y dejó la puerta entreabierta para que su padre, cuando llegara, lo viera estudiando. Poco tiempo después llegó Augusto Cezar, subió las escaleras, pasó por la puerta entreabierta y al verlo sumergido en sus libros, sonrió y dijo:

- Buenas tardes, hijo mío. Veo que realmente estás estudiando.

Adalberto levantó los ojos, se los frotó, se estiró como si estuviera cansado y respondió:

- Buenas tardes, padre. Ya te dije que no repetiré este año. Pero he estado estudiando durante horas. Me siento cansado, pero continuaré hasta la hora de la cena.

Augusto Cezar sonrió con satisfacción:

- Hazlo, hijo mío. Es por tu propio bien.

Fue al dormitorio y Adalberto sonrió satisfecho. Cuando bajó a cenar, su padre ya estaba en la mesa y se frotó los ojos como si estuviera exhausto, suspiró y dijo:

- Quería estudiar más, pero creo que me excedí. Me quedé en blanco y no puedo entender nada más de lo que estoy leyendo.

- Es mejor descansar un poco. Siéntate, la cena será servida.

En ese mismo momento, Ernestina se sentó y Ruth colocó los platos sobre la mesa. Augusto Cezar trató de hablar:

- En cuanto termines los exámenes, nos vamos a São Paulo a recoger a Carolina.

- Qué bueno - comentó Ernestina -. La extraño mucho.

Adalberto quería que la cena terminara pronto y no reflexionó. Siguió comiendo mientras sus padres hablaban del viaje.

Después del postre y después que su padre preparó el café, Adalberto se excusó y se levantó:

- ¿A dónde vas? - Preguntó el padre.

- Voy a lavarme la cara. Luego saldré a caminar para despejar mi mente.

- Ve, hijo mío. Pero no te quedes hasta tarde. Mañana tienes clase temprano.

- Lo sé, papá. No pienso demorarme. Solo quiero aligerar mi cabeza, que está pesada.

Un poco después, Adalberto, con la cara lavada, perfumado, bien arreglado, salió rápidamente y se dirigió a la plaza. Esperaba encontrarse con Ana Maria para concertar una cita en São Paulo en el próximo viaje.

CAPÍTULO 13

Adalberto llegó a la plaza y no encontró a nadie.

Impaciente, caminó y observó. Ni Romeo había llegado. Habían quedado en quedarse charlando hasta que apareció Sônia con Ana María. Romeo había pedido a su novia para invitar a su amiga, ya que quería despedirse de ella.

Diez minutos que parecieron una eternidad para Adalberto, llegó Romeo y comentó:

- ¡Llegaste temprano!

- Tú fuiste el que llegó tarde. ¿Crees que Ana María vendrá con Sônia? – Le pedí, pero no sé si vendrá. Puede ser que esté ocupada con los arreglos de la mudanza. Viajan temprano.

Adalberto estaba impaciente. Parecía que el tiempo no pasaba. Finalmente, su rostro se aclaró: vio a las dos acercándose.

Después de los saludos, Adalberto sugirió:

- ¿Caminamos un poco?

Todos estuvieron de acuerdo y caminaron, Romeo y Sônia al frente y los otros dos atrás.

- Escuché que te vas mañana y vine a desearte un buen viaje.

- Gracias. No está tan lejos como me gustaría.

- ¿Cómo así?

- Me gusta São Paulo, pero tengo ganas de ver el mundo, conocer a otros pueblos.

- Eres diferente a todas las chicas que conozco.

- Ya te dije que no quiero ser como las chicas de esta ciudad, ciudadana que solo piensa en casarse, tener hijos y nada más.

- Pero ese es el destino de la mujer.

- Para mí no. Estoy feliz de mudarme a la capital, porque allí puedo tener más oportunidades de hacer lo que quiero. En esta ciudad la gente es atrasada, las mujeres parecen del siglo pasado. Quiero vivir, disfrutar la vida, ser feliz.

- Tan pronto como termine mis exámenes universitarios, voy con mi familia a visitar a mis parientes en São Paulo. Me gustaría tener tu dirección para poder visitarte.

- Aun no sé la dirección. Pero puedo dejarle a Sônia nuestro número de teléfono. Cuando llegues allí, llámame y arreglaremos algo.

Adalberto se regocijó. Emocionado, notó que Romeo estaba sentado en un banco con su novia y la invitó a sentarse en otro un poco más allá. Ella aceptó, se sentaron. Hasta entonces había sido discreto, pero su presencia lo atraía. En un momento, notando que ella estaba relajada y cómoda, él tomó su mano y se la llevó a los labios.

Ana María la retiró de inmediato diciendo:

-Recuerdo haberte dicho que entre nosotros solo podía haber amistad, el hecho que estuviéramos en el jardín hablando no tiene otro significado.

- Perdón. Es que cuando estoy cerca de ti siento un inmenso deseo de besarte. Estoy siendo honesto. Es difícil resistirse.

- En ese caso me iré.

Ella hizo ademán de levantarse y él preguntó:

- No hagas eso. Prometo que haré todo lo posible para controlarme - Hizo una pausa y al ver que ella seguía sentada allí continuó -. Por cierto, gracias por haberme puesto en el lugar correcto. Estoy saliendo y no estaría bien.

- Me dijeron que vas a salir con Áurea.

- ¿Tú la conoces? - Preguntó, tratando de ocultar su satisfacción. Era bueno que ella supiera que él tenía a quien quisiera.

- Sí. Es la chica más bonita de este pueblo.

- Yo también lo creo - respondió, sus ojos brillaban de alegría.

- Debes estar muy enamorado de ella.

- Ni tanto. Ella es quien está muy enamorada de mí.

- No seas mentiroso. Conozco a media docena de jóvenes en este pueblo que harían cualquier cosa para que ella los aceptara.

- Pero soy yo de quien ella gusta.

- He estado hablando con Cintia de vez en cuando y me dijo que a su hermana no le gusta nadie. Por cierto, nunca vi que salió con un chico.

- Está saliendo conmigo. Justo anteayer nos encontramos.

- En ese caso, ¿qué pensará ella al verte aquí conmigo?

- Si se pone celosa, le diré la verdad. Ella lo entenderá. Ana María se levantó:

- Tengo que irme. Todavía tengo mucho que arreglar.

- Sônia no tiene ganas de irse.

Ella y Romeo se estaban besando. Determinada, Ana María se acercó a ellos diciendo:

- Tengo que ir. Si quieres quedarte, me iré solo. Sônia se alejó de Romeo y respondió:

- Nada de eso. Voy contigo. A tu madre no le gustará verte llegar sola.

Al poco tiempo se despidieron y Ana María prometió:

- Le dejaré mi nuevo número de teléfono a Sônia. Ella te lo entregará.

Se despidieron y se fueron.

- Obtuviste lo que querías - dijo Romeo.

- Ni tanto. Pero logré sembrar. Sabía que estoy saliendo con Áurea. Estoy seguro que estaba celosa.

- No te apresures. Ella no estaba interesada en lo más mínimo en ti.

- Bueno, te garantizo que seguirá entrando en la mía. Ya verás.

Cuando Adalberto llegó a su casa, fue a su habitación y recordó las palabras que había intercambiado con Ana María. Sintió que ella tenía razón. Áurea era realmente la chica más linda de Bebedouro. Recordó el beso que habían compartido y sintió una sensación de placer muy agradable. Ana María se iba a ir, pero a pesar que ella ya no estaba en la ciudad, él decidió seguir saliendo con Áurea.

Ernestina llamó a la puerta llamando:

- Adalberto, ¿por qué cerraste la puerta?

Sobresaltado de su ensoñación, lo abrió. Ernestina entró, miró alrededor y dijo:

- Como pensé que no estás estudiando. Por eso cerraste la puerta. Así no aprobarás los exámenes.

- Estaba recordando el material de la última clase. Yo voy a pasar.

- Tu padre dijo que si repites el año tendrás que estudiar en vacaciones y no irás con nosotros a São Paulo.

- Puedo estudiar en São Paulo.

- Nada de eso. Te conseguirá un buen profesor para ver si haces nuevos exámenes durante las vacaciones.

- Ni digas tal cosa. Quiero ir con ustedes. Extraño a Carolina.

- Entonces, trata de estudiar de verdad. Sé que si lo quieres, lo obtendrás. Así vamos a viajar todos juntos y no te quedarás sin mesada.

- ¿Papá dijo que se va a llevar la mesada?

- Si repites el año, lo hará.

Después que Ernestina salió de la habitación, Adalberto lo pensó y comenzó a estudiar. No podía dejar pasar esa oportunidad de conocer a Ana María en São Paulo.

A partir de ese día, Adalberto se dedicó con celo a sus estudios. Se tomó un descanso al final de la tarde para esperar a Áurea cuando saliera de la escuela. Se sentaron un rato en una banca de la plaza, en un lugar discreto, y ella trató de hablar, pero él prefirió besarla.

A pesar de ser discreta, Áurea también sintió placer en responder a las caricias de Adalberto, olvidándose que estaban en la plaza. Cuando alguien pasaba, ella se retiraba diciendo:

- Suficiente, vamos.

- ¿Ya?

- Sabes que no puedo tardar mucho.

-Mañana es sábado. Encontrémonos esta noche.

- Está bien. Pero mi hermana tendrá que acompañarnos.

- No hace mal. ¿Ella no tiene novio?

- No. Pero ella puede encontrarse con un amigo.

- Estaré esperando.

Después de acompañarla a su casa, él iría a su habitación a estudiar y continuaría después de la cena. Augusto Cezar miraba con satisfacción. Finalmente llegaron los exámenes y Adalberto logró aprobar.

Llegó a casa eufórico diciendo:

- Mamá, pasé. ¡Estoy en el segundo año!

Ernestina suspiró aliviada. Era un problema menos. Cuando alguien en la familia tenía un problema, ella estaba nerviosa, inquieta, temerosa de lo peor.

Se imaginó el drama que sería si su hijo repitiera el año. Augusto Cezar no perdonaría. Le pareció verlo castigar a su hijo, no darle una mesada, prohibirle salir con sus amigos y, lo que era peor, él estaría irritado, insatisfecho, y ella sufriría. No podía soportar ver a su marido molesto. Cuando eso sucedió, tuvo la impresión que había hecho algo mal. Se sentía culpable, al fin y al cabo ella era la madre, la esposa, tenía que cuidar el bienestar de todos. Y se atormentaba preguntando:

- ¿Qué hice mal?

Ella respiró aliviada. Finalmente Adalberto pasó. Podrían viajar juntos y todo volvería a la normalidad. Así Carolina estaría en casa y toda esta pesadilla habría terminado.

Al final de la tarde, duchado y de buen humor, Adalberto fue a buscar a Áurea. Había terminado el curso y ya estaba de vacaciones. Se paró en la esquina de su casa, mirando insistentemente para ver si ella lo notaba.

Finalmente Cintia salió a la ventana y, al verlo, avisó a su hermana. Poco tiempo después, ella fue a su encuentro. Después de saludos volvió:

- ¡Estoy en el segundo año! Ella rio feliz:

- Felicidades. Sabía que lo lograrías.

- Nunca he estudiado tanto en mi vida.

- Pero valió la pena.

- Vamos a caminar.

- Está bien. Mi madre fue al dentista. Salgamos de aquí, ella puede volver y vernos.

- ¿De qué se trata?

- Ella no sabe que estamos saliendo.

- Un día tendrá que saberlo.

- Todavía no. Es temprano. Soy muy joven y quiero ir a la universidad.

- Nunca me hablaste de eso.

-Todavía no lo había decidido. Pero ahora siento que ha llegado el momento.

- ¿Qué elegiste?

- Estoy pensando en Psicología.

Adalberto exclamó con admiración:

- ¿Psicología? Pero no hay facultad de psicología en nuestra ciudad.

- Yo sé. Tengo la intención de tomar el examen de ingreso en São Paulo.

- ¿Irte y yo me quedo aquí?

- ¿Por qué no continúas tus estudios también allí?

- Bien que me gustaría, pero mi padre está en contra. Cuando se divide, no hay nadie que le haga cambiar de opinión.

-Mi madre tampoco lo quería, pero yo insistí y mi padre accedió, tiene una hermana que vive allá y yo me puedo quedar en su casa.

- ¿Por qué no eliges algo que tengas aquí en nuestra ciudad?

Áurea se detuvo y lo miró a los ojos diciendo que sería:

- Solo tendremos éxito en una profesión si estamos siguiendo nuestra vocación.

- ¿Crees que tienen vocación de cuidar a las personas desequilibradas?

- Las personas tienen dificultades para lidiar con sus emociones y cuando algunos amigos me cuentan sus problemas, veo los distintos lados del problema, es fácil para mí encontrar algunas soluciones. Siento que este es mi camino.

Adalberto trató de hacerle cambiar de opinión, pero Áurea estaba decidida. Tras insistir, decidió cambiar de tema, tomarse un tiempo con la intención de lograr su propósito más adelante.

Después de ir a estar juntos en un lugar discreto e intercambiar muchos besos, se despidieron. Adalberto regresó frustrado a su casa. Su ira se volvió contra su padre. ¿Por qué insistía en vivir en un pueblo pequeño cuando podía vivir en la capital donde todo era más interesante?

Al entrar a la casa, encontró a su padre hablando por teléfono y tuvo tiempo de escuchar sus palabras:

- Preparemos todo y en unos días estaremos allí para pasar las vacaciones y recoger a Carolina. Cuando sepa el día correcto, volveré a llamar.

Adalberto prestó atención. La perspectiva de viajar a São Paulo lo emocionaba. Ana María estaría allí y la encontraría. Lejos del pequeño pueblo donde vivían, tal vez ella no era tan indiferente. Después de todo, en la capital, las costumbres eran más liberales.

Augusto Cezar se despidió y colgó el teléfono.

- Papá, estoy en segundo grado.

-Menos mal. A ver el próximo año estudiarás más y no nos asustarás como lo hiciste esta vez.

Adalberto esperaba un elogio por su esfuerzo en recuperar sus notas y se sintió desanimado, quejándose:

- Vaya, papá, esperaba que me felicitaras por lograrlo.

- ¿Por qué? Pasar el año era tu deber.

Pese a estar disconforme, Adalberto no mostró su disgusto. No perdió la esperanza de poder convencerlo para que se mudara a la capital. Para lograr su propósito, necesitaba usar la inteligencia.

Contaba que cuando estuvieran en casa de su abuela, lo acompañarían en el mismo objetivo. Sabía que Carolina tampoco quería irse de la capital.

Augusto Cezar fue a la despensa a hablar con Ernestina, que estaba ocupada con la cena.

- Hablé con Odete. Mamá todavía está enferma. No están contentos que queramos traer de vuelta a Carolina.

- Sabía que esto pasaría. Pero el lugar de nuestra hija está en esta casa.

- También creo. Se niegan a venir a vivir cerca de nosotros.

Adalberto, que se había acercado, intervino:

- A las personas mayores no les gusta cambiar su rutina. Nunca salieron de esa casa. La abuela no se acostumbraría.

- ¿Por qué no? Venderíamos esa casa vieja, demasiado grande para nosotros dos, y compraríamos una casa bonita, más moderna, donde estarían mejor instaladas - contrarrestó Augusto Cezar.

- Tú eres el que piensa así, pero las dos están acostumbradas a ir allí, donde tienen todo lo que necesitan - dijo Adalberto.

- ¿Por qué insistes en querer que se mantengan alejadas de nosotros? Precisamente porque son viejas y necesitan mudarse aquí.

- Pero, padre, creo que sería correcto que nos mudáramos a São Paulo. Creo que nuestra vida allí sería mucho más agradable. Podría asistir a una universidad mejor, lo que mejoraría mi título y tú podría expandir el negocio.

- Deja de molestar a tu padre con tus ideas. Él sabe lo que es mejor para nosotros - dijo Ernestina.

Ella había notado una arruga en la frente de Augusto Cezar y sabía que cuando eso sucedió él estaba empezando a irritarse.

Adalberto decidió contemporizar:

- Lo sé, mamá. Solo fue una idea que se me pasó por la cabeza. Haremos lo que él crea conveniente, como siempre.

- ¿Tardará la cena? - Preguntó Augusto Cezar.

- Alrededor de diez minutos. Atenderemos en el horario habitual.

- En ese caso echaré un vistazo al periódico mientras espero.

Entró a la sala y Adalberto se acercó a su madre diciéndole en voz baja:

- Seguro que Carolina no querrá volver. ¿No sería mejor que prepararas el espíritu de papá para esta realidad?

Ernestina se irritó:

- ¡Ni digas tal cosa! No quiero ninguna confusión en la familia.

- Piénsalo, mamá, abuela y tía Odete no quieren que Carolina se vaya. Ella también quiere quedarse. Sería bueno que te pusieras del lado de ellos.

- ¡¿Yo?! ¡Ni pensarlo! No voy a traer la desgracia a la familia. Sabía que esta historia me iba a dar problemas. No podría haberlo dejado allí.

- Pero cuando papá habló, estuviste de acuerdo.

- ¿Crees que me pondría contra él? De ninguna manera.

- No se trata de ir en su contra, sino de dar tu opinión. ¿Por qué siempre haces todo como él quiere?

- Es la cabeza de familia, el hombre de la familia. Una buena esposa tiene que hacer lo que su esposo quiere.

Adalberto la miró un poco irritado. Estaba cansado de verla siempre agradable, pasiva incluso cuando su padre se excedía en su autoridad.

En ese momento tuvo la sensación que ella estaba aburrida e infeliz. ¿Cómo podía soportar vivir así? Se alejó insatisfecho y un poco conmocionado.

Su padre era dominante y hasta entonces había pretendido aceptar sus órdenes, pero tan pronto como se perdió de vista, actuó como le dio la gana. Fue al dormitorio. Estaba cansado de siempre tener que finalmente mover, contemporizar, a veces tenía ganas de reaccionar. Tenía veinte años, era un hombre. No podía conformarse con vivir en el campo cuando podía estudiar en la capital, conocer gente, buscar nuevos amigos.

- Si mamá no reacciona, será el diablo - pensó.

En su opinión, ella sería la persona adecuada para ayudar a sus hijos a lograr una vida mejor. Pero sus palabras de momentos antes le habían demostrado que nunca tendría el coraje de ponerse del lado de sus hijos.

Estaba seguro que Carolina no quería volver a casa y se moría por vivir en la capital.

Si él tampoco hacía nada, Carolina tendría que obedecer y todos seguirían con esa monótona vida en el campo.

Pensó, pensó y decidió que cuando estuvieran en São Paulo, buscaría una vacante en una universidad de allí, sin que su padre lo supiera. Si conseguía la transferencia, se registraría y solo después se pondría en contacto con la familia. Su padre se enojaría, pelearía, pero él se mantendría firme y, al final, su padre terminaría estando de acuerdo. Estaba seguro que cuando llegara a la capital, tanto Carolina como su abuela y su tía lo ayudarían a conseguir lo que quería. Eso también contribuiría a que su padre renunciara a recuperar a Carolina.

Y, quién sabe, al final sus padres aceptarían vivir en la capital. Adalberto, excitado en sus ensoñaciones, ya se veía en la gran ciudad, hablando con Ana María y encontrándose con Áurea.

Su ciudad sería aun más aburrida sin las dos manos blancas que le atraen. Aunque no quería admitirlo, la posibilidad de estar lejos de Áurea lo molestaba mucho.

Satisfecho, repasando los detalles de su plan, cuanto más pensaba, más creía que funcionaría.

CAPÍTULO 14

Carolina se miró al espejo satisfecha. Sus ojos brillaban y su rostro estaba sonrojado de placer. En unos minutos llegaría Sérgio y darían un paseo.

Cogió el frasco de perfume y se lo roció detrás de las orejas y en las muñecas. Sérgio amaba su perfume. Lanzando una mirada más en el espejo, sonrió y luego bajó a la sala de estar.

Sonó el teléfono y Odete contestó:

- ¿Cómo estás, Augusto? - Carolina prestó atención.

- Aquí todo bien. ¿Quieres hablar con Carolina? - Ella le tendió el teléfono diciendo:

- Tu padre quiere hablar contigo.

Ella respondió y después de saludarlo le dijo:

- Estaremos allí mañana por la tarde.

- Bien. ¡Te extraño! - respondió al mismo tiempo sintiendo una opresión en el pecho.

- Puedes prepararte tú mismo. Nos quedaremos hasta tu graduación y luego nos iremos todos.

- Papá... Me gustaría quedarme un poco más.

- Sabía que dirías eso. ¿No extrañas tu hogar, tu familia?

- Lo siento, pero aquí me necesitan. Soy más útil.

- Ni lo pienses. Te extrañamos mucho. Entonces el lugar de una hija está en la casa de sus padres. Prepara todo porque no voy a cambiar de opinión. Diles a las dos que no sirve de nada pedir, te vienes a casa con nosotros.

Carolina suspiró:

- Así es, papá.

Se despidieron y ella colgó el teléfono abatida.

Toda la alegría de momentos antes se había ido.

Poco después sonó el timbre y Carolina fue a abrir. Sérgio entró, la besó suavemente en la mejilla y, después de saludarla, dijo:

-¿Sucedió algo? ¡Estás triste!

- Mis padres llegan mañana. Vienen a recogerme. Después de la graduación nos vamos.

Sérgio la abrazó con ternura:

- Ya sabré convencerlo de lo contrario.

- Tú no lo conoces. No sabes lo decidido que está.
No ayudará.

Odete, que se acercaba, comentó:

- Será mejor que ni lo intentes. Eso podría hacer que se la lleve antes de la graduación.

- ¿Es realmente tan terco?

- No acepta que nadie lo contradiga – puso nerviosa a Carolina.

- Todavía quiero intentarlo. ¡Hablarle, decirle que nos queremos casar!

Carolina tomó sus manos nerviosamente:

-Ni pienses tal cosa. Me prohibió tener citas antes de graduarme de la universidad.

- Que pasan cosas. No hay manera de controlar los sentimientos. Él no podía hacer eso.

- Pero lo hizo. Y cuando haces un plan, hay que llevarlo a cabo.

Odete intervino:

- Llegarán mañana por la tarde. Creo que es mejor que no aparezcas aquí. Al menos hasta que veamos si podemos sortear la situación.

- No puedo aceptar eso - respondió Sérgio -. Necesita entender que nos amamos y queremos estar juntos. Queremos casarnos pronto, puedo ofrecerle a Carolina un nivel de vida igual o mejor que el que tiene en casa de sus padres. Ella podrá seguir estudiando incluso después del matrimonio. Siempre apoyaré cualquier curso que quiera tomar. Valoro a una mujer culta.

- Eso lo sabemos, Sérgio, pero él no lo sabe. Piensa diferente. Tú no lo conoces.

- Por eso creo que debo presentarme, para que me conozca.

- Conozco a mi hermano. Si se imagina que están saliendo, ni siquiera querrá escucharte y hasta nos culpará. Se habría llevado a Carolina más rápido.

- Sérgio, aprovechemos al máximo el tiempo que tenemos hoy.

Todavía somos libres de estar juntos.

Sérgio la abrazó con ternura:

- Está bien. Pero sepa que no me conformaré con quedarme afuera, escondiéndome. No estamos haciendo nada malo.

- Prométeme que no vendrás aquí hasta que te lo diga. Puedes estar seguro que nadie quiere que vengas aquí más que yo. Veré qué podemos hacer y si siento que deberíamos intentarlo, te lo haré saber.

- Hazlo - pidió Odete -. Veamos cómo va.

Sérgio prometió esperar. Los dos salieron a dar un paseo. La noche era hermosa y cálida. Caminaron de la mano sintiendo el placer de estar juntos.

En ese momento, Sérgio se detuvo y, mirando a Carolina a los ojos, dijo:

- Siento que estamos juntos y que nada ni nadie nos podrá separar. Pase lo que pase, no lo olvides.

- Es lo que siento. Pero al mismo tiempo temo.
Necesitamos pasar un tiempo separados.

- Eso no sucederá - prometió, besándola repetidamente en los labios.

Carolina lo presionó contra su pecho, sintiendo su corazón latir salvajemente. Para ella, solo estaba él en ese momento, todo lo demás era distante.

Odete fue a ver a Guillermina para desahogarse. Habló de sus preocupaciones con la llegada de Augusto Cezar. Guillermina trató de consolarla:

- Voy a hablar duro con él. Después de todo, es mi hijo. No puede ser tan cruel con Carolina.

- Sabes que no escucha a nadie. Siempre fue así.
Solo hace lo que quiere.

- Carolina estará feliz. Sérgio es un gran tipo, además de rico y de buena familia. Augusto Cezar no pudo encontrar a nadie mejor que él para un yerno.

- Me temo que no retrocederá y Carolina sufrirá. Le pedimos a Sérgio que no aparezca aquí hasta que lo llamemos.

- ¿Cómo reaccionó?

- Replicó indignado. En todo caso, quiere presentarse a Augusto Cezar y pedirle a Carolina que se case con él.

- Él está en lo correcto. No más dejarlo para más tarde. Pero si Sérgio aparece por sorpresa, Augusto Cezar se volverá contra nosotras por haberle ocultado el asunto. Entonces será aun más difícil para él aceptar.

- Y cuando se enoja se vuelve más terco.

- Mañana, cuando lleguen, voy a hablar con Ernestina y él juntos. Tengo la esperanza que ella nos apoyará.

- ¿Ernestina? Lo dudo. Ella accede a lo que él quiera. A veces creo que tiene miedo. Ponerse de su lado aun cuando penalice en exceso a los niños.

Guillermina suspiró con tristeza. Su esposo también era terco, bromista, pero ella siempre lo enfrentaba y con el tiempo terminó por volverse más afable. ¿Por qué Ernestina no hizo lo mismo?

- Ojalá fuera más activa. Cuando hablamos entre nosotros nunca expresa su opinión.

- Parece que ella no piensa, solo actúa a través de su cabeza. ¿Te das cuenta de lo molesta que se pone cuando uno de sus hijos intenta que cambie de opinión?

- Por eso y que en el caso de Carolina ella hará lo que él diga.

- De todos modos, no lo dejaré por menos. Hablaré con él, le contaré la verdad sobre Sérgio y su familia. Si no me cree, que obtenga información sobre ellos. No creo que sea justo condenar las citas de antemano.

- ¿Segura que quieres hacer esto?

- Sí.

- Puede enfadarse mucho y marcharse con ella más rápidamente.

- Me arriesgaré. No puedo estar de acuerdo con esta injusticia.

- Está bien. Sabes que puedes contar conmigo.

Odete se acercó y besó cariñosamente la frente de su madre.

- Juntas venceremos. El amor tiene mucha fuerza.

Esa noche, al despedirse, Sérgio, al notar la expresión triste de Carolina, dijo:

- No permitas que los pensamientos negativos te entristezcan. Recuerda que pase lo que pase, nos casaremos y estaremos juntos para siempre.

- Si mi padre no está de acuerdo, tendré que irme con ellos y nos mantendremos alejados.

- Si eso sucede, siempre te veré. Después de todo, la ciudad donde vive tu familia no está tan lejos.

Carolina lo miró con los ojos húmedos y respondió:

- Me temo que no te dejará visitarnos.

- Me voy de todos modos. Nos veremos en secreto. Cuando se dé cuenta que nada puede separarnos, cambiará de opinión. Creo que a pesar de su forma difícil de pensar, te ama y, en el fondo, quiere que seas feliz.

Sérgio la abrazó con ternura y la besó con cariño.

Carolina se entregó al placer del momento, tratando de aligerar su corazón. Sérgio salió y ella entró. Al ir a su habitación, notó la luz encendida en la habitación de la abuela.

Llamó suavemente a la puerta y entró. Odete estaba con ella.

Las dos la miraron y Carolina suspiró con tristeza.

- Decidimos ayudarte - dijo Guillermina con voz firme.

- Sí. Mamá considera mejor decir la verdad pronto a tu papá.

- ¿Crees eso?

- Se equivocará al no aceptar tu cortejo. Sérgio es un buen chico, de buena familia, tiene posición social. Si alguien tiene que decirle eso a Augusto Cezar, soy yo. Tendrá que escucharme.

- Mamá cree que si Sérgio aparece de repente, será peor.

- No sé qué es peor. De cualquier manera, se enfadará. No me importa, estoy acostumbrada a tratar con él, pero contigo es injusto. No quisiera que peleara con ustedes por mi culpa.

- Así son las cosas, lo mejor es la verdad. Se lo contaré todo en cuanto lleguen. Créeme, Carolina, es lo mejor que puedes hacer.

Carolina no respondió de inmediato, se acercó a su abuela y la besó en la frente con ternura, luego abrazó a Odete diciendo:

- Ustedes son las mejores personas que he conocido. Las extrañaré mucho. Ese tiempo aquí fueron los días más hermosos de mi vida. No hablo por Sérgio, sino porque juntas pasamos grandes momentos de comprensión y cariño.

Guillermina se levantó y las abrazó, sonriendo. Así permanecieron unos segundos. Después, ella dijo:

- Vamos a dormir. Mañana necesitamos estar firmes y de buen humor para recibir a nuestros seres queridos.

Salieron de la habitación y se retiraron. Carolina se acostó, pero tardó un rato en quedarse dormida.

Al día siguiente amaneció nublado, pero poco a poco apareció el sol. Poco antes del almuerzo, Sérgio llamó y Carolina le contó sobre la resolución de Guillermina.

- Menos mal. Era lo que quería que hiciera, pero no tuve el corazón para pedírselo.

- Ella hablará con ellos. Me preocupa. Me temo que reaccionará mal. No quiero que peleen por mi culpa.

- No pienses así. No estamos haciendo nada malo.

Por lo contrario. No veo por qué tienes tanto miedo.

Carolina suspiró:

- Está bien. Vamos esperar.

- ¿Prometes llamarme poco después de hablar con él?

- Lo prometo. Si no puedo, le pediré a alguien que lo haga.

- ¿Crees que puede impedir que me llames?

- No se da cuenta que hemos crecido. Suele castigarnos encerrándonos en la habitación.

Sérgio estaba indignado, pero trató de controlarse. no depara ponerla más nerviosa. Se lo tomó a broma y respondió:

- ¿Por qué no le dices que has crecido?

- Esto no es una broma.

- Sé que no. Pero no pensemos en lo peor. Puede reaccionar de manera civilizada.

- Es lo que me gustaría.

Hablaron unos minutos más y, habiendo renovado su promesa de llamar lo antes posible, se despidieron.

Eran las cuatro cuando el auto de Augusto Cezar se detuvo en la entrada de la casa. Tocó la bocina alegremente y pronto la criada fue a abrir.

Carolina corrió de inmediato a la puerta principal para abrazarlos. Ernestina entró primero, abrazando a Carolina con alegría:

- ¿Cómo estás, hija mía? Cómo cambiaste. Pareces haber crecido.

- Estoy bien, mamá. ¿Y tú?

Ella asintió que sí, porque Odete también se acercó y se abrazaron. Augusto Cezar entró después y Carolina se apresuró a pedir su bendición.

- Dios te bendiga, hija mía.

Mientras abrazaba a Odete y Guillermina, que se unían a ellos, Adalberto lo seguía con unas maletas. Las bajó para abrazarlos a los tres.

Entraron y charlaron mientras la criada llevaba las maletas a los dormitorios.

Augusto Cezar miró a Carolina con asombro. Él tomó sus manos diciendo:

- Cómo has cambiado. Estás diferente.

- Estoy bien - subrayó. Recordando la conversación con Sérgio horas antes, prosiguió -. El tiempo pasa, padre. Tengo casi diecinueve ahora.

- Para mí siempre serás una niña - respondió. Se quedaron hablando en la sala hasta que Dina los invitó para hacer una merienda en la dispensa. A pesar de la alegría que demostraban, , había algo más en el aire. Augusto Cezar estaba pensando en llevarse a Carolina de vuelta a casa, a Ernestina le encantaría que se lo dijera. A pesar que él había retrasado el regreso de su hija, ella sabía que esto provocaría una discusión y odiaba cuando alguien traicionaba a su esposo. En cuanto a los otros tres, pensaban que pronto llegaría el momento de decir la verdad sobre su noviazgo.

Adalberto, en cambio, no veía la hora de salir a averiguar qué pasos debía dar para continuar sus estudios en la capital.

Posteriormente, mientras los padres de Adalberto se iban a su cuarto a descansar, poco antes de la cena, Adalberto se acercó a Odete, quien estaba en la cocina instruyendo a la cocinera sobre la cena, diciéndole:

- Tía, me gustaría hablar un poco. ¿Estás muy ocupada?

- No. He terminado. Ven, sentémonos en la habitación.

Él la acompañó y después que se acomodaron uno al lado del otro en el sofá, Odete preguntó con cierta preocupación:

- ¿De qué se trata?

- Estoy cansado de seguir estudiando en Bebedouro. Mis mejores amigos vinieron a estudiar a São Paulo y me gustaría hacer lo mismo.

Odete frunció el ceño:

- ¿Tu padre está de acuerdo?

- Tu sabes que no. Pero ya me decidí. Aquí, además que la universidad será mejor, tendré más oportunidades de seguir una carrera.

- Pienso como tú. Tenemos excelentes facultades.

- Quisiera saber cuál me resultaría más fácil para solicitar la transferencia y qué debo hacer.

- ¿Has probado a hablar con él, pidiéndole permiso?

- Ya. Pero él no quiere oír hablar de eso.

- En ese caso se pone difícil. Si se entera que te estoy ayudando, me regañará, dirá que me estoy entrometiendo en sus asuntos.

- No voy a hablar con él porque no servirá de nada y te pido que no digas nada al respecto. Tengo la intención de averiguarlo, tomar todas las medidas necesarias y si puedo, hablaré con él.

- ¿Y si se mantiene terco?

- Vendré de todos modos. Él luchará al principio, pero yo me mantendré firme. Cuando ve que estoy decidido, acaba aceptándolo.

Odete sacudió la cabeza negativamente:

- No sé si funcionará. A tu mamá no le gustará.

- Mi madre no tiene opinión propia. Siempre hace lo que él quiere. No puedo contar con ella para nada.

- No seas desagradecido. Ernestina es una madre muy dedicada.

- Ni tanto. Para ella, lo que él quiere es lo primero. Últimamente creo que lo hace por comodidad, para no tener que discutir.

Odete se quedó en silencio unos segundos, luego dijo:

- ¿Por qué no te gradúas allí mismo, mayor, te vienes a trabajar a São Paulo?

- Primero, porque para trabajar en São Paulo, el nombre de la facultad es importante. Nuestra universidad es nueva, no tiene reputación como las de aquí.

Adalberto se quedó en silencio, pensativo, luego continuó:

- Tía, si mi papá me echa de la casa, y ya no me da mi mesada, ¿la abuela me dejaría vivir aquí?

- Será una buena pelea, pero seguro que insistirá en que te quedes con nosotros. Tu padre bien podría venir a vivir a São Paulo. Todos seríamos felices.

- Yo sé. Él va a recuperar a Carolina.

Odete suspiró pensativa. En ese preciso momento, Carolina estaba en la habitación de su abuela muy nerviosa:

- Abuela, ¿de verdad vas a hablar con papá sobre Sérgio? Guillermina tomó su mano, acariciándola cariñosamente:

- Voy. En este momento y precisamente. Él necesita entender que Sérgio es un gran chico, ustedes se aman y él no los puede separar.

- ¿Cuándo piensas sacarlo a colación?

- Hoy, después de la cena.

- ¿No sería mejor esperar unos días?

- Será peor. Prometí hablar pronto.

- Tengo miedo:

-Cálmate. Augusto Cezar es un hombre civilizado. Voy a hablar con sencillez, pero desde el corazón. Tendrá que escucharme.

- Voy a la habitación, abuela, para tratar de calmarme. Cuando estaba por entrar al salón, Adalberto se acercó:

- Carolina, tenemos que hablar.

- Adelante - respondió ella, abriendo la puerta.

Ellos entraron. Cerró la puerta y se sentaron en la cama.

- La tía Odete me dijo que estás saliendo.

- Estoy. Me pidió que me casara con él, pero ya sabes, papá me prohibió tener citas antes de graduarme. Sérgio no está satisfecho y quiere hablar con papá.

- Lo sé todo. Estoy de tu lado. Incluso sin saber sobre la relación, ya hablé con papá para que la dejara quedarse aquí. Pero él no quiere.

- Lo sé. Estoy muy nerviosa, él va a pelear.

Adalberto habló sobre sus planes y al terminar, Carolina dijo:

- Seguro que tanto Sérgio como Mónica, su hermana, que es amiga mía, te pueden ayudar mucho.

- ¿Él es abogado?

- No, es ingeniero

- ¿Como papá? Este es un punto a su favor.

- Vamos a ver. Vamos a pedirle a papá que venga a vivir a São Paulo. Así todo se resolvería.

- Sería demasiado bueno si aceptara. Pero... me gustaría mucho conocer a tu novio.

- Quería estar aquí cuando llegaras. Fue difícil convencerlo que esperara. A medida que avanzan las cosas, veremos una forma que lo conozcas.

Continuaron hablando como buenos amigos como nunca antes. Adalberto se sintió feliz con su apoyo y notó que Carolina era diferente, más adulta y ella, por su parte, sentía que su hermano quería ser más independiente y cuidar de su propia vida.

Entretenidos, el tiempo pasó muy rápido y ambos se sorprendieron cuando Ernestina tocó la puerta llamándolos a cenar.

CAPÍTULO 15

La cena de esa noche fue feliz, todos tratando de parecer despreocupados, pero había cierta ansiedad que todos trataban de ocultar.

Hablaron de cosas triviales, y apenas terminaron de comer, Carolina invitó a Adalberto a su habitación con el pretexto de querer mostrarle unos libros.

Ante la cordialidad que reinaba entre ambos, Augusto Cezar los miró con recelo, pero no dijo nada.

Cuando se fueron, comentó:

- Hablaron toda la tarde. En casa apenas hablaban sin pelear.

Odete intervino:

- Ya son adultos. Los modos son diferentes.

- Antes de eso - dijo Ernestina.

Se levantaron de la mesa y Guillermina invitó:

- Sentémonos en la sala de estar. Necesito tener una conversación contigo.

Augusto Cezar intercambió miradas con Ernestina, pero los acompañó en silencio.

Se sentaron en la sala y Ernestina, temerosa de lo que iba a decir, trató de retrasar la conversación:

- La cena fue muy buena. Me gusto mucho ese dulce que sirvieron. ¿Como se llama?

- Brigadier pave - respondió Odete.

- ¿Puedo tener la receta?

- Claro.

- Mañana te daremos todas las recetas que quieras - intervino Guillermina con voz firme -. Ahora necesito hablar de un asunto muy serio.

Augusto Cezar frunció el ceño mientras Ernestina sentía una desagradable opresión en el pecho.

- Si vas a pedir una cita, Carolina seguirá viviendo aquí, no tiene sentido ni mencionar el tema. Realmente esperaba que ustedes le pidieran que se quedara más tiempo. Pero ya te advierto que esto no es posible.

- Sería maravilloso si pudiera quedarse aquí. Carolina ha sido nuestro ángel de la guarda. Pero eso no es de lo que quiero hablar.

-¡¿No?!

- No - continuó Guillermina -. Este es el futuro de Carolina y te pido que me escuches sin interrupciones.

Odete trató de mantener la calma, orando en silencio y al mismo tiempo atenta a lo que iba a decir su madre. Guillermina le contó todo lo que había pasado, cómo Carolina había conocido a Mónica y a su hermano, cuánto se habían hecho amigos, viéndose todos los días. Elogió a la familia de Sérgio y cuánto aprecian al muchacho. Y terminó:

- Carolina y Sérgio se enamoran y sueñan con casarse.

Augusto Cezar saltó de su sillón:

- ¿Casarse? Qué locura. Es demasiado joven para eso.

- Pero tienen la intención de casarse dentro de un año. Ya se graduó y actualmente está empleado. Tiene como mantener una familia, proporcionarle comodidad y bienestar.

- ¿Cómo permitiste que ella saliera en secreto? ¿Sin decirme nada? - dijo Augusto Cezar indignado -. Habría cortado esa historia de amor de raíz de inmediato.

- Nos gusta mucho el chico. Es un excelente partido. Ama a Carolina y puede ofrecerle una vida cómoda.

- Si hubiera sabido que hubiera venido a buscarla aunque perdiera el año. Nunca debí dejar que se alejara de nosotros.

- Hablas como si este matrimonio fuera un mal. Ellos se aman.

- Carolina es muy joven, pronto olvidará este coqueteo. Antes de casarse necesita graduarse de la universidad.

- Sérgio quiere que Carolina siga estudiando incluso después del matrimonio. Dijo que la apoyará en lo que ella quiera. Y un chico inteligente que aprecia a una mujer culta y moderna - Augusto Cezar se dirigió a Ernestina:

- Acabamos de llegar y nos vamos mañana. Tenemos que sacar a Carolina de aquí lo antes posible.

- Como siempre estás siendo terco y radical. No puedes privar a Carolina de la fiesta de graduación - dijo Guillermina, mirando fijamente a los ojos de su hijo -. Si haces eso, estarás mostrando egoísmo y orgullo. Tu hija ya es una mujer y aunque te debe respeto, son capaces de elegir su propio camino. Yo digo que ella ama a Sérgio y realmente quiere este matrimonio. Si se la quitas, Carolina sufrirá y será tu culpa. No tienes ninguna razón para evitar que este matrimonio se lleve a cabo.

Augusto Cezar palideció y poco después enrojeció. Habían pasado años desde que alguien le había hablado con tanta dureza, pero se controló. Su madre era anciana y no quería ofenderla.

Ernestina, ojos bajos, rezaba pensativa, aterrorizada. Odete se acercó a su hermano, le puso la mano en el brazo y le dijo con voz que intentaba serenarse:

- No te enfades, piensa que la vida te ha puesto en el camino de Carolina un futuro feliz. Si impides este matrimonio, ella se quedará muy dolida, sufrida. ¿Crees que vale la pena?

- Sé lo que es bueno para mi hija.

- Sérgio quiere hablar contigo. Es un joven de la mejor familia, educado. Te pido que hables con él, o escuches lo que tiene que decir antes de tomar una decisión precipitada - insistió Guillermina.

- Mi decisión no es precipitada, fue tomada desde que nació Carolina. No voy a cambiar el camino que le he trazado.

- Al menos acéptalo, háblale como a una persona civilizada - pidió Odete.

- Tengo ganas de no desempacar e irme hoy mismo.

Guillermina se levantó y, mirando a su hijo a los ojos, dijo con voz firme:

- Si haces eso, te juro que nunca te lo perdonaré. Cortaré mis relaciones contigo.

- ¿Qué es eso, mamá? No te emociones tanto. Te puede hacer daño – preguntó asustado.

- Jamás pensé en recibir una ofensa así de mi hijo. Si te vas y te llevas a tu familia, nunca más te dejaré volver a esta casa.

Guillermina estaba pálida y Augusto Cezar notó que estaba seria. Temiendo que se iba a enfermar, decidió contemporizar:

- Está bien. Nos quedaremos unos días.

- Nunca te pedí nada. Espero que, en respuesta a mi solicitud, al menos lo pienses amablemente.

Se quedó en silencio unos segundos y luego respondió:

- Está bien. Voy a pensar. Pero te aseguro que no pienso cambiar de opinión.

- Me siento cansada. Me voy a la cama - dijo Guillermina. Odete se apresuró a sostenerla y conducirla al dormitorio. Después que se fueron, Ernestina miró a su esposo sin coraje para no decir nada. Estaba pálida, le dolía el estómago y tenía un sabor amargo en la boca.

- Vamos al dormitorio - invitó Augusto Cezar.

Su rostro cambiado impidió que Ernestina hablara. Una vez en la habitación, luego de cerrar la puerta, Augusto Cezar dijo irritado:

- Tenía el presentimiento que tendríamos problemas, pero nunca imaginé que sería así. Permitieron que Carolina viviera allí, recibir al chico en esta casa sin mi permiso y todavía quieren que acepte este matrimonio y lo apruebe. Nunca haré eso.

- Tienes razón. Deberían haber consultado contigo antes de permitir esta relación.

- Ahora será más complicado separar a los dos una vez aprobados. Carolina pensará que estoy equivocado. La mujer enamorada tiene la cabeza vuelta. No razona. No me conformo. ¿Cómo podían permitir tal cosa?

- Estoy de acuerdo contigo.

- Esta historia puede no terminar ahí. Mamá sigue muy frágil por la muerte de papá.

- ¿Qué estás pensando en hacer?

- Aun no sé. Tal vez, para evitar que se enferme, necesito recibir a este joven, al menos para calmarla.

- De hecho, estaba muy nerviosa.

- Se enamoró del chico e imagina que es un buen partido para Carolina.

- ¿Crees que no?

- Cualquier chico educado y gentil impresionaría a las dos que viven leyendo novelas y revistas románticas. No puedo tomar su opinión en serio.

- En ese caso, será aun mejor si recibes al muchacho para mostrar buena voluntad y luego lo despides.

Augusto Cezar suspiró preocupado y respondió:

- ¡Qué tan lejos hemos llegado! Tal vez realmente debería.

✳ ✳ ✳

Apenas entraron al cuarto, Carolina cerró la puerta y Adalberto dijo:

- Quiero salir hoy a visitar algunas universidades y averiguar. Pero no conozco bien la ciudad.

- Ten calma. La abuela está hablando con papá y hablando de mi relación. Seguro que papá se enfadará. Tal vez se enoje conmigo y no nos deje salir solos.

- ¿Me ayudarás?

- Claro. Además seguro que tanto Sérgio como Mónica se van a poner a nuestra disposición, el problema es que papá no nos deja salir con ellos.

- Encontraremos una manera. Él no necesita saber - Carolina negó con la cabeza, preocupada:

- Ya sabes cómo es. Si lo piensas bien, puedes prohibirme salir. En cualquier caso, si eso pasa y no puedo ir, te llevarán.

- ¿Está seguro?

- Lo estoy. Mónica es muy buena amiga mía y así como me ayudó en la secundaria, ella te ayudará a conseguir lo que necesitas.

- ¿Cómo está tu novio?

A Carolina le brillaron los ojos y respondió:

- Inteligente, cariñoso, simpático y muy guapo - Adalberto se rio de buena gana:

- Sabía que ibas a decir algo así. Por el brillo de tus ojos, debes estar realmente enamorada.

- Amo a Sérgio. Desde que nos vimos, nos sentimos atraídos el uno por el otro.

- Nunca he estado realmente enamorado.

Siguieron charlando amistosamente. Adalberto contando su atracción por Ana María y su relación con Áurea.

- No tengo intimidad con Áurea, pero noto que es una chica inteligente, sabe lo que quiere, bonachona, pero algo retraída.

En ese momento llamaron a la puerta y llamó Ernestina:

- Soy yo, Carolina. Abre. Sigues pasando la llave en la puerta del dormitorio. ¿Para qué eso?

Carolina lo abrió apresuradamente antes de responder. Ernestina continuó:

- Tu padre quiere hablar contigo.

Los dos hermanos se miraron y Carolina preguntó:

-¿Ahora?

- Sí. Él está en el cuarto.

Carolina se apresuró a obedecer, tratando de controlar su ansiedad. Llamó suavemente a la puerta del dormitorio y su padre le dijo que pasara.

Augusto Cezar estaba sentado en un sillón y le señaló el otro para que ella se sentara. Al verla acomodada, indicó:

- Cuando te dejamos quedarte aquí, no imaginé que terminarías traicionando nuestra confianza.

Al contrario de lo que él esperaba, ella lo miró fijamente a los ojos y respondió:

- Nunca traiciono tu confianza, ni siquiera la de mamá. Mi comportamiento ha sido impecable.

Augusto Cezar no controló su ira:

- ¿Crees que salir en secreto, sin pedirme permiso, no fue una traición?

- Habría sido si hubiera hecho algo malo. Sérgio es el hermano de Mónica, una compañera de escuela que estuvo en mi clase a quien le debo un gran favor. Fue gracias a ella, que tuvo la paciencia de venir a estudiar conmigo aquí, que pude adaptarme a la nueva escuela y graduarme. En los primeros días yo estaba teniendo dificultades en clase. Las materias eran las mismas, pero el orden que tenían programado era muy diferente al de la escuela anterior.

- Reconozco que fue amable, pero el hermano, ¿qué tuviste que ver con eso?

- Ella vive al otro lado de la ciudad y él la llevaría y la recogería en la escuela. A la salida, los días que ella venía a estudiar aquí, nos traía a casa. Nos dejaría aquí y cuando termináramos Mónica llamaría y él vendría a buscarla.

- ¡Así que eso fue todo! Y con el beneplácito de tu abuela y tu tía.

- Les gustan mucho los dos. Son muy educados y nunca dieron razones para que se molestaran.

- Por supuesto. Todos los clientes de un lado al otro, tenía que llegar a eso.

- No hicimos nada malo. Mónica se sentó junto a él en el asiento delantero y yo en la parte de atrás, y condujimos directo a casa.

- ¿Iba a recogerlos en coche?

- Sí. Sérgio, además de ser de familia acomodada, es licenciado en ingeniería y obras.

Augusto Cezar se quedó en silencio por unos segundos, luego dijo:

- Tu abuela me dijo que este joven quiere casarse contigo. No entiendo cómo llegaron a este punto. Ni siquiera sabía acerca de estas citas. Sabes que no quiero que te cases antes de graduarte.

- Le dije eso. Pero Sérgio no quiere esperar tanto. Me garantiza que aun después de la boda seguiré estudiando, tomaré tantos cursos como quiera.

- Eso es lo que dice ahora. Pero sé que es imposible estudiar y cuidar de la familia. Por eso estoy en contra de este matrimonio. No puedo permitir que te cases tan joven. Y lo mejor que puedes decirle a este chico: el que realmente quiere casarse contigo debería volver cuando termines tus estudios. Entonces podemos ver esta posibilidad. Por supuesto que tengo mis requisitos para aceptarlo como mi yerno.

Carolina, a pesar de estar indignada por la actitud de su padre, no quiso irritarlo más.

- Quiere hablar contigo. Me gustaría que le dijeras lo que me dijiste personalmente.

- Si accedo a recibirlo, será para repetir lo que te digo ahora.

- Aun así, merece tu atención. Es un asunto de buena educación.

Augusto Cezar se mordió los labios nervioso porque ella había usado un argumento que él solía usar todo el tiempo.

- Está bien. Hablaré con él. Pero no cambiaré de opinión. No quiero que piense que soy ignorante. La gente de la capital suele decir que somos paletos porque vivimos en el campo.

- Lo llamaré para que venga mañana, a las cinco. ¿Está bien?

- Sí.

Carolina se fue a su habitación y Adalberto se acercó inmediatamente a ella. Entró, cerró la puerta y preguntó:

- ¿Y entonces? ¿Como están las cosas? - Carolina suspiró con tristeza:

- Insiste en que solo me case después de terminar la facultad.

- Ya es algo.

-Si tan solo nos permitieras continuar nuestro noviazgo durante estos años... Pero no quiere que nos encontremos durante todo este tiempo.

-¡Tanto es demasiado!

- Está de acuerdo en recibirlo. Pero solo para repetir lo que me dijo.

- A Sérgio no le gustará nada...

- Va a ser terrible. ¡Tendré que irme, alejarme, no lo soportaremos!

- Me gustaría ser optimista, decir que en la entrevista tiene la oportunidad de cambiar de opinión. Pero sabiendo como papi es terco, levantar falsas esperanzas será peor.

- Llamaré a Sérgio. Debe estar esperando ansiosamente noticias.

Llamó y fue él quien contestó. Carolina le contó todo y terminó:

- Estoy desolada. No creo que podamos tener ninguna esperanza. Mantendrá la opinión. Tal vez sea inútil que vengas. De esta manera te librarás de una molestia mayor.

- Nada de eso. Lo haré y lo podré degradar, ya verás. Puedes esperar, seré puntual.

Adalberto le dio un codazo a su hermana insistiendo en hablar con Sérgio.

Cuando se iba a despedir Carolina dijo:

- Mi hermano está a mi lado y quiere hablar contigo.

- Será un gusto.

Adalberto sostuvo el teléfono y dijo alegremente:

- Placer en hablar contigo. Espero que papá cambie de opinión.

- Gracias. Es bueno saber que estás de nuestro lado.

- Haré todo lo que pueda para ayudarlos. Desafortunadamente papá no escucha a nadie. Pero puedes contar conmigo.

Se despidieron y le pasó el teléfono a Carolina quien al notar que Sérgio seguía en la línea, dijo:

- Sérgio, me gustaría que Mónica te acompañara. Me gustaría presentarles a mi familia.

- Está bien. Lo haremos.

Se despidieron. Colgó el teléfono y se sentó en la cama pensativa. Tratando de desviar un poco la preocupación, Adalberto preguntó:

- ¿Cómo está Mónica?

El rostro de Carolina se suavizó y sus labios se abrieron en una sonrisa:

- Mi mejor amiga. Hermosa, inteligente, alegre y a pesar de ser una chica de familia rica, muy sencilla.

- Nunca tuviste grandes amigos en nuestra ciudad.

- Es verdad. Allí tengo algunos conocidos con los que hablo de vez en cuando, pero una amiga muy cercana, como Mónica, nunca la tuve.

- Realmente te gusta ella.

- Desde el primer día, cuando nos conocimos, sentimos florecer una buena amistad. Nunca tuvimos allanamientos, nada.

- ¿Conoces al resto de la familia?

- Sí. Con el padre hablé muy poco, pero es muy agradable; La madre, a pesar de ser educada conmigo, es muy esnob.

- ¿Cómo así?

- Hizo varias preguntas sobre nuestra familia, nuestro apellido, al punto que intervino Mónica. Creo que no le gusto porque no tenemos un gran nombre.

- ¡Si te casas, ella será tu suegra! ¿Eso no te asusta?

- De algún modo. Cuando quiero saber poner límites.

Noté que Sérgio sabe tratarla muy bien.

Los dos continuaron hablando y Adalberto trató de hablar de varios temas con la intención que Carolina se olvidara de sus problemas. Y también, porque lo que más deseaba era que su padre finalmente accediera a mudarse a la capital.

CAPÍTULO 16

A las cinco en punto sonó el timbre y Carolina fue a abrir. Entraron Sérgio y Mónica. Después de los saludos Carolina dijo:

- Mis padres están en la habitación con la abuela y la tía Odete -. Dudó un poco y continuó -. No sé si deberían haber venido. Papá está decidido a llevarme a casa. Me temo que será un encuentro desagradable.

- Al contrario - respondió Sérgio -. Somos personas educadas y nuestra conversación será buena.

- Cálmate, Carolina – intervino Mónica -. Pensemos en lo mejor.

- Así es - asintió Sérgio -, seguro que tu padre quiere tu felicidad y entenderá nuestro deseo.

Carolina suspiró y no respondió de inmediato. Ella estaba tratando de controlar su ansiedad cuando dijo:

- Me gustaría mucho que eso sucediera. Pero vamos a conocerlos.

Apenas entraron en la habitación, Odete se levantó y se acercó a ellos abrazándolos con ternura. Luego, tomó la mano de Mónica y la condujo hacia Guillermina, quien la besó suavemente. Sérgio y Carolina estaban atrás y luego para saludarla, mientras Odete le presentaba a Mónica a Ernestina y Augusto Cezar, Carolina, de la mano de Sérgio, esperaba que hablaran.

Augusto Cezar agradeció amablemente a Mónica por ayudar a Carolina con sus estudios. Posteriormente, Carolina le presentó a Sérgio a Ernestina, quien lo saludó ceremoniosamente.

Cuando Augusto Cezar miró a Sérgio a los ojos y Carolina los presentó, él no apartó la mirada, lo que lo irritó más. Sérgio le tendió la mano, que el padre de Carolina estrechó con firmeza.

Se sentaron todos y después del acto solemne Sérgio dijo serio:

- Doctor Augusto Cezar, vine hoy a tratar un tema que nos interesa mucho. Cuando descubrimos que nos amábamos, mi primer deseo fue buscarlo para pedirle permiso para salir. Pero Carolina no quería por miedo a que usted se enfadara.

Hizo una breve pausa y al notar que Augusto Cezar escuchaba con atención, continuó:

- Me dijo que le prohibiste tener citas antes de graduarse de la universidad. Sin embargo, tengo la esperanza que ustedes, conociéndome, conociendo a mi familia, que aprueban nuestro noviazgo, sabiendo que me he graduado y tengo buenas condiciones para mantener una familia podría replantearse este tema.

Sérgio se quedó en silencio y Augusto Cezar respondió serio:

- Me alegro que sepas lo que quiero para mi hija.

Esto facilitará lo que tengo que decirte.

- Primero quiero agregar que queremos casarnos dentro de un año, pero eso no impedirá que Carolina continúe sus estudios en la carrera que elija. Aunque ella no necesita trabajar después de la boda, como ya le dije, tengo condiciones para ofrecerle una vida cómoda,

Tampoco le impediré hacerlo si ella así lo desea para su realización profesional.

Augusto Cezar frunció el ceño, mirándolo con asombro:

- Prefiero que Carolina no trabaje. Ella nunca necesitó hacer eso y no está ahí. En mi opinión, la mujer fue hecha para el hogar, la familia, que ya representa su misión más importante.

- Estoy de acuerdo con usted. Pero hoy en día hay mujeres que, además de cuidar de la familia, les gusta hacer carrera. Solo quería poner que como mi esposa hará lo que desee. Es una chica inteligente, sabe pensar, le gusta estudiar y no quiero desmerecer su falta de conocimiento.

Augusto Cezar sacudió la cabeza negativamente y respondió:

- Después de la fiesta de graduación de Carolina, nos vamos a nuestra ciudad. Allí asistirá a la universidad. Citas para ella solo después que termine su educación. Antes, yo no autorizo esa relación.

Guillermina intervino:

- Pueden seguir saliendo y casarse después que ella se gradúe.

-Las citas largas no funcionan. Si para entonces todavía quieren casarse, no pondré impedimento, pero antes es imposible.

Durante toda la conversación, Ernestina mantuvo la mirada baja y de vez en cuando se retorcía las manos. Esa escena la puso muy nerviosa. ¿Cómo se atreven a contradecir a su marido? Él sabía lo que estaba haciendo.

Adalberto fijó sus ojos en ella irritado. ¿Cómo podía su madre ser tan pasiva? No tenía opinión, era como si no estuviera allí discutiendo el futuro de su única hija. Ella no pudo decir nada y su esposo ni siquiera se molestó en consultarla.

Carolina, haciendo acopio de valor, se levantó, miró a su padre y le dijo:

- Papá, amo a Sérgio y quiero casarme con él. No quiero esperar tanto para esto.

Augusto Cezar la miró como si estuviera diciendo algo completamente absurdo y respondió:

- ¿Cómo te atreves a enfrentarme? Soy tu padre y sé lo que es mejor para ti. Quiero que te cases cuando termines tus estudios y poder asumir la responsabilidad de una familia. Todavía eres una niña y no estás preparada.

- Tengo casi diecinueve años y estoy lo suficientemente madura para casarme. Mamá se casó contigo a los diecisiete años y se ha convertido en una excelente esposa y madre.

- Eso es después que le he enseñado cómo debe comportarse. Sé lo duros que fueron nuestros comienzos.

Ernestina levantó la vista y su rostro estaba ligeramente sonrojado. ¿Por qué Carolina había tenido la desafortunada idea de recordar ese detalle? Todos los ojos estaban fijos en ella, no dijo nada, solo asintió y bajó los ojos de nuevo.

Guillermina y Odete incluso intentaron convencerlo que cambiara de opinión, pero fue en vano. Finalmente, Augusto Cezar se puso de pie y dijo con voz firme:

- Nuestro tema está cerrado. Si realmente quieres casarte con Carolina, preséntate cuando esté a punto de graduarse de la universidad.

El ambiente era pesado, Mónica estaba avergonzada y Sérgio estaba pálido y muy nervioso. Temiendo que dijera algo que empeorara la situación, Guillermina se levantó diciendo:

- Pediré un café.

- No lo necesito, mamá. Se van - dijo Augusto Cezar.

- Un amigo nunca salía de mi casa antes de tomar un café - respondió irritada.

- No te preocupes por nosotros. Nos vamos - dijo Sérgio, tratando de contener su irritación.

Se levantó y dirigiéndose a Mónica continuó:

- Vamos.

Inmediatamente se levantó, abrazó a Guillermina, Odete, diciendo:

- No te preocupes. Hablamos otro día.

Sérgio se despidió de los dos abrazándolos, luego ambos inclinaron la cabeza en un ligero saludo a los padres de Carolina y se fueron. Ella los acompañó hasta la puerta consternada:

- Dije que sería inútil - Mónica la abrazó cariñosamente:

- Tenemos que encontrar una manera de cambiar eso.

Dos lágrimas rodaron por el rostro de Carolina. Sérgio la abrazó emocionado:

- Lucharemos por conseguir lo que queremos.

Se fueron después que Carolina prometiera llamar más tarde para hablar.

Regresó y fue directamente al dormitorio. Se sentía triste y desanimada. Odete se acercó a ella:

- Ese testarudo hermano mío nos volvió locos a las dos – dijo nada más al abrir la puerta.

- Sabía que no se movería. Estoy desconsolada por la forma grosera en que papá los trató a ambos.

Mientras tanto, en la sala, Guillermina no aguantaba:

-Nunca pensé que fueras tan malo. Sérgio es un chico con clase, deberías haber aparecido. Los despidió como si fueran malhechores.

- Quería cortar el mal de raíz. Iba a seguir hablando y yo estaba cansado. De hecho, ustedes tres se juntaron conmigo sabiendo que no me movería. No tuve más remedio que despedirlo.

- Estás en mi casa. Ellos son mis amigos. No tenías la autoridad para hacer eso.

- Tienes razón. Esto no pasará otra vez.

Llamó a Ernestina y se fueron al dormitorio a conversar. Apenas entraron, Ernestina dijo:

- No sé cómo tuvieron el coraje de actuar así contigo.

- Quieren que Carolina se quede aquí. Pero eso no sucederá. Mañana por la mañana volveremos a casa.

- ¿Qué pasa con la graduación?

- No asistiremos. Si nos quedamos aquí, ese joven va a insistir, va a ser mucho trabajo, mejor nos levantamos muy temprano y nos vamos. No le vamos a decir nada a nadie. Nos levantamos de madrugada, llamamos a Adalberto y Carolina, la ayudas a empacar, dejamos una carta y nos vamos.

- Estarán enojados.

- Lo harán. Además de permitir esta relación sin consultarme, todavía estaban en mi contra. Quien cuida de mi familia soy yo. No tienen nada que ver con eso. Sé lo que es mejor para Carolina.

- Carolina no querrá irse sin despedirse de ellos.

- Después de lo que hizo, no quiero hacerlo. Tendrá que obedecer.

- En ese caso, haré las maletas ahora. Mañana por la mañana ayudaré a Carolina.

Adalberto, en la sala, trató de calmar a la abuela:

- Ya debes saber que papá es terco, es mejor no contradecirlo. Así es como consigo lo que quiero con él.

- ¡Pero se llevará a Carolina!

- No vivimos tan lejos, Sérgio puede ir a verla de vez en cuando. Yo mismo podré ayudarlos a encontrarse.

[218]

Guillermina sonrió:

- ¿Tú harías eso?

- Claro. Me caía bien el chico, parece que le gusta Carolina.

- Son buenas personas. Sé lo que estoy diciendo. Tu padre impide que Carolina se case con un chico sabio, culto, rico y muy bueno. Y, como tú mismo notaste, que realmente ama a Carolina.

- Me encantaría que papá viniera a vivir a esta ciudad. Así estaríamos todos juntos. No tiene sentido que ustedes dos se mantengan alejadas de nosotros. Son nuestros únicos parientes. Deberíamos quedarnos cerca para vivir más juntos.

- Estoy cansado de decirle eso. Pero ya sabes cómo es tu padre - Ella suspiró con tristeza. Adalberto añadió:

- Sueño con venirme a vivir a la capital. Como le dije ayer a la tía Odete, aun en contra de su voluntad, estas vacaciones pienso buscar una universidad y venir a estudiar aquí.

- ¡Qué bueno, hijo mío! Haz eso. Tu padre luchará, pero tú ya eres un hombre. Sabes lo que quieres y tienes derecho a elegir tu propio camino.

- Es lo que voy a hacer, abuela.

- Podrías vivir aquí.

Guillermina empezó a hablar de las facultades de derecho de la ciudad y se entusiasmó.

Cuando se juntaron para cenar, los ojos de Carolina estaban rojos, era obvio que había estado llorando. Apenas tocó la comida. Los demás, recordando el desagradable encuentro de esa tarde y la tristeza de Carolina, evitaron tocar el tema.

A las once, Augusto Cezar y Ernestina dijeron estar cansados y se fueron a la cama. Guillermina y Odete, entristecidas por los hechos, también se retiraron, Carolina se fue a su cuarto y Adalberto la acompañó.

- Llamaré a Sérgio, averiguaré cómo está.

- Estaba muy nervioso.

Ella asintió y llamó. Sérgio respondió:

- Sabía que llamarías. Necesitamos conversar. No podemos aceptar lo que tu padre quiere.

- Yo también estoy muy triste. Pero lo es de todos modos. En cualquier caso, es mejor por ahora que no vuelvas a insistir. Esto lo incomodará aun más.

- No quiero estar lejos de ti. Pronto te llevará.

Adalberto preguntó:

- Déjame hablar con él.

Ella asintió y le entregó el teléfono:

- Sérgio, soy yo, Adalberto. No te desanimes. Cuando volvamos a casa, puedes ir a nuestra ciudad. ¡Los ayudaré a encontrarse si! Sin que papá lo sepa.

- Gracias. Sentí que podía contar contigo.

- Haré lo que pueda para que este matrimonio se lleve a cabo.

- Es lo que más quiero.

Adalberto le devolvió el teléfono a Carolina y siguieron hablando. Adalberto le hizo seña a su hermana que se iba a ir, ella lo saludó y se fue. Notó que todos ya se habían retirado y se detuvieron en la puerta de la habitación de su tía. Golpeado ligeramente.

Odete abrió la puerta. Adalberto le explicó que era temprano y quería salir a caminar, caminar un poco y ella le dio una copia de las llaves para que pudiera entrar cuando regresara.

Después de mirarse en el espejo y alisarse el cabello, se fue. Como faltaban diez minutos para las diez y las calles estaban casi desiertas, decidió simplemente conocer los alrededores.

A pesar de ser un barrio residencial, había comedores y un cine a dos cuadras de la casa y miraba los carteles de las películas que pasaban.

Un poco más tarde, las puertas del cine se abrieron y una multitud comenzó a salir, hablando, riendo. A Adalberto le gustó lo que vio. Algunas chicas, parejas, gente bien arreglada, guapa, alegre.

En su ciudad en ese momento no había nadie más en las calles Le gustaba el bullicio de la ciudad, ver gente, movimiento, luces.

- ¡Tengo que venir a vivir aquí! Resolveré esto.
Papá no podrá detenerme.

Regresó a casa listo para partir al día siguiente a buscar una universidad donde continuar sus estudios. Se acostó haciendo planes y tardó un rato en quedarse dormido.

Estaba profundamente dormido cuando alguien lo sacudió con fuerza. Se despertó aun aturdido y escuchó la voz de su padre que decía:

- Levántate, Adalberto, empaca tu maleta sin hacer ruido.

- ¡¿Papá?! ¿Qué pasó?

- Nos vamos ahora.

- ¿A pesar de que acabamos de llegar?

- No discutas. Levántate, lávate la cara y arréglate.
Salgamos antes que se despierten.

Como se resistía, Augusto Cezar le arrancó las cobijas obligándolo a levantarse.

- Papá, no quiero ir.

- No discutas. Prepárate. Vamos.

Arrastró a Adalberto al baño y lo obligó a lavarse la cara, que en realidad lo despertó, y entendió lo que estaba pasando.

Regresó a la habitación y mirando directamente a su padre dijo:

- Quiero quedarme un poco más. tengo dos meses de vacaciones, me prometiste que si pasaba el año me quedaría aquí todas las vacaciones.

- Eso fue antes de saber lo que estaba pasando aquí. Necesito llevar a Carolina de vuelta a casa. Si nos quedamos, esa muchacha hará de nuestras vidas un infierno con su insistencia. Yo no voy a ceder. Por eso quiero irme con Carolina antes que despierten.

- Puedes irte, pero yo no tengo nada que ver con esta relación y quiero tener las vacaciones que me prometiste. Estudié mucho, trabajé mucho, no es justo que me castiguen. Todos mis colegas de la universidad viajaron, están fuera de la ciudad.

Ernestina entró en la habitación diciendo:

- Está todo listo. Podemos irnos.

Augusto Cezar vaciló un poco y luego dijo:

- Está bien. Cumplo mi palabra. Puedes quedarte. Pero sé sensato. No hagas que me arrepienta de haber respondido a tu petición.

Adalberto abrazó a su padre diciendo:

- No te arrepentirás. Te lo prometo.

Se fue y Ernestina lo llevó a la habitación de Carolina, que lloraba en voz baja junto a su maleta.

- Hago esto por tu propio bien. Vamos.

A los pocos minutos se fueron tratando de no hacer ruido, metieron todo en el auto, Augusto Cezar abrió la puerta, subió al auto, lo puso en marcha, salieron despacio, evitando acelerar. Salió, cerró la puerta, volvió al auto y se fue.

Sentada en el asiento trasero, Carolina se dejó llevar, sintiéndose muy triste, dejando que las lágrimas rodaran libremente por su rostro.

A pesar de conocer el autoritarismo de su padre, nunca imaginó que él saldría de la casa de su madre en la oscuridad de la noche, sin siquiera permitirle abrazar a su abuela y a su tía, a quienes amaba mucho y estaba muy agradecida no solo por la forma en que la trataron durante su estancia allí, cómo la apoyaron entendiendo su amor por Sérgio y su amistad por Mónica.

Además, con ellas, Carolina sentía una gran afinidad, lo que no sucedía con su padre y, sobre todo, con su madre, una figura descolorida sin voluntad propia.

¿Qué pensaría Sérgio cuando supiera que ella se había ido sin despedirse de él? Su esperanza era que su abuela y Odete le explicaran la actitud de su padre.

Se avergonzaba del desaire con que Augusto Cezar había tratado a Mónica y Sérgio. Wanda, a pesar de no acceder al cortejo, siempre la había tratado cortésmente. ¿Qué diría si supiera de la actitud de tu padre?

Mientras Carolina vivía su drama interior, Augusto Cezar y Ernestina viajaban en paz. Estaba complacido de haber burlado a este aspirante a pretendiente de Carolina. Creía que con el tiempo Sérgio se daría por vencido, Carolina se olvidaría y todo saldría como él quería.

CAPÍTULO 17

Carolina, se despertó, abrió sus ojos y los cerró nuevamente desanimada. Había pasado un mes desde que regresaron a casa, pero ella seguía tan triste como el primer día.

Tan pronto como llegaron, Carolina trató de llamar a su tía y fue detenida por Augusto Cezar:

- Sé lo que pretendes hablar con tu tía. A partir de ahora, tienes prohibido utilizar este teléfono.

- Pero papá, solo quería agradecerles el cariño que me tuvieron y decirles cuánto los amo. No me parecía justo dejarlas sin ni siquiera despedirme.

- No es preciso. Ellas entenderán. Es bueno saber que no voy a dejar que ese tipo siga llamando para hablar contigo. Terminó. Trata de olvidarte de él y prepárate para ir a la universidad. Por ahora ni siquiera has decidido qué carrera quieres seguir.

- No quiero estudiar - Él la miró seriamente y respondió:

- Esto pasará porque no te permitiré dejar tus estudios.

Carolina frunció los labios y no respondió. En los días siguientes, notó que tanto Ernestina como Ruth la observaban cada vez que se acercaba al teléfono.

Por la noche, sola en su cuarto, Carolina seguía recordando su relación con Sérgio y sentía el pecho oprimido por la añoranza. Iba recordando los cuidados de su abuela, mujer delicada y cariñosa, los cuidados y consejos de Odete, sintiendo en ambas el deseo que ella fuera siempre feliz.

Con ellas Carolina quería vivir y tenía la intención de dejar la casa de su padre cuando cumpliera veintiún años. Entonces sería libre de elegir su propio camino.

Estaba segura que cuando saliera de casa, su abuela la recibiría con los brazos abiertos. La presencia del padre se había convertido intolerable, tenía la impresión que siempre estaba mirando sus pasos, y su madre había sido convertida en carcelera, lo que le impedía verla de forma agradable.

Augusto Cezar notó que su hija se sentía asqueada y trató de complacerla comprándole ropa, invitándola a paseos que ella desanimada se negaba. Notó su abatimiento y le comentó a Ernestina que pronto pasaría. El tiempo era una medicina sagrada.

Pero a medida que pasaban los días, Carolina sentía crecer su añoranza y tristeza.

Durante las comidas con sus padres, no hablaba, solo respondía las preguntas lacónicamente.

Un día, mirando el reloj, vio que eran más de las ocho, pero no tenía ganas de levantarse. Se volteó hacia un lado tratando de volver a dormir, pero Ernestina tocó insistentemente:

- Levántate, Carolina, rápido. Tu padre está desayunando y quiere que te sientes a la mesa con nosotros.

Al no responder, Ernestina insistió, quejándose que había metido la llave en la puerta.

- Si no lo abres, llamaré a tu padre. Vamos, abre.

Carolina suspiró resignada, se levantó y fue a abrir.

- ¿Dónde te has visto durmiendo hasta esta hora? Lávate la cara, date prisa, vístete, a tu padre no le gusta esperar.

Al notar que Carolina obedecía en silencio, comentó:

- No sé por qué haces ciertas cosas. En lugar de tratar de complacer a tu padre, que solo piensa en su bien, tienes esta cara de mal humor. A muchas chicas les gustaría ser amadas como él te ama a ti, y tú no lo aprecias.

Carolina ignoró las quejas y trató de arreglarse lo más rápido que pudo. Estaba cansada de la actitud servil de su madre y del despotismo de su padre. Resignada, bajó al café y Ernestina la acompañó.

El padre la miró y dijo:

- Buenos días, Carolina. Conoces nuestro horario de café. ¿Por qué hacernos esperar?

- Buen día. Tenía sueño y perdí la alarma. Perdón.

- Espero que eso no vuelva a suceder.

Carolina no respondió. Sirvió café con leche y Ernestina puso una rebanada de pan con mantequilla en su plato. Para evitar más conversaciones, tomó unos sorbos y comió un trozo de pan. Los dos parecían satisfechos, se sirvieron y comenzaron a comer.

Después, Augusto Cezar se fue a trabajar, Carolina se encerró en su cuarto a leer y Ernestina fue a la cocina a programar el almuerzo con Ruth. Debía revisar que todo estuviera en orden, porque Augusto Cezar se irritaría mucho si el almuerzo no se servía a la hora estipulada.

Sonó el teléfono y Ernestina se apresuró a contestar:

- Casa del Dr. Augusto César.

- Buenos días, doña Ernestina. Mi nombre es Áurea. Fui compañera de clase de Carolina en la secundaria y quiero hablar con ella.

- Por el momento ella no puede contestar. ¿Quieres dejar un mensaje?

- Bueno, me gustaría hacerle una visita esta tarde. ¿Es posible?

- No sé... si estará en casa.

- En ese caso, llamaré más tarde para averiguarlo. Gracias.

Colgó y Ernestina no supo qué hacer. Ella no conocía a esta chica. Cuando llegó su esposo, ella reportó la llamada telefónica y terminó:

- Va a llamar de nuevo y no sé qué contestar.

- Quédate conmigo. Voy a averiguar.

Cuando todos se sentaron a la mesa para almorzar, Augusto Cezar le preguntó a Ernestina:

- Cuéntale a Carolina sobre la llamada telefónica.

Ernestina contó y luego Augusto Cezar preguntó:

- ¿Conoces a esta Áurea?

- La conozco. Estudió en la misma clase que yo.

Augusto Cezar guardó silencio por unos segundos luego de lo cual preguntó:

- ¿Cómo era ella?

- Muy estudiosa. Se estaba preparando para estudiar psicología cuando terminó nuestro curso.

La expresión de su rostro se suavizó cuando sugirió:

- Sería bueno que la recibieras aquí en tu casa. Has estado muy sola, necesitas compañía joven. Es hora de pensar en tu carrera y el intercambio de ideas con ella puede ser de gran utilidad.

Carolina estuvo de acuerdo. Se llevaban bien, aunque no tenían intimidad. Desde que llegó no había salido de casa. Al menos sería una buena distracción.

- Cuando te llame puedes decirle que será un placer hablar con ella.

Ernestina miró a su esposo y vio que estaba feliz, finalmente las cosas en su casa comenzaban a mejorar, volver a la normalidad. Con el tiempo, Carolina se olvidaría y todo estaría bien.

Áurea llamó, Ernestina contestó y quedó en visitarlos a las tres. Luego llamó a Ruth y le dijo que hiciera un pastel para servir con un refrigerio.

El reloj estaba dando las tres campanadas cuando Áurea tocó el timbre de la casa de Carolina. Ruth fue a abrir, la condujo a la sala, le pidió que se sentara y fue a llamar a Carolina, quien bajó de inmediato. Las dos se abrazaron y Ernestina se acercó a saludarla, se quedó charlando unos minutos, luego salió de la habitación, dejándolas sentados una al lado de la otra en el sofá. Áurea se puso de pie, miró a su alrededor y luego dijo en voz baja:

- Necesito estar a solas contigo para hablar de Sérgio. Carolina se sobresaltó y su rostro enrojeció por la emoción y sorpresa. Asintió con la cabeza, pero dijo en voz alta:

- Estoy indecisa, aun no sé si voy a continuar mis estudios.

A lo que Áurea respondió:

- Reacciona. Es muy importante ir a la universidad. Ya me he matriculado y estoy muy emocionada.

- No sé si aprobaría el examen de ingreso...

- Estoy segura que sí. Estoy de vacaciones, mis clases no empiezan hasta febrero. Si quieres, puedo ayudarte a estudiar y aprobar el examen de ingreso.

- Me encantaría. Vamos a mi habitación, quiero mostrarte mis libros y cuadernos.

Ernestina, que había oído la conversación, apareció en la habitación sonriendo.

- Voy a mostrarle a Áurea mi material. Ella me ayudará a elegir una carrera y estudiar para el examen de ingreso.

- Vamos chicas. Cuando terminen, bajen a tomar un refrigerio.

Como un corazón saltando, Carolina tomó la mano de la tía

área y la condujo a su habitación. Entraron y ella cerró la puerta con llave. Se sentaron en la cama y Carolina no pudo contenerse:

- Cuéntamelo todo. ¿Conoces a Sérgio? ¿Como es posible?

Áurea abrió su cartera, sacó una carta y se la entregó diciendo:

- Léela, luego te explicaré cómo lo conocí.

Al sostener el sobre elegante con los dedos temblando de emoción, Carolina sintió su corazón latir. Abrió el sobre mientras Áurea se movía discretamente a un rincón de la habitación, jugueteando con un álbum de fotos que estaba en la mesa del estudio.

Carolina lo abrió y leyó:

"Mi amada Carolina. No puedo aceptar lo que nos pasó y quiero asegurarte que te quiero mucho. Estoy seguro que algún día nos casaremos y seremos felices. Hasta que llegue ese momento, te pido que no te rindas. Sigamos luchando por conquistar nuestra felicidad.

Puedes imaginar cómo me sentí cuando escuché que te habías ido de esa manera. Tu abuela y tu tía trataron de calmarme, ya que yo quería viajar a tu ciudad a continuación y tratar de convencer a tu familia para que aceptara nuestro matrimonio. Me dijeron que empeoraría y Adalberto, que ha demostrado ser mi amigo, finalmente me convenció que lo mejor sería esperar un tiempo, para que sus padres se sintieran seguros creyendo que habían logrado separarnos. Mientras tanto, saldremos en secreto y planearemos nuestro futuro.

Tu hermano me presentó a su novia, Áurea, que estaba en São Paulo matriculándose en la facultad, y quien, tras ser informada de lo que nos pasaba, se ofreció a ayudarnos, ya que volvería a su ciudad a esperar el comienzo de las clases.

Muchas veces traté de llamarte, no pude alcanzarte. Seguramente estaban mirando el teléfono. Esta fue la forma que encontré para comunicarme, pero lo que me gustaría de verdad es estar a tu lado, poder abrazarte, besarte como hacíamos, sentir tu perfume.

He estado pensando mucho. Dos veces en su sueño, fui a tu habitación. Estoy seguro que he estado allí. Pero no te encontré. Debes haber dejado tu cuerpo y no pude verte. Pensé que si te acostabas todas las noches a las veintidós horas y pensabas en mí, tal vez podríamos encontrarnos en el astral y matar nuestra añoranza.

¿Probamos? Un beso como este que tanto te gusta, Sérgio."

Carolina apretó la carta contra su pecho y luego besó la firma varias veces. Se levantó y abrazó cariñosamente a Áurea:

- No sé cómo agradecerte que me hayas traído esta carta. Estaba desesperada, sin noticias, asqueada por no haberme despedido siquiera de nadie.

- Fue muy cruel lo que te hicieron. Estoy de tu lado y haré todo lo posible para ayudarte hasta que logres lo que deseas.

Carolina tomó la mano de su amiga y volvieron a sentarse en la cama:

- Nunca pude imaginar que estuvieras saliendo con mi hermano. Ahora entiendo por qué decidió estudiar en São Paulo.

- Mónica y Sérgio se ofrecieron a ayudarlo a conseguir un trabajo, pero no creo que yo haya sido la causa de ese cambio. Tu hermano siempre soñó con vivir en la capital.

- Adalberto está cambiado, nuestra relación ha mejorado mucho. Dejó de molestarme todo el tiempo, se volvió más maduro. Imagino que vivir contigo lo ha beneficiado.

- En realidad, hemos estado saliendo por un tiempo. Al principio, aparecía cuando salía de la escuela y me acompañaba a casa.

- Lo vi varias veces allí.

Áurea vaciló un poco y luego dijo:

- Siempre me atrajo, pero al mismo tiempo sentía que no se tomaba la vida en serio. Tengo miedo de salir lastimada en esta relación. Sé lo que quiero en la vida y no quería renunciar a mis proyectos personales por culpa de un novio que ni siquiera sentía que me interesara tanto.

Carolina la miró asombrada:

- Cualquier otro estaría feliz de renunciar a todo por un amor.

- No yo. Me gusta sentirme libre, dueña de mis pasos. Me gusta, pero por mi parte, solo sacaré adelante nuestra relación si respeta mi espacio.

Carolina suspiró pensativa. Pensó en su madre, siempre pasiva, sin voluntad ni opinión. Entonces respondió:

- Tienes razón, lo que admiro de Sérgio es su respeto que tiene por mi forma de ser. Él piensa lo contrario de mi padre. Ya dije que después de nuestro matrimonio haré lo que quiera. Tendré todo su apoyo para estudiar lo que quiera e incluso tener una carrera.

- Adalberto no estuvo muy de acuerdo cuando le dije que tenía la intención de estudiar en la capital. Hizo todo lo posible para que me rindiera. Pero luego decidió ir también. Si hubiera accedido ya no me respetaría, pronto querría otra cosa y al rato yo estaría como...

Ella no continuó. Carolina sonrió y agregó:

- Como mi madre. Se puede decir. Sé que ella es así.

- Lo siento, Carolina, y eso que Adalberto siempre se queja. Al ver que tu madre acepta todo lo del Dr. Augusto Cezar, se pone muy nervioso.

- Infelizmente es verdad. Mamá vive solo para él, solo hace lo que él quiere y no tiene opinión. Y todavía se pone muy nerviosa cuando no estamos de acuerdo. Esto se vuelve más claro cada día.

- Sérgio está esperando una respuesta. Escribe una carta y la enviaré por correo.

Carolina le dio a su amiga un cálido beso en la mejilla.

- Lo haré ahora mismo. No tengo un papel hermoso como el suyo.

- No importa, lo que quiere es saber de ti. Miedo a que con el paso del tiempo te olvides de él.

- Eso no va a pasar. Escribiré ahora mismo.

Mientras Carolina buscaba un bloc y escribía, Áurea tomó un libro que estaba en la mesita de noche y comenzó a leer. Después de escribir varias páginas, Carolina lo dobló cuidadosamente, lo metió en el sobre y se lo entregó a Áurea, quien rápidamente lo guardó en su bolso.

- Cuando dije que podía ayudarla a estudiar para el examen de ingreso, lo dije en serio. A pesar de la situación por la que estás pasando, debes pensar en tu futuro. Sérgio es un joven educado, de una familia importante y debes continuar tus estudios sin desanimarte.

- Estaba tan enojada con mi padre que quería hacer exactamente lo contrario de lo que él quiere y dejar de estudiar.

- Si haces eso, te estarás castigando a ti misma. Con el tiempo te sentirás mal. Creo que estudiar abre muchas puertas en nuestra vida. No debes perder esta oportunidad.

Carolina se acordó de la mamá de Sérgio y respondió:

- Tienes razón. Seguiré estudiando. Pero todavía no he decidido qué hacer.

- Tengo material que te puede ayudar a elegir una carrera. Puedo traerlo y podemos intercambiar ideas.

- Ojalá pudiera ir a tu casa, pero no sé si mi padre lo consentirá. Aquí vigilan hasta el teléfono. Si me voy...

- Por ahora vendré. Con el tiempo acabarán poniéndote más fácil y podrás ir.

Eran más de las cinco cuando bajaron y la mesa ya estaba puesta en la despensa para el almuerzo. Se sentaron hablando del material que traería Áurea, donde había estudios de varias carreras. Ernestina, satisfecha, aunque trató de ocultarlo, estuvo de acuerdo con todo.

Áurea se despidió y debía regresar a la tarde siguiente para que Carolina eligiera el curso que le gustaría seguir.

Apenas llegó a casa, Áurea llamó a Adalberto.

Después de los saludos dijo:

- Acabo de llegar de tu casa. Hablé con Carolina.

-¿Y entonces?

- Salió todo bien. Entregué la carta y nadie sospechó.

- ¿Estás segura?

- Lo estoy. Como acordamos, frente a tu madre insistimos en que Carolina siguiera estudiando, me ofrecí a ayudarla a elegir una carrera. A tu madre le encantó. Con esa excusa, incluso accedió a que habláramos en el dormitorio.

- ¿No dije que funcionaría? ¡Lo sabía!

- Carolina se emocionó mucho con la carta. Hablamos mucho. Dile a Sérgio que ella respondió y ya mandé la carta al correo. Él puede responder y enviarla a mi casa. ¿Tienes las direcciones?

- Tengo. ¿Y cómo están las cosas en casa?

- Carolina está prácticamente encerrada. Prohibida de salir sola e incluso de hablar con las amigas. No contesta el teléfono y solo sale con sus padres.

- Fue lo que pensé. Tenemos que hacer algo para mejorar esto.

- No será fácil por ahora. Pero permitieron mis visitas con miras a preparar a Carolina para pasar el examen de admisión.

- Fue difícil sujetar a Sérgio. Todavía insiste en ir allí. Con la posibilidad que se corresponda con Carolina espero que tenga paciencia para esperar. Yo creo que cuando mi padre se da cuenta que ya no la buscaba, terminará creyendo que se dio por vencido. Luego, poco a poco, la vigilancia se relajará.

- Es aun mejor si él no aparece aquí. A la luz de lo que he visto, estoy seguro que tu padre no cederá y, lo que es peor, Carolina seguirá recluida y sufrirá aun más.

- Te extraño. Cada día que pasa te admiro más. Tu ayuda ha sido invaluable.

- Estoy feliz de cooperar. No acepto actitudes como las que tienen tus padres. Además Carolina se lo merece.

- ¿Solo Carolina? ¿Y yo? Pensé que la estabas ayudando por mi culpa.

- Todavía estás convencido. Tengo mis principios y en ellos baso mi comportamiento.

- Siento que no te gusto tanto como tú me gustas.

Ella rio con buen humor y luego dijo:

- Pongo mis sentimientos primero y por eso elijo mi camino.

- ¿No te gusto ni un poco?

- Si no lo hiciera, no estaría saliendo contigo.

- Por fin te confesaste.

- No te sientas tan halagado. Todavía no nos conocemos lo suficiente y no sabemos si seguiremos saliendo con el tiempo.

- Por mí sí.

- Vamos a ver. No olvides hablar con Sérgio tan pronto como cuelgues. Debe estar angustiado.

- Tú mandas, yo obedezco. Llamaré esta noche para hablar un poco más. Un beso grande.

- Otro. Hasta la noche.

Colgó y luego se sentó pensativa. Adalberto le gustaba desde que tenía diez años. Al darse cuenta que él nunca había mostrado interés, Áurea trató de guardar ese amor para ella.

Observándolo discretamente, notó sus debilidades, siempre queriendo parecer irresistible frente a las chicas e incluso a sus amigos, sin tomarse nada en serio. Áurea encontraba natural esta inseguridad, pero aunque también era muy joven, tenía dentro de sí lo que quería para su futuro y ya se había resignado a amarlo de lejos, sin esperar nada de él.

Cuando él empezó a buscarla, ella estaba encantada, pero no quería convertirse en otra más con la que salía unas cuantas veces y luego, como hacía con otras, las abandonaba.

Aunque él se había interesado más cuando se conocieron en São Paulo, ella no confiaba en que estuviera realmente enamorado. Él era un joven de vacaciones en la capital, deslumbrado por la gran ciudad y ella, a pesar de disfrutar estar con él, seguía manteniendo sus reservas, ocultando sus verdaderos sentimientos.

Por supuesto que le gustaría que esta relación se profundizara, pero de su parte eso solo sucedería si sintiera que él estaba siendo sincero.

Aun así, se sentía feliz con su vida y apenada por la situación de Carolina. Haría todo lo posible para ayudar a la pareja con la esperanza que su matrimonio se llevara a cabo.

CAPÍTULO 18

Después que Áurea se fue, Carolina releyó varias veces la carta de Sérgio. Su madre tocaba la puerta llamándola a cenar. Carolina no tenía hambre, pero decidió obedecer para no provocar la ira de su padre como ella lo había hecho muchas veces desde que regresó de la capital.

Al verla sentarse a la mesa, Augusto Cezar la miró con alivio. Deseaba cenar en paz. Carolina, cuando estaba al lado de sus padres, no hablaba, solo respondía las preguntas que le dirigían de forma lacónica.

Pero esa noche su rostro estaba más sonrojado por la alegría de la carta y no quería que su padre sospechara nada. Por eso, en cuanto Augusto Cezar le preguntó si realmente Áurea era su amiga, respondió de buena gana:

- No amiga cercana, pero estudió en la misma aula que yo y siempre nos llevamos bien.

- Parece ser una buena chica - comentó continuando:

- ¿Ya fue a la universidad?

- Irá. Va a hacer psicología.

- En nuestra ciudad no existe tal curso.

- Su padre tiene una hermana que vive en São Paulo y ella se matriculó allí. Las clases comenzarán en casi dos meses.

Ernestina, que había permanecido en silencio, intervino:

- Ella tiene un libro que ayuda a elegir una carrera. Habla de varios de ellos. Va a traerlos para que Carolina los lea.

- Es eso lo que necesita. Puedo ayudarte a elegir.

- Primero quiero leer sobre cada una de las profesiones y sentir cuál es mi vocación.

- Tendrás que elegir entre lo que tenemos en la ciudad. No sirve de nada buscar en la capital. No puedes ir.

Carolina no contestó y él no insistió. No quería pelear con ella, que estaba demostrando ser más sensata.

Apenas terminaron de comer, Carolina volvió a su habitación, cerró la puerta con llave y volvió a leer la carta de Sérgio.

Se estiró en la cama extrañando mucho a su novio. Recordó los momentos que habían disfrutado juntos, los besos y los planes de boda que habían hecho. Inmersa en sus recuerdos, se durmió.

Se vio fuera de su cuerpo aun en su habitación y no pudo contener un grito de alegría. Marcos estaba frente a ella, con los brazos extendidos y Carolina se zambullía en ellos con emoción:

-¡Sérgio! Eres un poco diferente, como Marcos, pero sé que eres Sérgio, el amor de mi vida.

La besó con ternura y luego dijo:

- Soy yo sí. Y que cuando dejo el cuerpo, vuelvo a la figura que tenía antes de reencarnar y el mismo nombre en ese momento. No te acuerdas, pero nuestro amor se remonta a muchos años. Pero nunca pudimos realizar nuestros sueños de estar unidos para siempre.

-¿Por qué?

- Es una historia larga y apasionante que algún día aun recordarás.

- Quiero saber. Me dirás.

[237]

- Apuraría tu proceso, desequilibraría tu emotividad y eso retrasaría aun más nuestro deseo.

- ¿Que puedo hacer para ayudar?

- Aprovechemos el momento. Ya no podía soportar el anhelo. Durante ese tiempo he venido aquí varias veces para verte, pero nunca te has fijado en mí. Hoy estabas pensando en mí, lo que facilitó nuestro encuentro. Vamos, vamos a dar un paseo.

Sérgio tomó su mano y le pasó el brazo por la cintura.

- ¿Vamos a ese jardín donde ya me llevaste?

- Sí. Fue en esa dimensión que viví antes de volver al cuerpo.

Carolina suspiró embelesada y ambos cruzaron el muro y caminaron de un lado a otro, sintiendo que sus pechos se expandían de placer, viendo las luces de la ciudad dormida abajo. Poco tiempo después llegaron al jardín y se detuvieron ante la gran puerta.

Él dijo:

- Marcos.

La puerta se abrió y pasaron.

- No me acordaba de este portón - comentó Carolina.

- Cuando vinimos aquí antes, estabas menos consciente que hoy. Pero ahí está la banca donde nos sentamos.

- ¿Nos sentamos allí de nuevo?

- No tenemos mucho tiempo. Me gustaría llevarte con un amigo que nos puede ayudar mucho.

- En ese caso, vamos.

Caminaron de la mano por el magnífico jardín, sintiendo el delicado perfume de las flores que, coloridas, formaban una alfombra encantadora, con sus variados matices y delicados pétalos.

- ¡Qué hermosas! - Comentó Carolina extasiada -. Ojalá pudiera quedarme aquí contigo para siempre.

- A mí también me gustaría, pero si lo hiciéramos, tardaríamos mucho más en superar lo que nos separa.

- ¿Te refieres a mi padre?

- Me refiero a las razones que nos separaron y que debemos superar.

- ¿Qué tenemos que hacer para eso?

- Aprender a desarrollar nuestro potencial natural dentro de las leyes de la espiritualidad y conquistar lo que queremos.

Al tomar una curva, Carolina se encontró frente a un edificio de varios pisos, iluminado y por donde circulaba mucha gente.

- ¡Que bonito! - Exclamó Carolina.

Admirada notó que las personas no eran las mismas. Es decir, además de la apariencia de varias edades, no vestían igual. Algunos iban acompañados de personas que tenían un largo cordón plateado alrededor de la nuca del que ella no podía ver el final.

Al notar su extrañeza, Sérgio explicó:

- Las personas que tienen el cordón de plata todavía están encarnadas en la Tierra.

Carolina inmediatamente se llevó la mano a la nuca y Sérgio sonrió feliz:

- Sí, tú también tienes uno. Y tu conexión con el cuerpo de carne que se ha dormido en tu cama. Si sucede algo allí, cerca de tu cuerpo, se te llamará en unos segundos.

- Veo que tú también lo tienes.

- Señal que mi cuerpo sigue vivo. Ese cordón solo se rompe con la muerte y luego no hay vuelta atrás.

Estaban en un vestíbulo donde había un movimiento intenso, lo que hizo que Carolina preguntara:

- ¿No duermen aquí?

- Todos duermen, pero trabajar con los encarnados de noche es más fácil, aprovechamos el momento en que salen del cuerpo.

Iban caminando por un pasillo y Sérgio se detuvo frente a una puerta que se cerraba levemente.

Los recibió una señora alta, delgada, elegante, con un vestido color crema que resaltaba el color claro de su delicada piel y su cabello rubio, recogido en un moño en la nuca. Parecía tener unos sesenta años, pero no había ninguna arruga en su rostro. Era de una belleza serena y delicada.

-¡Marcos! Que bueno verte.

La abrazó, la besó suavemente en la mejilla, luego dijo:

- Esta es Carolina.

- Mi nombre es Marcia - dijo abrazando a Carolina con amabilidad.

Carolina no ocultó su emoción. Con dificultad, trató de controlarse. La presencia de aquella mujer provocó en ella un fuerte sentimiento de ternura.

- ¿No la conozco de algún lado?

-Tal vez. Pero entremos. Es un placer darte la bienvenida aquí.

- No tenemos mucho tiempo. Venimos a darte un abrazo.

- Gracias. He estado pensando mucho en ti estos días. Sé que los acontecimientos se precipitan hacia adelante.

- Lo sentí, y casi no puedo controlarme.

- Confía, mantente firme en el bien y todo seguirá mejor.

Marcos suspiró:

- He estado haciendo un esfuerzo.

- Los encuentros entre los dos aliviarán la ansiedad y permitirán encontrar la mejor solución.

Carolina los miró sin saber qué decir. Sabía que estaban hablando del futuro y de las metas que querían alcanzar, pero sus sentimientos estaban mezclados, haciéndola tímida frente a esa mujer.

Marcia se acercó a ella, pasándose suavemente la mano por el cabello en un gesto de cariño:

- Me alegro que hayas venido a verme. Calma tu corazón. Estoy de tu lado y haré todo por ti para lograr lo que deseas.

- ¿Nos ayudarías?

Marcia fijó sus ojos en los de ella y respondió con voz tranquila:

- Alguna vez. Pero por mucho que quiera que superes las dificultades y alcances la felicidad, no puedo hacer esa parte que les quede bien. Eres tú quien necesita aprender y encontrar el camino.

- ¿Qué debo hacer, cuál es mi parte? – Dijo Carolina.

Marcia sonrió levemente y dijo:

- En la vida surgen acontecimientos y hay que tomar decisiones, hacer elecciones. Los resultados dependen de ellos.

- Estoy listo para esforzarme por dar lo mejor de mí.

Sérgio escuchaba en silencio y había un brillo en sus ojos.

Marcia los miró a los dos y respondió con voz firme:

- Pase lo que pase, mantén esa disposición.

Luego, tomó la mano de Carolina, la unió a la de Marcos y continuó:

- Estaré vibrando por ti.

- Gracias por el apoyo - respondió Marcos con emoción.

- Ahora, es hora de irse.

Marcia los abrazó, besando suavemente sus mejillas. Carolina tocó, en un impulso, tomó su mano, llevándosela a los labios con amor.

Un destello de emoción pasó por los ojos de Marcia quien correspondió colocando sus labios en la frente de Marcia con afecto.

- Ve con Dios - susurró.

Marcos sacó a Carolina de la habitación y ella lo abrazó; o recostó su cabeza en su pecho.

Así, juntos, caminaron lentamente por el pasillo mientras unas lágrimas brotaban de los ojos de Carolina.

En silencio, Marcos la condujo al jardín y la llevó al banco que ella ya conocía. Se sentaron y esperó a que hablara Carolina. Sabía lo conmovida que estaba por ese encuentro.

Después de unos minutos ella dijo:

- Ya conocía a esta mujer. Su presencia me hizo un bien infinito, pero al mismo tiempo me provocó cierta inquietud. Debes saber por qué. Me gustaría que me lo digas.

- Es verdad. Marcia fue muy importante en tu vida en otros tiempos. Ella te quiere mucho. Piénsalo y deja que ese amor ilumine tu corazón. Ahora, mira a tu alrededor, mira lo reconfortante que es este lugar. Nuestra visita tuvo el objetivo de hacernos felices, de saber que aunque todos quieran separarnos, podremos encontrarnos y vivir estos momentos. ¿No crees que somos unos privilegiados?

- Tienes razón. No voy a insistir en querer descubrir el pasado.

- Es más importante disfrutar de estos momentos.

Marcos la besó en los labios con amor y se abrazaron, sintiendo sus corazones latir con fuerza. La alegría de estar juntos borró todo el sufrimiento causado por la separación.

-Dentro de una hora amanecerá. Tenemos que irnos.
Carolina suspiró:

- ¡Qué pena!

- No te arrepientas. Seguirán otros encuentros.

- Me gustaría encontrarte todas las noches.

- No puedo prometerlo. Tengo que apegarme a la disciplina.
Pero siempre que tenga permiso, lo haré.

- ¿Tienes que pedir permiso? ¿De quién?

- Desde el núcleo en el que vivo cuando estoy fuera de mi
cuerpo y donde brindo servicios como voluntario para ayudar a las
personas necesitadas.

- ¿Todas las personas encarnadas están conectadas a un
lugar en el astral?

- Sí, aunque la mayoría lo ignora. Muchos siguen atrapados
en la inmediatez del mundo, inmersos en sus ilusiones, incapaces
de percibir la realidad.

- ¿Por qué los espíritus iluminados no te muestran la verdad?

- Porque saben que el desarrollo interior solo ocurre en el
momento adecuado, a medida que la persona madura.
Entiende, el progreso es una conquista personal, lograda a través
del esfuerzo propio.

- Así que es difícil ayudar.

- Efectivamente, ayudar no es fácil. Pero inspiramos
pensamientos honestos, impartimos energía renovadora,
sugerimos actitudes elevadas.

- Si la persona está desesperada, no funcionará.

Marcos sonrió y respondió:

- En determinados casos utilizamos la terapia del sueño.

- ¿Cómo así?

[243]

- Disponemos de varios recursos para que una persona se duerma. Uno de ellos la saca de su cuerpo y la lleva a un lugar donde puede relajarse. Casi siempre funciona.

- Me gustaría aprender a hacer lo que haces.

- Toma su tiempo. La hora había llegado. Es hora de volver.

Carolina respiró hondo, miró a su alrededor tratando de grabar esa escena, luego dijo:

- Entonces, vamos.

Abrazados, abandonaron el lugar tomando el camino de regreso. Cuando llegaron a la casa de Carolina, comenzaba a clarear.

Marcos la acompañó al dormitorio.

- Estoy muy contenta que hayas venido. ¿Cuándo podremos volver a vernos?

- No lo sé todavía. Pero vendré lo más rápido que pueda.

- Estaré deseando que llegue.

Marcos tomó su mano diciendo con cariño:

- Nuestros encuentros están destinados a hacernos bien, alegrarnos, ayudarnos a superar nuestros obstáculos. Si los conviertes en un motivo de ansiedad, no podré estar aquí todo el tiempo que me gustaría.

Carolina lo miró sorprendida:

- ¿Por qué?

- Porque el bienestar que sentimos en estos viajes puede hacernos olvidar nuestras responsabilidades del día a día. Nos encarnamos para experimentar la vida en el mundo, esa es nuestra necesidad ahora. Por eso, mira nuestras reuniones con naturalidad y al despertar trata de integrarte más en tus obligaciones, dedicándote a las tareas que el momento requiere.

- ¡Pero te extrañaré! No puedes olvidar nuestra cita.

- Yo también te extrañaré, recordaré con gusto los momentos que estamos viviendo. Pero durante el día, trataré de hacer bien mis citas. Recuerda que estos tiempos están destinados a traer alegría a nuestros corazones.

- Entendí. Haré todo lo que me pidas.

- Me temo que si nuestras reuniones perturban tu vida, ya no obtendré permiso para venir.

- No daré razones para eso.

Marcos la besó suavemente en los labios y luego dijo:

- Siento que hoy dimos un paso importante hacia el logro de nuestro objetivo. Pase lo que pase, recuerda que te quiero mucho.

- Yo también te amo.

Intercambiaron unos cuantos besos más, luego él la acomodó sobre su cuerpo dormido y esperó unos instantes.

Carolina suspiró, se dio la vuelta y se quedó dormida.

Marcos sonrió, le acarició la frente con cariño y se fue.

Horas más tarde, Carolina se despertó con unos golpes en la puerta de su dormitorio. Miró a su alrededor tratando de entender dónde estaba y se dio cuenta cuando escuchó la voz de Ernestina quejándose afuera:

- Carolina, ya te dije que no cierres la puerta del dormitorio. ¿Por qué hace eso?

Se levantó rápidamente y fue a abrir:

- Lo siento, fue accidental.

- Trata de bajar. Son las siete y media y tu padre ya ha bajado a desayunar. Ya sabes cómo se irrita cuando no cumplimos con el horario.

- Está bien. No tardo.

Carolina se sintió feliz y ligera como una pluma. Quería cantar, jugar, reír. En unos segundos se cepilló los dientes, se lavó, se vistió y bajó al café.

Recordaba perfectamente el encuentro con Sérgio y todo lo que hablaron. Bajó las escaleras y Augusto Cezar ya estaba sentado en la mesa de café.

- Buenos días, papá - dijo Carolina.

- Buen día. Ven, Ernestina, desayunemos todos juntos.

Ernestina apareció triunfante con un plato de torta que colocó sobre la mesa.

- Y ese pastel fuba que te gusta. Lo hice yo misma.

- Parece bueno, a ver si está como los demás.

Augusto Cezar se sirvió una tajada generosa y comentó:

- Está suave.

- Pegó muy bien - respondió Ernestina con satisfacción.

Carolina se sirvió café con leche, una rebanada de pan y mientras untaba con mantequilla recordaba los momentos que vivió con Sérgio y sus labios se abrieron en un suspiro feliz.

- ¿No vas a comer pastel? - Preguntó Ernestina.

- Ahora no. Lo como más tarde.

- Deberías. Está muy bueno - comentó Augusto Cezar.

- Ahora no tengo mucha hambre.

Él la miró seriamente. Carolina le pareció diferente esa mañana. Pero ella se veía bien y él no dijo nada más.

- Llamaré a Adalberto. Es hora que él regrese.

- Aun faltan dos semanas para que comiencen las clases - comentó Carolina.

- Pero necesita prepararse para comenzar sus estudios nuevamente.

Ella no dijo nada más. Áurea había accedido a ir a su casa ese día, con el pretexto de ayudarla a elegir una carrera. Ella le contaría cómo iban las cosas con Adalberto. Esperaba que en realidad pudiera estudiar en la capital. Pero al mismo tiempo se preguntó qué haría su padre cuando se enterara.

Cuando su padre se levantó de la mesa, Carolina hizo lo mismo.

- ¿Tú dónde vas? - Preguntó Ernestina.

- A mi cuarto.

- ¿De nuevo? ¿Por qué no encuentras algo útil que hacer? Ese bordado que empezó hace más de un año sigue sin terminar.

- No me gusta bordar. Voy a estudiar. Necesito prepararme para el examen de ingreso.

Ernestina asintió con la cabeza. Feliz, la hija era más sensata y no creaba problemas con su padre. Pronto Adalberto estaría de vuelta y todo volvería a la normalidad.

Ernestina no sabía por qué, pero cada vez que pensaba en Adalberto se le oprimía el pecho y sentía una sensación desagradable ¿Qué hacía él en São Paulo?

Era mejor no preocuparse. Augusto Cezar le devolvería la llamada, pronto estaría en casa y ella ya no tendría por qué estar molesta.

Ernestina lo que quería era vivir en paz y para ella la paz era cuando ninguno de los hijos contradecía a su padre. Cada vez que eso sucedía, entraba en pánico. Mi cabeza se sentía mareada, su estómago se revolvía y un fuerte malestar.

No podía esperar a que el hijo se graduara y comenzara a trabajar en la empresa junto a su padre. Sabía que esa era la voluntad de su marido y nunca se le pasó por la cabeza que nadie se imaginaría que no lo haría.

Trató de expulsar el miedo de su corazón y fue a la cocina a ver lo que tendrían para el almuerzo.

CAPÍTULO 19

Sentada en su habitación, Carolina tenía los ojos en un punto distante, sin leer el libro abierto que tenía en sus manos. Hacía quince días que no estaba al lado de Sérgio en un sueño, ya pesar que había esperado todas las noches a que él la encontrara de nuevo, él no había venido.

Unos golpes en la puerta la sacaron de su ensimismamiento y se levantó para abrir. Áurea la abrazó cariñosamente y entró:

- Tu madre me dejó subir - explicó.

Desde que la visitó por primera vez, Áurea había asistido todas las tardes, tomándose en serio el hecho de ayudarla a pensar en sus estudios y decidir una carrera.

Carolina cerró la puerta y dijo feliz:

- Te esperaba con ansias. ¿Alguna noticia de Sérgio?

- Ayer me llamó. Dijo que te extraña a ti y te mandó muchos besos.

Carolina sacudió la cabeza y protestó:

- Dice eso, pero no vino a buscarme de nuevo, como aquella noche.

- Lo que pasó fue una reunión especial. Quizá no sea fácil repetirlo.

- Dijo que vendría, pero que para venir necesitaba permiso del grupo espiritual al que está conectado.

- Siempre me gustó estudiar este tema. Creo que tenemos mucho más poder del que pensamos. He leído sobre personas que se dedican a desarrollar su sexto sentido, y la investigación es asombrosa.

- Me gustaría tener el poder de ir a buscarlo en lugar de tener que esperar a que venga. Pero no sé cómo hacer eso.

- Hay estudiosos que desarrollaron un entrenamiento para salir del cuerpo durante el sueño, conservando la conciencia, pero ¿sabes qué? Prefiero no apresurar las cosas, en la naturaleza todo sucede en el momento adecuado.

- ¿No dijo por qué no vino?

- No. Pero si lo quieres cuando llegue a casa, puedo llamar y preguntar.

Carolina tomó sus manos con entusiasmo:

- ¿Harías eso por mí? - Áurea sonrió y respondió:

- ¡Claro! Ahora volvamos a estudiar.

- Gracias.

- Estoy siendo recibida por tus padres. Después, como ya te dije, lo mejor que puedes hacer es aprovechar el tiempo.

Ellas se sentaron al lado del escritorio y Carolina volvió:

- Lo he estado pensando seriamente. Tengo muchas ganas de continuar mis estudios. Representan el pasaporte a la independencia personal, para el resto de mi vida.

- Es lo que pienso. En el futuro, pase lo que pase, puedes trabajar y mantenerte a ti misma y estar segura. Ya decidí qué quiero hacer.

Lo pensé mucho y decidí estudiar derecho.

- No hay muchas mujeres en esta profesión. ¿Tu papá lo aprobará?

- Tal vez no. Quería que estudiara pedagogía, pero no tengo vocación, la ley en cambio da alas a mi voluntad de luchar contra las injusticias del mundo.

Áurea se rio de buena gana:

- ¡Tal como están las cosas, tendrás mucho trabajo!

Alguien movió el pestillo de la puerta y Carolina preguntó:

- ¿Quién está ahí?

Unos cuantos golpes la hicieron levantarse e ir a abrir. Adalberto estaba frente a ella. Se abrazaron efusivamente y él se volvió hacia Áurea que lo estaba esperando, sus brazos y manos rodeándola mientras depositaba un beso en sus labios.

Un poco avergonzada, Áurea se alejó, entonces Carolina volvió a cerrar la puerta, jalando a su hermano adentro y haciéndolo sentarse en la cama, se sentó a su lado diciendo:

- Llegaste a tiempo. ¿Alguna noticia de Sérgio? Adalberto se echó a reír, mientras ella repetía la pregunta.

-Tranquila, Carolina. Acabo de llegar. Cuando escuché que estaban aquí, subí las escaleras. Mamá pronto se da la vuelta, puedes apostar.

- Entonces trata de hablar rápido. Vamos, ¿me envió algo?

Adalberto sacó un sobre de su bolsillo y se lo entregó:

- Esta carta. También hay un paquete que está dentro de mi maleta. Entonces lo sacó.

Carolina sostuvo la carta con emoción. Ernestina intentaba abrir la puerta y se quejaba como siempre que estaba cerrada con llave.

Carolina escondió la carta dentro de una libreta sobre el escritorio y fue a abrirle:

- Siempre tienes la mala costumbre de cerrar la puerta con llave. ¿Tu hermano acaba de llegar y ya están encerrados en la habitación? A tu padre no le gustará esto.

- Papá no tiene por qué saberlo - respondió Adalberto -. Tenía muchas ganas de ver a Áurea. Esa es la chica con la que me voy a casar.

Ernestina los miró asustada:

- No me gustó esa broma. Si tu padre lo escucha, puede creerlo. Ya sabes cómo piensa.

- Estoy diciendo la verdad. Esta chica me conquistó.

Las dos chicas rieron y Áurea trató de ocultar su emoción fingiendo tomarlo como una broma.

- Vine a recogerte para el almuerzo. Se sirve en la copa.

- Pueden bajar y enseguida estaremos ahí - respondió Carolina.

Ernestina se fue y Adalberto aprovechó para darle otro beso a Áurea, quien protestó:

-No haga eso. Tu madre puede ver.

- Estoy muy feliz. Conseguí todo lo que quería. Conseguí una plaza por segundo año en la universidad más famosa de la capital.

Carolina, que se había llevado la carta de Sérgio y la estaba escondiendo en un cajón debajo de una caja, dijo:

- ¡Bravo! Solo quiero ver qué dirá papá.

- No tengo miedo. Tengo que luchar por mi futuro. Luchará, pero luego, cuando vea que estoy decidido, terminará aceptándolo.

- Vamos a almorzar - decidió Carolina.

- ¿No vas a leer la carta? - Preguntó Adalberto.

- Más tarde. Si tardamos mucho, mamá no nos dará tranquilidad. Ya sabes cómo es ella.

- En ese caso, será mejor que nos vayamos pronto – asintió.

Bajaron las escaleras y se sentaron a la mesa donde Ernestina los esperaba con cierta impaciencia.

Al ver que los miraba atentamente, hablaron de tonterías y en cuanto terminaron volvieron al dormitorio. Al verlos subir, Ernestina preguntó:

- No cierres la puerta, Carolina.

Ella fingió no escuchar y tan pronto como entraron en la habitación, cerró la puerta. Sin esperar nada más, tomó la carta y se sentó en el sillón ansiosa por leerla.

Los otros dos se sentaron un poco separados para que ella pudiera ponerse cómoda.

Adalberto se apresuró a pasar el brazo por la cintura de la mujer, quien de inmediato dijo:

- Sé discreto. No quiero que tu madre se burle de mí.

Ella está celosa de ti.

- ¡Y yo de ti!, ¿qué hiciste durante mi ausencia?

- Lo de siempre. Nada de más.

Mientras tanto, Carolina disfrutaba leyendo:

- *"Mi amada Carolina.*

No puedo esperar a que nos volvamos a encontrar. Hasta ahora no he obtenido permiso para visitarte, pero lo haré tan pronto como pueda. Hay momentos en los que quiero ir allí y hablar con tu padre y arreglar esto. Si aun no, fui lo hice porque recibí una visita de Marcia, quien me hizo cambiar de opinión.

Ella dijo antes de tomar cualquier acción en este sentido, tendremos que resolver casos inacabados del pasado, porque solo así conseguiremos lo que queremos.

Debo aclarar que la dificultad es porque aun no has hecho tu parte. Sé que no recuerdas la causa del problema y no sabes qué hacer. No te entristezcas que te digo esto. Marcia prometió que te ayudaría. Suele cumplir lo que promete. Confiemos y esperemos. Ten paciencia, te veré tan pronto como pueda.

Muchos besos, Sérgio."

Carolina releyó la carta y se quedó pensativa: ¿qué había pasado antes que les impedía estar juntos? ¿Cómo podría ayudar si no recordaba nada?

Recordó el rostro de Marcia y la emoción que había sentido al verla. ¿Era ella parte de ese pasado? Su rostro era familiar. Sintió que ella ya había sido parte de su vida. Pero ¿cuándo? ¿Cómo?

En ese momento cerró los ojos, visualizó su rostro y pensó:

- Siento que eres parte de mi pasado. Quiere ayudarme. ¡Por favor muéstrame lo que necesito saber!

Una ola de calor envolvió su pecho y suspiró con emoción. Pero fue solo eso.

- Ella es soñadora. ¡Si pudiera hubiera traído a Sérgio para ella! - Comentó Adalberto viéndola con los ojos cerrados.

- Habría causado un gran lío - respondió Áurea sonriendo -. Son más de las cinco. Debo irme. Pronto llegará tu padre y tienes que hablar. ¿Vas a hablar con él esta noche?

-Aun no sé. Vamos a ver.

Carolina se había levantado y se acercó:

- Es mejor esperar un momento en que esté tranquilo.

- Tan pronto como diga lo que hice, se enfadará. No importa si esperas o no.

- Te estoy animando. Me tengo que ir ahora.

Áurea se levantó, liberándose de los brazos de Adalberto que intentaban sujetarla.

- Te acompaño - dijo Carolina.

- ¿Saldrás conmigo esta noche?

- No es mejor. Acabas de llegar y seguro que a tu padre no le gustará.

- De todos modos no le gustará y quiero verte hoy.

- Es mejor no provocar su ira innecesariamente. Quédate aquí arriba. A tu mamá no le gustó cuando dijiste que estabas enamorado de mí. Si habla con tu padre, puede que él no quiera que venga a ver a Carolina – dijo Áurea.

Adalberto accedió a regañadientes, sabía que ella tenía razón. Los dos bajaron las escaleras y después que Áurea se fue, Carolina subió a la habitación de su hermano.

Una vez dentro, le entregó un paquete:

- Sérgio te lo envió.

Sostuvo el paquete felizmente.

- ¿No vas a abrirlo para ver qué es?

Ella sacudió su cabeza.

- Voy a mi habitación. Mamá puede venir.

Una vez en la habitación, con la puerta cerrada, Carolina abrió el paquete y del interior de la caja sacó un grueso papel enrollado. Curiosa, lo desenrolló y sus ojos brillaron de emoción. Sérgio había dibujado el paisaje del lugar donde habían ido en el astral, el banco donde se habían sentado e intercambiado votos de amor.

Carolina besó el paisaje mientras su mente repasaba lo que había pasado esa noche. ¿Por qué no podían estar juntos? ¿Qué había en el pasado que impidió su felicidad? Sintió que Marcia era parte de ese pasado. Si pudiera buscarla mientras dormía, tal vez encontraría algunas respuestas.

Se encontró recordando todos los hechos sin encontrar lo que buscaba. Se estremeció cuando escuchó un golpe en la puerta y la voz de Ernestina quejándose que la volvían a cerrar.

Se levantó a toda prisa y fue a abrir.

- Llegó tu padre y ya está en la mesa del comedor. No llegues tarde.

Carolina fue al baño y se lavó la cara, tratando de desviar sus pensamientos del tema que la preocupaba. Luego bajó.

Augusto Cezar y Adalberto estaban en la mesa. Se sentó mientras Ernestina la miraba, tratando de entender por qué estuvo tanto tiempo encerrada en ese cuarto.

- Me alegro que hayas vuelto - comentó Augusto Cezar.

- Tienes que ir a tu universidad, ya pagué la matrícula de este año.

- Podrías haberme esperado. Quería hacer esto yo mismo.

- Te estabas demorando mucho y me gusta pagar las cuentas a tiempo.

Adalberto hizo una pausa, vaciló un poco y respondió:

- Después de cenar quiero hablarte de mis estudios.

Augusto Cezar arqueó las cejas y Ernestina se estremeció. Cuando lo hizo fue una señal de irritación.

- ¿Por qué no hablas ahora?

- Porque estamos comiendo y prefiero estar atento a la comida para hacer una buena digestión.

- ¿Quien dijo qué?

- Yo, papá. A la hora de comer, solo debemos hablar de asuntos triviales.

Augusto Cezar no respondió. Siguió comiendo en silencio. Tan pronto como terminaron, Carolina se excusó y se fue a su habitación. Sabía lo que iba a decir su hermano y temía la reacción de su padre. Ernestina observó cómo entraban en la sala de estar y vaciló. No sabía si él también iba o si continuaba con sus actividades habituales. No le gustaba dejar todo en manos de la criada. Prefería encargarse ella misma de las sobras.

Augusto Cezar se sentó y miró a su hijo en silencio.

Adalberto se sentó frente a su padre.

- Papá, he estado pensando en mi carrera como abogado. No quiero graduarme aquí, en un pueblo del campo. En São Paulo conocí a un famoso abogado, se interesó por mi futuro. Me hizo ver que un abogado que se gradúa en una universidad en el interior, es difícil que lo acepten en el mercado laboral.

- Quien te dijo que las tonterías no se pueden nacer. Yo me gradué en un centro de la ciudad y nunca tuve ningún problema. Lo importante es ser un profesional nato.

- Yo no pienso así. Mientras que tú estás contento de seguir viviendo aquí, yo no lo estoy. Quiero crecer en mi carrera. Por eso reservé plaza en segundo año en la mejor universidad de la capital.

Augusto Cezar se levantó irritado:

- ¿Quién te autorizó a hacer esto sin consultarme?

- Supuse que no lo permitirías. Por lo tanto, ya tomé todos los documentos y obtuve la vacante.

- ¿Cómo? ¿Tuviste la habilidad de premeditar todo esto? Porque era trabajo perdido. No permitiré que hagas esto.

- Papá, estoy decidido y me gustaría mucho que me apoyaras.

- De ninguna manera. Vas y sigues aquí. Como yo te dije, ya pagué la matrícula de este año.

- Seguramente te devolverán el dinero ya que no me quedaré aquí.

- ¡No harás eso! ¡No te atrevas a faltarme al respeto!

- Papá lo siento. No te estoy faltando al respeto. Solo pienso en mi futuro.

- Tu futuro está aquí, al lado de tu familia - gritó nervioso.

Ernestina, que había estado escuchando la conversación, se estremeció. ¿Por qué su hijo insistía en molestar a su padre? No pudo entenderlo.

- Lo sé, papá. Vendré a verlos siempre que pueda.

- Te prohíbo que hagas eso. Está decidido.

- Lo siento, padre, pero esta vez no te obedeceré. Estoy cuidando mi futuro.

- Si haces eso, no quiero volver a verte. No te daré ninguna asignación...

- Me alegro, papá.

- En ese caso, puedes empacar tus cosas y salir de esta casa.

Ernestina no pudo contenerse y entró al cuarto llorando:

- Hijo, obedece a tu padre. No nos abandones.

Adalberto la abrazó cariñosamente y le respondió:

- Deberías hablar con él, no conmigo. Es él quien está siendo intransigente. Te equivocas al aceptar todo lo que él quiere. Una día aun te arrepentirás.

Augusto Cezar miró a su hijo:

- ¿Cómo le hablas así a tu madre? ¿También le has perdido el respeto? Vete ahora mismo. No te quedarás aquí ni un minuto más.

Adalberto bajó la cabeza, permaneció unos segundos en silencio y luego respondió:

- Así es, papá. Si es lo que quieres. Pero recuerda, tú eres el que me está echando de esta casa.

Ernestina sollozaba nerviosa. Adalberto salió de la habitación y se fue a la habitación para empacar tus cosas.

Carolina, que había escuchado las palabras de su padre, fue a buscar al hermano y lo abrazó tiernamente.

[257]

- ¿De verdad te vas ahora? ¿Por qué no esperar hasta mañana?

- No cambiará de opinión. Quiero irme lo antes posible. Ya predije que tendría esta reacción.

- Te va a cortar la mesada. ¿Cómo vas a estudiar en São Paulo sin dinero?

- Me quedaré en casa de la abuela. Tengo algo de dinero que debes dar hasta que consiga un trabajo.

- ¿Vas a trabajar y estudiar? ¿No será fácil?

- Estoy dispuesto a todo para conseguir lo que quiero. Estoy en mi segundo año y estoy buscando un trabajo en una firma de abogados.

Carolina fue a su habitación y volvió con un sobre que le entregó a su hermano:

- Toma este dinero. No es mucho, pero podría ayudar.

Él dudó:

- No es mejor. Se te extrañará.

- No necesito nada. No me dejan ni salir de casa por miedo a que me comunique con Sérgio. De todos modos, incluso siento una punzada de envidia por ti. Me encantaría ser libre también.

- Llegará tu turno. Haré cualquier cosa para ayudarte a conseguir lo que quieres.

Carolina lo abrazó, besándolo en la mejilla:

- Nunca pensé que encontraría tanta comprensión en ti. Siempre puedes contar conmigo para cualquier cosa en la que te pueda ayudar.

Después, Carolina se sentó y observó mientras Adalberto decidía qué tomar o no. Necesitaba llevar los libros, que eran pesados, y Carolina le prestó una maleta.

Cuando estuvo listo, la abrazó una vez más:

- Hasta un día, Carolina.

-Dile a Sérgio que me encantó su regalo. Le escribiré y Áurea enviará la carta. Ve con Dios.

Abrieron la puerta y Ernestina, llorando, estaba en el pasillo. Al ver al hijo con las maletas, se acercó y lo abrazó:

- Hijo, piénsalo. No te vayas. ¡Dile a tu papá que lo sientes y te dejará quedarte!

- No puedo, mamá. No hay mayor bien que la libertad. Tú también vives prisionera en esta casa. No tomas posición, no te atreves a enfrentar a papá que se comporta como un dictador. Aquí solo haces lo que él quiere, como él quiere y los que no obedecen salen lastimados. No puedo vivir así. Lo siento por ti y por Carolina, otra de sus víctimas. Y tú, que nos amas y debes estar de nuestro lado, prefieres quedarte de su lado. Así como hoy me está expulsando de esta casa, llegará el día en que hará lo mismo con Carolina. Estarás sola y será demasiado tarde.

- No fui yo quien lo echó. Te vas porque no quieres obedecer.

- Te pusiste de su lado. Por lo tanto, también me expulsaste. Pero sé que haces esto porque eres una persona débil, sin valor para enfrentarlo. Piénsalo, madre. Siempre es tiempo de despertar y tomar tu lugar como mujer, como compañera, no como sirvienta. Hasta un día.

Besó a su madre y a Carolina y bajó las escaleras con las maletas. Pasó por la habitación donde estaba Augusto Cezar y no dijo nada. Carolina bajó con un bolso que pertenecía a su hermano y se lo entregó.

Entonces, con mano firme, Adalberto abrió la puerta y salió. Carolina la cerró y caminó en silencio a su habitación. Su madre ya no estaba en el pasillo, entró y cerró la puerta.

CAPÍTULO 20

Esa noche Carolina se acostó pensando en su hermano. Había sido fuerte y decidido. Ella lo había subestimado, Adalberto se había comportado como un hombre. Estaba seguro que estaba preparado para enfrentar la situación.

También deseaba poder hacer lo mismo, pero su situación era diferente. Había pensado en fugarse con Sérgio, pero él no quería someterla a esa situación.

Preferiría que todo se resolviera de la mejor manera. Carolina suspiró y se preparó para dormir.

Tomó la carta de Sérgio y se acostó, leyéndola una vez más a la luz de la lámpara. Entonces pensó en Marcia. Ella prometió ayudarla. Carolina visualizo su rostro y el lugar donde se conocieron, comenzó a orar pidiéndole a Dios que la ayudara a encontrarla. Luego se durmió.

Adalberto salió de la casa de sus padres y fue directo a la estación de autobuses. Compró un boleto para una hora más tarde, dejó su equipaje registrado para el embarque y fue a buscar a Áurea.

No podía irse sin contarle lo que había pasado. Eran más de las ocho y la luz de la sala estaba encendida. No quería llamar la atención de sus padres para no tener que explicar los motivos de su visita a esa hora.

La luz de la habitación de Áurea estaba encendida. Miró a su alrededor en busca de algo que arrojar a la ventana, captando su atención. No encontró nada. Sacó una moneda de su bolsillo y, apuntando a la ventana, la arrojó. Poco después se abrió y Cintia apareció en la ventana.

Al ver a Adalberto, le hizo seña que esperara y, a los pocos minutos, Áurea salió por la puerta trasera y fue a su encuentro. Se había mantenido a unos metros de la casa para no llamar la atención.

Ella se acercó y pronto notó que él estaba preocupado:

- ¿Qué pasó? - Preguntó.

- Lo que esperaba. Hablé con papá y fue radical: O me rendía o me tenía que ir de la casa. Bueno, ¿qué hice? Me voy para la casa de la abuela.

- ¿Estás seguro de lo que estás haciendo?

- Sí. Me cortó la mesada, así que en cuanto llegue a São Paulo voy a buscar trabajo.

Áurea lo abrazó sin decir nada. Tenía miedo que si su padre la presionara, no se resistiría. No esperaba que enfrentara la situación con firmeza. Después de todo, Adalberto siempre le había parecido mimado, sin valor para hacer valer su voluntad.

- Compré un boleto y me voy esta noche.

- Estoy orgullosa de ti. Estoy segura que si continúas firme, obtendrás lo que quieres.

- ¡Yo te quiero! - respondió él, besándola largamente en los labios.

Ella respondió con emoción, el tono le pareció sincero.

- Puedes contar conmigo para lo que necesites.

- Muchas gracias. Te extrañaré. No tardes en venir a buscarme.

- Iré tan pronto como pueda.

Se quedaron hablando un poco más, intercambiaron besos de despedida. Con su apoyo, Adalberto se sintió empoderado. Llegó a la estación de autobuses diez minutos antes que partiera el sexto autobús.

Se aseguró que su equipaje ya estuviera colocado en el maletero y se acomodó.

El sexto autobús salió de la estación de autobuses a la hora prevista. Al verse saliendo de la ciudad en la que siempre había vivido, Adalberto sintió emoción. Estaba a punto de comenzar una nueva vida, estaba ansioso, preguntándose:

¿Qué te depararía el futuro?

Pensó en sus padres enojados. La intransigencia de Augusto Cezar, controlando todo y a todos, lo irritaba. La madre, en cambio, era tan pasiva y aburrida que cuando pensaba en ella, sentía una opresión en el pecho y una sensación desagradable.

¡Cómo le gustaría que ella se rebelara y no se plegara a las imposiciones de su marido! Ese fue un sueño que nunca cumpliría.

Recordó las duras palabras que le había dicho su padre y apretó los puños con enojo, pensando:

- ¡De ahora en adelante solo podré contar conmigo mismo! ¡Soy dueño de mi vida! Esforzaré, veneraré, conquistaré mi lugar en la sociedad. ¡Quiero mostrarles de lo que soy capaz!

Era joven, valiente, inteligente. Tenía todas las calidades para conquistarlo. Después de todo, estaba Áurea.

Repasando la escena de la despedida, sintió un agradable calor en el pecho. Empezó ese noviazgo como una broma, pero ahora sentía que ella le estaba gustando.

- No puedo perder el tiempo – pensó -. Mañana voy a buscar trabajo. Quiero trabajar en mi zona. Me dedicaré más a mis estudios y pensaré en mi carrera. Quiero tener dinero para mis gastos.

[262]

Todavía tengo algo, pero no mucho. Pronto se terminará. No quiero vivir de la abuela. Tiene una buena situación económica, pero lo que tiene es de ella.

A lo largo del viaje, Adalberto fue haciendo planes para el futuro.

Era pasada la una cuando el taxi que transportaba a Adalberto se detuvo frente a la casa de Guillermina. Después de pagar el taxi, el nieto tocó el timbre. La luz de la habitación tardó un rato en encenderse. Poco después, vio abrirse la pequeña ventana de la puerta y la cara de Dina asomándose.

- Soy yo, Adalberto. Perdón por la hora. Acabo de llegar.

Inmediatamente ella abrió la puerta y él entró cargando su equipaje.

- Espero no haber despertado al abuelo ni a la tía Odete - llegué a atender rápido para que no despertaran - respondió Dina, tratando de no hacer ruido.

- Claro que desperté - dijo Odete, apareciendo en la sala de estar.

- Lo siento, tía, haber llegado tan tarde... - se disculpó Adalberto.

Odete lo abrazó, besando su rostro con ternura:

- ¿Quiere saber? Que era una broma. yo no estaba durmiendo A veces me despierto durante la noche y pierdo el sueño. Pasé por la habitación de mamá, todavía está durmiendo.

- Menos mal.

- Dina, lleva su equipaje a la habitación y mira si todo está ahí en orden

Él insistió en ayudarla y luego volvió a contarle a la tía. Ella lo estaba esperando en la despensa, poniendo la mesa para picar algo.

- No te preocupes, tía. No tengo hambre.

- Vamos con algo. Quiero tomar un café con leche para llamar al sueño. Siéntate y mientras ordeno, hablemos. Que llegues tarde me hace pensar que la bomba explotó. Le dijiste a tu padre.

- Así es, tía. Él era irreductible. No renuncio a un milímetro. Finalmente, me hizo elegir entre seguir estudiando en nuestra ciudad o salir de casa.

Odete puso las tazas sobre la mesa y dijo nerviosa:

- ¿Se atrevió?

- Él lo hizo. Como me mantuve firme, cortó mi mesada y me dijo que me fuera de allí. Por eso estoy de vuelta.

- ¡Como siempre exageró! ¿Por qué es tan testarudo?

- A decir verdad, me lo esperaba. Sabía cómo reaccionaría. Pero me mantuve firme. Mañana tengo intención de salir a ver si encuentro trabajo.

- No deberías trabajar. Necesito estudiar mucho. El trabajo interferirá con tus estudios.

- No te preocupes, tía. Quiero trabajar en un bufete de abogados. Voy a aprender mucho, créanme. Cuando me haga a la mar ya tendré práctica, lo que me ayudará.

Odete dispuso todo para la merienda, se sentaron y, mientras comían, intercambiaron ideas sobre el futuro.

Desahogarse con su tía, cuya comprensión y apoyo lo animó, le dio confianza. Se sentía libre y dueño de sí mismo. Nunca antes había sentido esta sensación.

Al escucharlo hablar, Odete se sorprendió y notó cuánto había madurado su sobrino en tan solo unos días.

Dina apareció en la copa diciendo:

- Su habitación está lista. Cambié las sábanas y hay toallas limpias en el baño.

Terminaron de comer y Odete ayudó a Dina a limpiar la mesa diciendo:

- Vete a dormir, Dina. Deja esta locura para mañana.

- No, señora. Es poco y voy a limpiar todo ahora.

- Haz lo que quieras.

Odete acompañó a su sobrino a la habitación, verificó que todo estuviera en orden y luego lo besó tiernamente en la mejilla:

- Bienvenido a nuestra casa, hijo mío. Aunque tu padre está enojado, estoy feliz de tenerte aquí con nosotros. Duerme con Dios.

- Tú también, tía. Ojalá pueda dormir mejor ahora – respondió besando su frente cariñosamente.

Ella se fue. Se lavó, se puso el pijama, se acostó. A pesar de estar cansado, se sentía bien. Fue muy bueno sentirse libre de la opresión de los padres. Pronto se quedó dormido.

Al día siguiente, Carolina se despertó pensativa. Había pedido visitar a Marcia mientras dormía, pero no pasó nada. Aun así, no perdió la esperanza de tener una cita con ella.

Cada noche Carolina le pedía a Dios que se encontrara con Marcia. Áurea llegaba todas las tardes a su casa y le daba noticias de Adalberto y Sérgio, insistiendo en que no se desanimara y animándola a estudiar.

- Teniendo una carrera, te liberarás de la tutela de tus padres y lograrás una verdadera independencia. Adalberto se fue de casa, pero solo logrará la independencia cuando gane dinero para mantenerse.

- ¿Crees que tendrá éxito? A veces me parece un poco descuidado.

- Cuando lo conocí era muy inmaduro, pero de un tiempo acá maduró. Tomó esta decisión con fe y creo que la llevará a cabo hasta el final.

- Estoy aliviada. Sería muy triste si se rindiera y volviera a casa.

- Él no hará eso. La libertad es un logro tan placentero que le dará fuerza para superar las dificultades. ¿Y estás realmente decidida a estudiar derecho?

- Lo estoy. Por ahora tendré que ceñirme a las universidades de nuestra ciudad.

- No importa. Empiece de todos modos. Más tarde, si quieres cambiar, no te será difícil.

- Me gustaría hacer psicología como tú. Me gusta aprender a lidiar con mis emociones, a comprender mejor al ser humano. Pero no será posible.

- Puedes hacer pedagogía, derecho, letras, filosofía. Le irá bien en cualquier de ellas.

- Elegí bien - Áurea sonrió:

- Has elegido bien. Estoy segura que serás el sexto mejor abogado. No tengo mucho tiempo, pronto tendré que volver a São Paulo, pero puedo prepararte con anticipación…

- Creo que perdí este año. El examen de ingreso ya no está.

Áurea pensó por un momento, luego dijo:

- Perder un año no es nada bueno. No dijiste que tu padre es amigo del Dr. Eurico?

- Y, pero ¿qué pasa con eso?

- Está en la junta de la universidad. Tu padre puede pedirle que interceda para que hagas un examen y demuestres que estás apta para cursar el primer año. ¿Crees que él haría eso?

- No sé si papá querrá pedir ese favor... Sobre todo porque no le gustará la carrera que elegí.

- ¿Por qué no? Él estará muy contento que hayas decidido estudiar. Dijo que tenías que ir a la universidad, sin importar nada.

¿Recuerdas? Yo mismo me quedaré un poco más tarde solo para hablar con él.

- Está bien. Vamos a ver.

- ¿No te gustó la idea?

- Tenía muchas ganas de volver a São Paulo - Áurea rio de buena gana y respondió:

- ¡Lo sé! Pero al menos, hasta que tenga una solución mejor, puede salir de casa y comunicarte con Sérgio o Adalberto. ¿Alguna vez has pensado en cómo será tu vida después que me vaya?

Carolina suspiró:

- ¡Ni me digas tal cosa! Se me pone la piel de gallina solo de pensarlo. Está bien. Hagamos como tú lo hiciste.

- Entonces, tratemos de estudiar. No tenemos mucho tiempo.

Cuando llegó Augusto Cezar, las dos bajaron y después de saludarlo, Áurea dijo feliz:

- Carolina tiene una gran noticia para usted -. Las miró seriamente y preguntó:

- ¿Qué pasa, Carolina?

- Elegí asistir a la universidad. Voy a hacer derecho.

- ¿Bueno? ¡Este no es una carrera para una niña!

- De los de nuestra ciudad, fue el que más me atrajo.

- ¿Por qué? La pedagogía sería mucho más adecuada para una niña.

- No me parece. Prefiero ser un buen abogado que un mal maestro. Estudiar con ganas y necesito que me guste. Si no es este curso, prefiero no tomar ninguno.

- Siempre encuentras una manera de enemistarte conmigo.

- Lo siento, papá, pero estoy diciendo la verdad. Dijiste que podía elegir cualquier curso mientras fuera a la universidad.

Augusto Cezar se quedó pensativo unos segundos, luego dijo:

- Yo mismo lo dije. Haz lo que quieras, pero deberías haberlo decidido antes para no perder el año.

- De hecho - intervino Áurea -, el examen de ingreso ya pasó. Pero, si nos ayuda, tal vez Carolina pueda inscribirse más adelante este año. Las clases aun no han comenzado.

- No entendí. ¿Cómo podría ayudar? Áurea explicó su idea y concluyó:

- Ella hace el examen, si aprueba todo se solucionará.

Augusto Cezar se quedó en silencio por unos minutos luego dijo:

- Tienes razón. Vale intentarlo. Lo buscaré justo después de la cena. Solo espero que pase.

- Seguro que lo logrará – reafirmó Áurea.

- De todos modos, si me lo permites, mañana vendré más temprano. Tenemos que repasar todos los materiales.

Después que ella se fue, Carolina fue a su habitación. Estaba cansada de estar encerrada en casa. Al menos si entraba en la universidad podría distraerse.

Áurea tenía razón. Si bien su situación con Sérgio no se resolvió, debería aprovechar el tiempo, mejorando sus conocimientos. Tanto Sérgio como su familia eran personas educadas y ella no quería ser ignorante.

En su habitación, recogió la lista de materias del curso que había elegido y preparó una lista de las que creía que sabía menos para repasar al día siguiente.

A la hora de la cena, Carolina notó que su padre estaba más amable con ella y decidió prestarle más atención. Así sería más fácil ganarse su confianza. Estaba cansado que la trataran con dureza. Ernestina notó que algo había cambiado y aun sin saber qué era, se sintió aliviada.

Después que Adalberto salió de la casa, se sintió muy triste. Su hijo, guapo, alegre, era su orgullo. Estaba feliz cuando alguien la felicitaba, encontrándolo guapo.

No estaba satisfecho con lo que había hecho. ¿Por qué se había rebelado? El padre era el jefe de la casa. La obligación de los hijos era obedecer a sus padres.

La habían educado con severidad. Sus padres no le permitían hablar durante las comidas e incluso cuando era una niña, solo les hablaba si le preguntaban algo. Cuando se casó, su madre tuvo una conversación seria diciendo que es deber de una mujer amar y obedecer a su esposo. "Él es el cabeza de familia. La esposa tiene que ser dócil, servicial, siempre dispuesta a servirlo, sin tomar represalias." Esa frase no saldría de su cabeza.

Adalberto se sublevó contra ella: "Te equivocas al estar de acuerdo con todo lo que él quiere. Un día te arrepentirás."

Eso fue demasiado. Cumplía con sus deberes de madre y esposa. ¿Por qué no entendió eso? Cuando pensaba en su hijo, un dolor agudo en el pecho la ponía ansiosa e inquieta.

Recordó cuando él era pequeño, el placer que sentía al amamantarlo, bañarlo, cuidarlo todo para que estuviera bien. Ahora, después de crecer, no la valoraba. ¿De qué le serviría tanta dedicación si solo cosechó ingratitud?

En esos momentos se apoderaba de ella una revuelta sorda. ¿Por qué la vida la castigó así? Ella estaba cumpliendo, ya lista, no me merecía.

Le resultaba difícil presentarse frente a su esposo con una cara tranquila y feliz, como a él le gustaba. Ella hizo lo mejor que pudo para cubrir la palidez, los círculos oscuros debajo de sus ojos, pero él aun lo notó.

- ¿Por qué estás con esa cara? - Preguntó el día anterior.

- No me he estado sintiendo bien.

- Estás muy pálida. Mañana te llevaré a ver al Dr. Jorge.

- No es preciso. Es solo una indisposición pasajera. Nada de más.

Augusto Cezar la miró serio y prometió:

- Si no pasa mañana, te llevaré al médico. No me gusta ver gente abatida a mi lado, me deprime.

Al día siguiente, Ernestina hizo un esfuerzo por mejorar su apariencia, pero a pesar de pintarse discretamente, no pudo hacerlo.

Insatisfecho, al final del día, su esposo la llevó al Dr. Jorge. Después de examinarla cuidadosamente, dijo:

- Vamos a hacer un análisis de sangre. Ella parece anémica. A Augusto Cezar no le gustó:

- Mi esposa no está anémica. En mi casa cuidamos mucho la comida. No falta nada.

Pacientemente, el médico respondió:

- Sé que come bien, pero podría tener un problema que le impida aprovechar al máximo su comida.

Augusto Cezar estuvo de acuerdo y la acompañó al laboratorio para el examen. Unos días después, volvieron al médico con el resultado.

Jorge abrió el sobre, lo leyó atentamente y luego dijo:

- Esta todo bien. Ella no tiene nada

- Pero no ha estado bien, ha estado inquieta, deprimida. ¡Debe haber algo! Será mejor que la examines de nuevo.

El médico notó que Ernestina estaba muy nerviosa, se movía inquieta en su silla y tenía los ojos angustiados. Sabía lo autoritario que era Augusto Cezar y lo molesto que estaba por las pequeñeces. Por eso, eligió las palabras para decir lo que pensaba:

- Te recetaré un tranquilizante. Doña Ernestina está un poco nerviosa, el hijo se ha ido a estudiar a la capital, lo debe estar extrañando. Tú sabes cómo es madre.

Ernestina miró alarmada al doctor, pero no dijo nada. Fue Augusto Cezar quien respondió:

- No tiene por qué estar nerviosa. Él eligió su propio camino. Es un ingrato. Prefería mantenerse alejado de nosotros.

- Las primeras veces son las más difíciles. ¿Por qué no la llevas a visitarlo? Ese sería el mejor remedio.

Augusto Cezar ascendió:

- De alguna forma. Él es el que tendrá que volver y disculparse con nosotros. No iremos a buscarlo.

Jorge lo miró serio y respondió:

- Necesitas mejorar ese genio tuyo, de lo contrario terminará mal algún día.

- Estás equivocado. Sé cómo controlar mis emociones. Ernestina tendrá que aprender a hacer lo mismo.

- ¿Cómo está Carolina? ¿También está en la capital?

- No. Carolina está en casa y muy bien.

El médico escribió la receta y se la dio a Ernestina diciendo:

- Tomarás una cápsula después del desayuno y otra antes de acostarte. En quince días vuelve. Quiero saber cómo estás, durante este tiempo trata de distraerte y caminar un rato, ir al cine, al club. Hace mucho tiempo que no los veo por ningún lado.

Ernestina guardó la receta en su cartera, miró a su esposo y le respondió:

- Gracias doctor. Haré lo ordenado.

Después de salir de la oficina, Augusto Cezar no pudo contenerse:

- Jorge se está entrometiendo mucho en nuestras vidas. Si esto continúa, tendremos que buscar otro médico.

Ella no respondió. ¿Para qué? Sentí una opresión en el pecho, un vacío que nada podía llenar. Ella necesitaba continuar seguir haciendo todo lo posible para que su marido no supiera de sus sentimientos.

CAPÍTULO 21

Un mes después de la partida de Adalberto, Carolina estaba en su habitación, pensativa. El día anterior, Áurea había venido a despedirse. Ella también se había ido. Sus clases estaban a punto de comenzar.

Durante ese tiempo había tenido noticias de su hermano y de Sérgio, pero él nunca más había vuelto a recogerla mientras dormía.

Sabía que todo seguía igual. Adalberto estaba bien en casa de su abuela y esperaba ansioso que comenzaran las clases. Había buscado trabajo en algunos bufetes de abogados, pero no había conseguido nada.

Para ella la rutina era insoportable. Su padre había convencido a Eurico para que interviniera y le consiguiera permiso para presentarse al examen y no perderse el año.

Pero Carolina estaba preocupada: ¿Cómo recibir noticias de Sérgio y Adalberto ahora que Áurea se fue?

Para no pensar en ello, se dedicó a sus estudios. Si iba a la universidad, tendría que irse de casa para poder evitar la vigilancia y recibir noticias.

El golpe en la puerta la sacó de sus pensamientos internos. La voz de Ernestina llamándola la hizo estremecer:

-¡Abre la puerta, Carolina! No pierdes la mala costumbre de encerrarte. Tu padre ya está en la mesa de la cena.

Carolina suspiró y respondió:

-Ya voy.

- No tardes.

Dejó caer el libro e inmediatamente abrió la puerta. Ernestina ya había bajado. Últimamente su madre había estado demasiado nerviosa de ella. Vivía quejándose todo el tiempo. Entonces ella guardó silencio frente a su esposo.

Perdió la paciencia con Ruth y estaba inquieta. Una vez, Carolina le había preguntado si estaba nerviosa por lo que había pasado con Adalberto. Ella se irritó, su cara roja sonrió y respondiera... enfadada:

- Cállate la boca. ¡Eres capaz de decir eso delante de tu padre!

Sorprendida, Carolina no respondió. No entendía por qué su madre le tenía tanto miedo a su esposo. Era terco, pero no violento. Decidió no hacerle más preguntas.

Cuando Carolina bajó a cenar, encontró a sus padres ya sentados a la mesa. Se sentó a su vez y esperó a que se sirvieran. Luego se sirvió a sí misma.

- ¿Cómo van tus estudios? - Preguntó.

- Estoy estudiando mucho.

- Traigo buenas noticias, Eurico te permitió el examen.

- ¡Qué bueno, padre!

- Ahora a ver si no me decepcionas. Le dije que estaba bien preparada.

- Y lo estoy. Sé que le dan mucha importancia a la redacción y en eso estoy bien. Las otras materias las he estudiado mucho. Tomé los libros de Adalberto, me los dejó.

[274]

Augusto frunció el ceño y no respondió de inmediato. Después de unos minutos dijo:

- Espero que sea cierto, el examen está programado para pasado mañana. Las clases comenzarán la próxima semana.

- Voy a revisar todo para entonces. Estoy segura que lo lograré.

Ernestina comió en silencio. Carolina notó que estaba comiendo mucho menos que antes. ¿Era por eso que estaba perdiendo tanto peso y se estaba agotando tanto?

Después de la cena, Carolina se fue a su habitación y decidió seguir estudiando. Eran más de las diez cuando cerró el libro y fue a lavarse para acostarse. Se sentía cansada de tanto leer y ya ni siquiera podía entender lo que leía.

Se acostó, queriendo descansar. Esa noche ni siquiera dijo la oración de siempre para pedirle a Marcos que fuera a buscarla. Era lo que más deseaba. Luego se durmió.

Soñó que caminaba por una gran casa antigua, buscando la salida. Se sentía angustiada y ansiosa. Solo sabía que necesitaba escapar y no podía.

De repente, se abrió una puerta y apareció un hombre. Sus ojos brillaron con despecho y ella sintió que su miedo aumentaba. Él se acercó:

- No sirve de nada. No escaparás. ¡Di órdenes de acabar con él de una vez!

Sintió un dolor inmenso y sin poder controlarse preguntó:

- Acaba conmigo. Yo tengo la culpa. ¡Pero no le hagas nada! ¡Por favor!

- ¡Tú vas a pagar! ¡Nunca lo volverás a ver!

Carolina sintió como si la partieran en dos. Una dialogando con él, sintiendo terror y angustia, la otra observando atentamente la escena.

- ¡Eres mía y haré contigo lo que yo quiera!

Se acercó a ella, abrazándola y queriendo besarla. Horrorizada, luchó por liberarse de ese hombre, su cuerpo temblaba y estaba cubierto de sudor. Se despertó desesperada, con el cuerpo sudoroso, dolorida, mareada en la cabeza. Aturdida, se sentó en la cama.

- "Fue una pesadilla", pensó temblorosa.

Cuando se calmó un poco, se levantó, tomó un vaso de agua y se lo bebió tratando de reaccionar.

Volvió a acostarse, pero tenía miedo de dormir y encontrar de nuevo a ese hombre. ¡Si pudiera pedirle ayuda a Marcos! Ciertamente podría explicarle por qué tuvo esa pesadilla.

Pero de alguna manera, esa escena le era familiar ¿Qué pensar? Sintió que temía y odiaba a este hombre.

Analizando sus sentimientos, comenzó a pensar que tal vez tenía algo que ver con una encarnación anterior. Recordó que Marcos le había dicho que él ya había hecho lo necesario para liberarse del pasado, pero que para que estuvieran juntos, ella necesitaba hacer su parte.

Cuanto más pensaba en ello, más sentía que estaba en el camino correcto. Más tranquila ahora, elevó sus pensamientos, agradeciendo a Dios por esta revelación y pidió al espíritu de Marcia que la ayudara a recordar los hechos que dieron origen al obstáculo que persistía separándola de Sérgio.

Durante los días que siguieron, Carolina recordó ese sueño varias veces. Las emociones eran muy fuertes y era difícil de olvidar.

Había estudiado mucho para el examen y el día señalado oró pidiendo ayuda para recordar todo lo que había estudiado. En la universidad, tomó un examen oral y escrito y no tuvo dificultad.

El profesor Eurico formaba parte del tribunal examinador y cuando terminó, le hizo una seña para que esperara afuera.

Media hora después, se acercó a ella satisfecho:

- Lo hiciste genial. Ya revisamos las respuestas y obtuviste la vacante. Me gustó mucho el examen oral. Tienes el don de la palabra. Estoy seguro que serás una excelente abogada. Felicitaciones.

Carolina, satisfecha, estrechó la mano que él le ofrecía.

- Gracias profesor. Sin su ayuda hubiera perdido el año.

- Lo que sería una lástima. Ya puede acudir a la secretaria para que se ocupe de tu matrícula.

Cuando fue a la secretaría, encontró a su padre.

- ¿Y entonces? ¿Cómo te fue?

- Pasé, papá. El profesor Eurico ordenó cuidar la inscripción.

Él la acompañó y después que todo estuvo arreglado, se fueron. Carolina se quedó en silencio, preguntándose si él la acompañaría todos los días en sus viajes universitarios o si le pondría a alguien. Pero no preguntó nada. Sería mejor fingir que se había olvidado de Sérgio. Si le preguntara algo al respecto, sospecharía.

Cuando llegaron a casa, le dieron la noticia a Ernestina, quien suspiró aliviada. Era un problema menos. Si no hubiera pasado, Augusto Cezar estaría irritado y ella no tendría paz.

- Bien - comentó ella.

Dijo esto sin mostrar placer y Carolina la miró pensativa. Ernestina parecía distante, desconectada de la realidad, sin alegría ni entusiasmo.

Carolina se fue a su cuarto a arreglar sus cosas. Las clases comenzarían en una semana. Llevaba meses encerrada en casa, había perdido el placer de arreglarse. Su ropa era vieja y fea.

Sabía que en esa facultad las chicas estaban de moda, se cuidaban mucho el maquillaje.

Durante la cena, Carolina le comentó a su padre la necesidad de renovar su guardarropa, a lo que él accedió. Le dijo a Ernestina:

- Mañana vas con ella a comprar todo lo que necesitan. Nuestra hija necesita presentarse bien.

Carolina agradeció satisfecha:

- Gracias Padre.

En la tarde del día siguiente, Carolina fue de compras con su madre. Los conocidos se sorprendieron al verla. Pensaron que todavía vivía en la capital.

Ernestina no tenía opinión sobre la elección de la ropa. Solo insistió en la buena calidad. Al observar a su madre, Carolina notó que no se encontraba bien. Al encontrarse con personas amables, con las que se llevaba bien, mantenía una mirada triste y un rostro indiferente. No mostró entusiasmo por nadie ni por nada. Mirando a su madre, Carolina sintió una opresión en el pecho.

Llegaron a casa casi a la hora de la cena y Ernestina corrió a la cocina para verificar que Ruth estuviera haciendo todo bien y no retrasara la cena.

Carolina subió a ducharse y la cena, para alivio de Ernestina, fue servida puntualmente a la hora habitual. Augusto Cezar estaba de buen humor. Ver a su hija en la universidad era uno de sus sueños. Fue amable de su parte preguntar lo que habían comprado. Al final, comentó:

- Solo no me gustó la carrera que elegiste. No es una profesión para mujeres.

[278]

- Eso solía ser... Por lo que noté en la lista de candidatas aprobadas, hay muchas chicas tomando este curso.

- Vamos a ver. Al menos te graduarás. Tendrás una profesión liberal. Eso es lo que importa.

Después de la cena, Carolina se fue a su habitación. Tenía una novela que se había detenido a la mitad para estudiar y tenía la intención de seguir leyendo.

La historia era interesante y leyó hasta que le dio sueño.

Cerró el libro y se dispuso a dormir. Su pensamiento fue a Sérgio. ¿Iría a buscarla esa noche?

Dijo una oración pidiendo su protección y presencia y pronto se durmió. Luego se encontró caminando por un jardín muy hermoso. Miró a su alrededor y reconoció el jardín al que la llevó Marcos cuando se conocieron.

Frente al banco donde solían estar, se detuvo, se sentó y esperó a ver si él se acercaba.

- Hoy Sérgio no vendrá - Carolina se giró y Marcia estaba frente a ella.

- ¡Qué bueno verte! - Dijo abrazándola -. No ha venido a verme y lo he estado llamando.

- Marcos no ha podido recogerla. Ha escuchado tu llamada, pero estas cosas solo suceden cuando es el momento adecuado. Ni cuando y donde queramos.

- Me siento feliz. Hoy logré venir aquí.

- Sentémonos y hablemos. Este encuentro nuestro ocurrió porque empezaste a recordar tu pasado.

- Siento que eres parte de esto. ¿No es verdad?

-Sí.

- ¡Lo sabía! Siento mucho cariño por ti.

- Estábamos muy cerca. Eras mi hija.

[279]

Carolina sintió una oleada de emoción y volvió a abrazarla.

- ¡Y por eso te quiero tanto! ¿Dime qué paso que me impide estar con Sérgio?

- Será mejor que lo averigües.

- Necesito saber. ¡Tengo miedo! ¡Hay un hombre persiguiéndome, trato de escapar, pero no me deja!

- No te puede lastimar ahora, lo que viste fueron escenas que ya sucedieron y por el momento no se pueden repetir.

- Pero él me quería besar, estaba hablando de matar a alguien: ¡Pensé en Sérgio y tal vez estaba en peligro! ¡Tengo que advertirlo!

- Sérgio está muy bien y no corre ningún peligro.

- Por favor, protégeme. Él puede volver.

- Cálmate. No pasará nada malo. Estás protegida.

Marcia tomó su mano haciéndola sentarse y acomodarse a su lado. Carolina, abrumada por la emoción, sollozaba nerviosa.

Marcia se alisó el cabello con cariño, diciendo:

- ¡Mi querida! Sé que es doloroso recordar momentos difíciles, pero así descubrirás lo que quieres.

- Prometiste ayudarme -. Marcia se levantó.

- Ven conmigo.

Carolina se levantó, Marcia pasó su brazo por el suyo y ambas caminaron hacia uno de los edificios. Entraron y bajaron por un pasillo.

Carolina, con los ojos llorosos, la siguió en silencio. Frente a una puerta se detuvieron. Marcia presionó un botón en su solapa, la puerta se abrió y entraron.

La habitación tenía un ambiente azul, había una camilla y algunos electrodomésticos. Un joven de bata blanca se acercó y fijó su mirada en Carolina. Se sintió más tranquila. Sus manos eran delicadas y cuando las puso en sus brazos ella se sintió invadida por una sensación placentera, difícil de describir. Suavemente la condujo hasta la camilla haciéndola acostarse.

Luego dijo en voz baja:

- Dios está en tu corazón. Siéntate unida a Él, que te bendice y fortalece. Confianza. Déjate llevar.

Su voz era suave, reconfortante, y mientras hablaba, Carolina sintió que un torbellino de energías la envolvía. Entonces las escenas comenzaron a suceder. Se vio a sí misma joven, con ropa de principios del siglo XIX, en un baile, siendo cortejada por varios hombres. Vio entrar a un joven vestido con ropa noble. Todos se volvieron hacia él, inclinándose ante él.

Una señora dijo en voz baja:

- Él y Lord Norton, señor del condado de York Lodge.

Fijó sus ojos en ella con interés, dijo algo a uno de sus pajes, caminó hacia un lado de la habitación y se sentó en la mesa principal. Esa escena desapareció y ella se encontró bailando con él después, sintiéndose halagada de haber sido preferida. Se sentía importante. Le gustaba notar que las otras mujeres la miraban con envidia.

Después aparecieron varias escenas, y ella siempre estaba a su lado, vanidosa y satisfecha. Y él, apasionado y dispuesto a complacer todos sus caprichos.·Lo vio pedirle que se casara con él y ofrecerle valiosas joyas para sellar el compromiso. Carolina estaba fascinada al visitar las propiedades de Lord Norton.

Revivió escenas de su pasado, sintiendo las emociones de aquellos tiempos, pero al mismo tiempo dándose cuenta de cuánto se había enorgullecido de despertar el amor de un hombre tan poderoso.

La boda era digna de un rey, tal era el lujo y la belleza de la recepción. Carolina recordó lo orgullosa y feliz que se había sentido y cómo se sumergió en una oleada de fiestas y recepciones donde ella siempre era la protagonista.

Hasta que una noche, cuando viajaba a Landres escoltada por su dama de honor y un ayuda de cámara, le robaron el carruaje. Dos hombres encapuchados los detuvieron, les quitaron todas sus joyas y atacaron al valet, quien cayó inconsciente. Uno de ellos, embelesado por su belleza, la obligó a bajarse mientras el otro apuntaba con su arma al aterrorizado cochero y su dama de honor se desmayaba.

El ladrón la abrazó con fuerza y trató de besarla. Trató de defenderse lo mejor que pudo, pero él era mucho más fuerte y la dominó fácilmente. Carolina olió un fuerte olor a alcohol que le provocó náuseas, gritó más de rabia que de miedo:

- Suéltame, no me hagas esto. Vete antes que aparecieran mis caballeros. ¡Sal de aquí!

Sabía que no estaba escoltada y que nadie iba a aparecer, pero trató de engañarlo.

A él no le importó y la besó apasionadamente. Carolina se sintió asqueada y le dio una tremenda bofetada. Él se rio y respondió:

- ¡Me gustan las mujeres enfadadas!

Empezó tratando de desabotonar su ropa de la que ella luchaba tratando de deshacerse, le arrancó la blusa, dejando el espectáculo a un lado de tu ropa interior.

En ese momento una mano fuerte lo alejó de ella, vibrando con un violento puñetazo mientras decía:

- ¡Cállate si no quieres que te vuele la cabeza a balazos!

Carolina notó entonces que un muchacho sujetaba por la espalda a su agresor impidiéndole reaccionar, mientras otro soltaba al cochero y amarraba al bandido.

Después que los dos muchachos hubieron controlado a los ladrones, teniéndolos bien amarrados, devolvieron a Carolina todas sus joyas, ayudaron a recuperarse al ayuda de cámara y a la dama de honor y se presentaron, el hombre que había ayudado a Carolina dijo:

- Mi nombre es Marcos.

- ¡Marcos!

En ese momento, la escena desapareció y Carolina se sentó en la camilla asustada. Un millar de preguntas pasaron por su mente y miró a Marcia, pero Marcia le indicó que se callara.

El chico la obligó a acostarse nuevamente, le puso la mano en la frente y Carolina se sintió más tranquila. Emocionada por la presencia de Marcos, cerró los ojos deseando volver a encontrarlo.

Así se vio cortejada por él en varias escenas, hasta el momento en que ambos se entregaron al sentimiento del amor que ellos sintieron. Hasta entonces nunca había amado de verdad. Se arrepintió de haberse casado, pero ya era demasiado tarde.

Sin querer perder el amor de Marcos, Carolina se entregó a él y comenzaron a verse en secreto.

A Marcos no le gustó esta situación e insistió en que huyeran muy lejos, donde nadie pudiera encontrarlos. Estaba dispuesto a renunciar a todo para poder estar con ella.

Pero Carolina no aceptó. Marcos, aunque pertenecía a una familia noble, no era rico y si abandonaba todo, tendrían que empezar la vida sin nada.

Él insistió, ella se negó, pero el sentimiento que los unía cada día era más fuerte y seguían encontrándose.

Hasta que en la noche una carta anónima alertó a Lord Norton, y terminó encontrándolos juntos. Lleno de odio, llevó a Carolina y Laura, su hija de tres años, a una propiedad en el campo, donde solían veranear.

Lleno de amargura y rabia, Norton la tenía bajo constante vigilancia y la trataba con rudeza y crueldad. Del hombre delicado y reflexivo que satisfizo todos sus deseos, no quedó nada.

Mantuvo una relación íntima con su esposa, en contra de su voluntad, quien antes lo había visto como un amigo, ahora lo odiaba.

Volvió a reproducir la escena de su sueño cuando él amenazó con matar a Marcos y lloró desesperadamente. Las escenas se desvanecieron y Carolina despertó sollozando. Se sentó en la camilla diciendo con tristeza:

- Ahora lo sé, lo recuerdo todo. Durante muchos años fui prisionera de Norton, quien nunca me perdonó. Laura fue admitida en una escuela y nunca más la volví a ver. Muchas veces le pedí que me dejara verla, pero me decía que yo no era digna de eso.

Una noche escuché una conversación entre Norton y uno de sus hombres y supe que Marcos había sido herido en un enfrentamiento y estaba entre la vida y la muerte. Sospechaba de Norton. Había prometido acabar con Marcos. Estaba desesperado y, en la noche, cuando todos estaban dormidos decidí escaparme. Empaqué algunas pertenencias en una maleta, hice una cuerda para atar las sábanas y salí por la ventana.

Casi llegaba al suelo cuando escuché un disparo y al mismo tiempo sentí un fuego quemándome el pecho, no vi nada más.

Marcia se acercó y la abrazó diciendo:

- Golpeado por uno de los guardias que juzgó que era un ladrón, dejaste la carne. Años después, cuando llegué a esta comunidad, ya estabas aquí. Estuvimos juntas un tiempo, estudiando y preparándonos para el futuro.

- Me arrepentí de haber sido tan frívola, de haberme casado con Norton solo por vanidad, sin amor. Pagué un precio muy alto.

- Sufrió mucho con su muerte, se encerró en su castillo hasta el final de su vida. Laura dejó la escuela, lo visitaba a menudo en Landres. Era una chica encantadora. Norton le había dicho que estabas muy enferma y que por eso tenías que vivir en reclusión y no podía verte. Ella sufrió mucho. Le pidió verte, pero solo te lo permitió cuando estabas muerta.

- Después de venir aquí, obtuve permiso para verte y seguí tu vida. Pero cuando necesité reencarnar, perdí el contacto. Me encantaría saber dónde está.

El chico intervino:

- Llega por hoy. Ahora necesitas rehacerte a ti misma. Acuéstate de nuevo.

Carolina estaba demasiado emocionada y quería hacer más preguntas, pero el asistente la obligó a acostarse.

- Sé que esto no es un sueño. No quiero olvidar todo cuando vuelva a mi cuerpo.

- Recordarás solo lo esencial. Ahora, relájate, piensa que todo esto ha terminado y que hoy estás en otra experiencia.

Carolina cerró los ojos y luego se durmió. Marcia le alisó el cabello con cariño y la besó en la frente.

- Ve en paz, hija mía. Dios te bendiga.

La puerta de la sala se abrió y entró una mujer joven, lo que hizo que Carolina, medio dormida, se levantara. Abrazándola por la cintura, ambas emprendieron el camino.

CAPÍTULO 22

A mañana siguiente, Carolina abrió los ojos, miró a su alrededor tratando de recordar el sueño. En su memoria varias escenas se mezclaron, pero las más claras fueron las de su encuentro con Marcia, la habitación azul donde había estado, y las emociones fuertes que había sentido al acostarse en esa camilla.

Poco a poco fue recordando el pasado, donde la figura de Norton aparecía amenazante y Marcos apasionado, impulsivo, insistiendo en que huyeran lejos. Un sentimiento de arrepentimiento la invadió al recordar que no accedió a irse porque él no podía mantener el lujo al que estaba acostumbrada.

¿Qué hubiera sido de Marcos? ¿Norton lo había asesinado? Marcia no se lo había dicho. Tal vez él mismo se lo diría cuando se encontraran.

Reconoció que había sido ambiciosa, frívola. ¿Era por eso que la vida no les permitía estar juntos? ¿Dónde estaba Norton, también se habría reencarnado? ¿Cómo saber?

Marcia debería haberlo sabido, pero no lo había mencionado. ¿Por qué?

Unos golpes en la puerta del dormitorio la hicieron levantarse e ir a abrir. Ernestina estaba afuera:

- Como siempre, la puerta está cerrada. Tu padre ya está a la mesa tomando café y ni te levantaste. Apresúrate. Sabes que no le gusta esperar.

Carolina corrió a lavarse la cara y cepillarse los dientes. Se vistió lo más rápido que pudo. Cuando llegó a la despensa, notó que su padre ya se había servido y estaba untando mantequilla en el pan. Al verla llegar a toda prisa, comentó:

- Llegas tarde.

- Lo siento, papá. Me quedé hasta tarde estudiando y no escuché el despertador.

Carolina se sirvió café con leche, untó mantequilla a su pan y empezó a comer. A pesar de tratar de ocultarlo, se sintió diferente esa mañana. Se sintió más atenta, notando cosas que antes habían pasado desapercibidas.

Miró a su madre, que se servía y comía lentamente, a la vez que se aseguraba que no faltara nada, y le pareció que era mayor, más encorvada, como si llevara un gran peso sobre sus hombros.

Se estremeció al recordar el sueño en el que asaltaron el carruaje y su dama de honor se desmayó. La figura de ella se ajustó a la de Ernestina y Carolina entendió que las dos eran la misma persona. Su madre era su dama de honor reencarnada.

Tratando de ocultar su asombro, tomó unos sorbos de café con leche, tratando de calmarse.

Sonó el teléfono y Ernestina se levantó para contestar. Augusto Cezar se irritó:

- No deberías contestar. La gente necesita aprender a respetar nuestra privacidad. Llamar a esta hora de la mañana es de muy mal gusto.

El teléfono siguió sonando, Ruth contestó y le pidió a la persona que volviera a llamar más tarde.

Al ver el rostro contraído de su padre, Carolina casi se atragantó con su café con leche. Vio en él la figura de Norton. En ese momento tuvo la certeza que Augusto Cezar era Norton reencarnado.

Eso aclaró las razones por las que no había aceptado su matrimonio con Sérgio. Incluso olvidando los hechos del pasado, el padre aun la mantenía en prisión y no quería liberarla.

Las revelaciones fueron muy fuertes y Carolina se puso pálida, puso la taza en el platillo y dijo con voz débil:

- No me siento bien. Tengo que ir al baño - Augusto Cezar la miró con cierta preocupación:

- Estás pálida ¿Qué sientes?

- Malestar severo - Fue al baño.

Sin esperar respuesta, Carolina subió las escaleras y se encerró en el baño. Necesitaba ganar tiempo para analizar lo que acababa de descubrir.

¿Por qué Ethel, su dama de honor, se convirtió en su madre y la esposa de su padre? Mientras fijaba sus pensamientos en ella, recordó escenas en las que Ethel aparecía como una sombra de Norton, lista para obedecer todas sus órdenes sin cuestionar. Después que la sorprendiera con Marcos, Ethel se había convertido en su carcelera, cuidándola en todo momento.

Carolina recordó que no la maltrató ni trató de aprovecharse de la situación, simplemente hizo lo que él le dijo.

En aquellos días aguantaba a Ethel pero no la amaba, ahora como su madre todo era igual. Ernestina cumplió con todas sus obligaciones como madre y ama de casa, pero solo eso. Nunca había sido cariñosa ni había tenido manifestaciones de afecto.

Con Adalberto fue un poco diferente. Lo trató con admiración, era obvio que estaba orgullosa de él. Después que él se fue de la casa, ella se puso un poco más triste y callada. ¿Lo estaba extrañando?

Era difícil de decir. Ahora, ante lo que había descubierto, Carolina se preguntaba por qué seguía siendo parte de su vida. ¿Qué hechos del pasado ignoraba? Estaba claro que Augusto Cezar no veía a Ernestina como su esposa, aunque la trataba con respeto. Para él, ella seguía siendo la sirvienta a la que trataba bien porque le era fiel y obedecía todas sus órdenes.

Carolina se fue a su habitación tratando de ahondar en el pasado, recordando escenas de su infancia y cuanto más pensaba, más se convencía que todo era verdad.

Esa noche, antes de irse a dormir, oró pidiéndole a Dios que Marcos viniera a su encuentro. Quería contarle sus descubrimientos y al mismo tiempo escuchar lo que él tenía que decir al respecto. Por lo que le había dicho, el pasado no era un secreto para él.

Se acostó a dormir y pronto se durmió. Sin embargo, Marcos no fue a buscarla esa noche ni las siguientes.

Carolina se sintió diferente. Parecía otra persona. Empezaron las clases y Augusto Cezar la dejó ir sola a la universidad y ella se sentía feliz y de buen humor.

Pero a los pocos días notó que había un hombre que siempre la acompañaba a cierta distancia y cuando salía de la escuela también estaba cerca.

Empezó a sospechar que su padre lo había contratado para vigilarla. La hizo enojar. Hubo momentos en que su ira se mezclaba con su resentimiento por Norton y se esforzaba por no perder el control. ¿Y Marcos, que no vino a buscarla por la noche?

Empezó a pensar que tal vez estaba empezando a olvidar, que la distancia estaba acabando con su amor.

Hubo momentos en que ella quiso ir a verlo a São Paulo para un entendimiento. Pero eso sería romper con los padres para siempre. A Carolina no le importaba mucho que, como ya no los veía como padres, sino como parte de un pasado doloroso y cruel.

Pero no lo hizo, porque no estaba segura que eso eliminaría los impedimentos entre ella y Marcos.

¿Por qué la vida los había unido, convirtiendo a Norton en su padre y a Ethel en su madre? ¿Qué objetivos tendría?

Carolina recordó que Marcos le había dicho que la eliminación del impedimento que existía entre ellos dependía exclusivamente de ella, pues él ya había hecho su parte.

Una ruptura definitiva con sus padres podría retrasar aun más su unión con Marcos. La solución debería ser otra. Carolina estaba tratando de encontrarla.

Al verse observada, no había intentado llamar a nadie por miedo a perder la poca libertad que disfrutaba. Una tarde, cuando Ernestina llegó a su casa, le entregó una carta y notó que el sobre estaba abierto. A pesar del rubor de indignación que inundó su rostro, no dijo nada. Luego se dio cuenta que la letra era de Áurea.

Entró en el dormitorio pensando que tal vez habían llegado otras cartas y habían sido interceptadas. Aun así, sintió placer al recibir noticias de su amiga. Había escrito sobre su vida en São Paulo, sus clases, las amistades que había hecho en la universidad.

Informó que había ido a visitar a Guillermina porque Adalberto le había dicho que no se encontraba bien de salud. Ni una palabra sobre Sérgio. Hablaba de una colega de cuando estudiaban juntos, de nombre Celia, que también estaba en la capital para estudiar y que todos los días le preguntaba si tenía noticias de Carolina. Como no recordaba haber estudiado con ninguna Celia, comprendió que Áurea había usado ese subterfugio para decirle que Sérgio estaba ansioso por recibir noticias.

Un suave calor invadió su corazón. Sérgio la seguía queriendo como siempre, extrañándola. Si no había ido a buscarla durante la noche, era porque no podía.

Inmediatamente respondió la carta diciendo lo feliz que estaba de tener la noticia y que ya estaba asistiendo a sus clases en la universidad. También extrañaba a Celia, deseaba que ella también le escribiera.

Metió la carta en el sobre y lo dejó abierto. Estaba segura que sus padres lo leerían, pero si no sospecharan, ella podría tener noticias de Sérgio aunque él escribiera con nombre de mujer.

A la hora de la cena, Carolina habló sobre la carta:

-Escribió Áurea y dijo que la abuela no está bien. Me gustaría llamarla y ver si mejora.

- No es preciso. Odete me llamó ayer. Tu abuela no estaba allí, pero fue al médico y pronto se recuperó. Por suerte no fue nada grave. Una indisposición pasajera.

- Aun así, papá, me encantaría hablar con ella. Amo a la abuela y a la tía Odete.

- Hoy la llamé para saber cómo estaba y ¿sabes qué hizo? Se negó a hablar conmigo. Todo porque te traje a casa. Ella no se conforma.

- Disfrutó mucho de mi compañía. Después de la muerte del abuelo, ellas se sentían muy solas.

Augusto Cezar frunció el ceño, tratando de contener su irritación:

- Tiene a Odete y Adalberto. Tenía que contentarse con eso. Le dije desde el principio que estarías allí solo por un tiempo.

- Las extraño...

- Bueno, no debería haberlo hecho. Mamá no está de mi lado. En vez de decirle a Adalberto que se fuera a su casa, hizo exactamente lo contrario. Ella lo acogió a pesar que sabía que yo no lo aprobaba.

Carolina se quedó en silencio. ¿De qué serviría cuestionar? Sabía la resistencia de su padre también y más aun de Norton, quien quería que ella liderara.

Después de la cena, Augusto Cezar fue a la sala a leer el periódico y Carolina observó cómo su madre ayudaba a Ruth a limpiar la mesa. En su mente venían escenas de aquella época en que ella era Ethel y aunque habían vivido juntas durante años nunca habían tenido intimidad. A pesar que se convirtió en su madre, continuó siendo una desconocida.

¿Cómo sería por dentro? ¿Por qué había permanecido tan pasiva durante tanto tiempo? ¿Cuál sería su verdadera personalidad? ¿Qué secretos guardaba dentro de su corazón?

Tenía ganas de observarla mejor. Tal vez ella podría entender un poco más sobre las causas de tener que vivir juntos.

Sabía que la inteligencia de la vida unía a las personas para que aprendieran unas de otras ¿Qué tendría que enseñarle Ernestina? Y el padre, ¿qué lecciones tendría que aprender para liberarse? Cuando pensaba en ellos, solo veía los defectos. La madre era apagada y no tenía voluntad propia. No quería ser como ella, su padre, un hombre testarudo y obstinado, que obligaba a la familia a hacer solo lo que él quería. Incapaz de un gesto de cariño. No. Sus padres no tenían nada que enseñarle.

Ese pensamiento la amargaba y la entristecía ¿Qué tendría que hacer para librarse de ellos?

Esa noche, cuando se acostó, no oró ni pidió nada. Quería dormir, olvidarse de sus preocupaciones. Se quedó dormida y poco después se encontró caminando en un lugar oscuro y desagradable.

- Necesito salir de aquí - pensó con miedo.

- Escucharás todo lo que necesito decirte.

Carolina volteó y vio a un joven, alto y delgado, cuyos ojos brillantes la miraban con ira.

- ¿Quién eres tú y qué quieres?

- ¿Cómo puedes criticar a la mujer que amo?

¿Por qué ahora tiene todo lo que crees que es mejor que ella? No sabes cuánto ha sufrido por tu culpa y cuánto se ha sacrificado por tu bienestar.

Carolina negó negativamente con la cabeza, sin ocultar su sorpresa:

- ¿De qué estás hablando?

- De Ethel, por amor a ti me dejó de lado. Tenía planes, la quería mucho, quería tener una familia. Hoy estoy en esta soledad por tu culpa.

-Te equivocas. Norton estaba a cargo de Ethel, no yo.

- Pero fuiste tú quien consiguió ese amante y, por eso, ella pagó por su error.

- ¿Cómo así?

- Después de tu muerte, él la persiguió queriendo saber dónde estaba tu amante. Quería acabar con él, pero Ethel nunca le dijo dónde estaba Marcos. Intenté huir con ella, llevarla lejos, pero él la tomó prisionera y no pude encontrarla. Él la acusó de encubrir tus aventuras amorosas. Todo lo que nos pasó fue tu culpa.

Carolina tembló, sintiendo el peso de esa acusación y trató de defenderse:

- No sabía que Ethel tenía novio o que la estaba lastimando.

- ¡Claro! Solo tenías ojos para tus problemas. Nunca te preocupaste por la pobre chica que hizo todo lo posible para evitar que Norton te descubriera y te castigara.

Las lágrimas corrían por el rostro de Carolina y dijo:

- ¡Yo no sabía! ¡Perdóname! ¡Yo no sabía!

Carolina despertó sollozando, sintiendo aun el peso de su mirada acusadora y nerviosa.

Se levantó, se lavó la cara, tomó un vaso de agua y respiró hondo. Después, se sentó en la cama pensativa. ¿Cómo había vivido Ethel un drama, sufrido por su culpa y nunca se dio cuenta?

Reconoció que ella solo tenía ojos para su propio drama, sin importarle los que la rodeaban.

Por primera vez, comenzó a pensar que tal vez no había sido la víctima que había pensado. ¿Qué otros secretos aun guardaría Ernestina en su corazón?

Volvió a acostarse tratando de conciliar el sueño, pero pensamientos salvajes, escenas del pasado la visitaron y fue solo cuando el día aclaró que logró conciliar el sueño.

Aun habiendo dormido mal, Carolina se levantó a la hora habitual. Cuando bajó a desayunar, sus padres ya estaban instalados. Dijo buenos días y se acomodó. Pero no podía apartar los ojos de Ernestina, observándola furtivamente.

Notó que había perdido peso, sus manos no estaban firmes y sus ojos inquietos reflejaban cierto miedo mientras miraba a su alrededor para ver si todo estaba en orden.

¿A qué le tendría miedo? Su padre era austero, testarudo, exigente, pero nunca había sido violento y la trataba con respeto. Quería saber más. Después que su padre se fue al trabajo, en lugar de encerrarse en su habitación para leer, Carolina tomó un libro de estudio y se sentó en la sala.

Después de dar órdenes para el almuerzo, Ernestina se dirigió al cuarto de costura. Carolina se levantó y fue hacia ella quien al verla entrar le preguntó:

- ¿Necesitas algo?

- No. ¿Qué estás haciendo? - Ernestina la miró asombrada:

- ¿Cómo así?

- Siempre estás haciendo algo. ¿No estás cansada?

- Cuidar una casa da trabajo. Quiero que todo esté en orden.

Carolina fijó sus ojos en los de ella y no pudo evitarlo:

- ¿Has perdido peso, te sientes bien?

- No estoy enferma y no me gusta quedarme quieta.

- Nunca buscas distraerte, siempre estás trabajando.

- La vida de una mujer es solo eso. No hay tiempo para pensar tonterías -. Carolina iba a contestar, pero Ernestina se puso las manos en las caderas y preguntó con cierta irritación:

- ¿Qué es ahora?¿Qué quieres?

- Hablar contigo. Nunca hablábamos ni intercambiábamos ideas. Extraño la compañía.

- Tengo mucho que hacer y tú siempre estás encerrada en tu habitación, no sé por qué - Carolina se acercó poniendo su mano en su brazo:

- Mamá, a veces me siento muy sola. Después que se fue Adalberto, empeoró.

El brillo de una lágrima en sus ojos tocó a Carolina, quien continuó:

- Yo lo extraño mucho.

- Es tarde para decir eso.

- Tú también lo extrañas.

- Lo hago. Pero no hay nada que puedas hacer.

Carolina suspiró, miró a su madre con seriedad y respondió:

- Por supuesto que lo hay. Adalberto tiene derecho a elegir su propio camino. Es un hombre. Si prefería estudiar en la capital, todos deberíamos aprobar. Es un chico estudioso, nato. No hay motivo por el que no pueda visitarnos.

- Todo hijo debe obedecer a sus padres. Fue un desagradecido. Tu padre está pensando en su bien.

- Si hubiera pensado en su bien, lo habría apoyado, no lo habría echado de aquí como si hubiera cometido un delito.

Ernestina se estremeció como si le hubieran dado una bofetada y reaccionó:

- No te permito hablar así de tu padre. Le debes respeto.

- Eres madre y estás de acuerdo con su actitud. Si fuera mi hijo pelearía, no dejaría que nadie le hiciera eso. No es justo. Deberías haber interferido. No dejar que lo despidiera así.

Ernestina palideció y se aferró a la mesa, respirando con dificultad.

- Mamá, ¿qué pasó? ¿Te sientes mal?

Carolina la apoyó y la hizo sentarse. Llamó a Ruth y le pidió que trajera un vaso de agua.

Ernestina temblaba como si tuviera fiebre. Ruth trajo el agua.

- Bebe, madre. Cálmate.

Carolina sostuvo el vaso y la ayudó a tomar unos sorbos. Luego acercó una silla, se sentó a su lado y le tomó las manos. Estaban frías y empezó a frotarlos. Sintiendo pena por ella, echó uno de sus brazos sobre los hombros de su madre, tratando de consolarla.

Entonces Ernestina estalló en llanto, un llanto sincero y triste, como nunca Carolina recordaría haberla visto. Ella la abrazó con fuerza y ella se acurrucó en sus brazos como una niña.

Emocionada, Carolina pensó en Dios pidiendo ayuda. No sabía qué hacer. Poco a poco, la madre se calmó y dejó de llorar. Carolina se levantó, tirando de ella para que hiciera lo mismo. Luego la abrazó, diciendo con voz tranquila:

- Vamos, madre. Necesitas descansar. Vamos a tu habitación.

Parecía impotente y no se opuso. Se dejó conducir con docilidad. Una vez en la habitación, Carolina le quitó los zapatos y la acomodó en la cama. Entonces se dio cuenta y trató de levantarse, pero Carolina le alisó suavemente el cabello, diciendo:

- Estás cansada, herida, triste. Necesitas recuperar tu fuerza.

- Necesito hacerme cargo de mis obligaciones.

- Ahora no. Está bien y si es necesario puedo hacerlo yo misma.

Ernestina la miró asombrada:

- No sabes, nunca te han interesado las cosas de casa.

- Pero ahora estoy interesada. Tu bienestar es más importante que cualquier otra cosa en este momento.

Algunas lágrimas aparecieron de nuevo en sus ojos, y trató de explicar:

- Yo no estoy enferma, puedo reaccionar

- Pero no te dejaré. Me sentaré a tu lado y cerrarás los ojos y te relajarás.

Carolina comenzó a acariciarle la frente con cariño. Se sintió consternada al ver que su madre sufría y ella nunca había hecho nada para consolarla.

Ernestina cerró los ojos mientras Carolina pensaba en Dios, pidiéndole a los espíritus de la luz, Marcia, que la inspiraran en lo que debía hacer.

CAPÍTULO 23

Una hora después, Ernestina se despertó sobresaltada, abrió los ojos y se levantó a toda prisa:

- ¿Qué hora es? ¿Por qué me dejaste dormir así?

- Estabas cansada y necesitabas dormir. Es demasiado pronto.
Descansa.

- No puedo, el almuerzo no puede llegar tarde.

Se puso los zapatos y fue a la cocina. Carolina la acompañó:

- Esta todo bien. Justo ahora estaba con Ruth.

Revisó todo y suspiró aliviada. La mesa de la despensa ya estaba puesta, había un arreglo de flores en el centro, y Carolina explicó:

- Recogí estas flores y las puse sobre la mesa. ¿No fue hermoso?

- Sí... quedó.

Ernestina se avergonzaba de haber perdido el control frente a su hija. Apartó la mirada y trató de ocultarlo. Carolina notó la vergüenza y pensó que era mejor dejarla en paz. Fue al dormitorio donde, tendida en la cama, reflexionó sobre lo sucedido.

Ernestina no era la mujer indiferente que imaginaba.

¿Cómo sería ella en la realidad? ¿Qué razón habría tenido para construir una barrera frente a los demás como si nada pudiera dañarla?

La recordaba siempre sin emociones, fría, ausente como si lo que pasaba a su alrededor no le preocupara. De hecho, su emoción había sido reveladora. Demostró que lo sentía, pero hizo todo lo posible para asegurarse que nadie lo supiera.

¿Por qué no reaccionó a los contratiempos como sería natural? ¿Cómo siguió sirviendo a Norton, cumpliendo sus órdenes incluso después de tanto tiempo, experimentando una situación muy diferente a aquella en la que solo era su sirvienta? Ahora ella era la esposa, la compañera, pero no se comportaba como tal.

¿Con qué propósito los unirá la vida en esta encarnación como marido y mujer? Sabía que Dios une a las personas para aprender unos de otros. Pero al parecer Ernestina no estaba aprendiendo nada, seguía igual.

Adolorida, Carolina decidió que a partir de ese día se acercaría más a ella, trataría de conocerla mejor.

Ese hombre del sueño la había acusado de haberles hecho daño, pero ella no recordaba haberles hecho daño. Pero algo dentro de ella le decía que había estado callada, indiferente, y ese sentimiento la incomodaba porque, estando nuevamente a su lado, ahora como una hija, seguía distanciada, sin ningún reconocimiento por lo que estaba haciendo a favor de su bienestar.

A partir de ese día, Carolina pasó más tiempo con su madre, pidiéndole su opinión sobre pequeñas cosas, hablándole de la universidad, hablando de moda, de música, de cine.

Al principio, Ernestina respondía con monosílabos, sin embargo, poco a poco empezó a participar más, a hablar, a dar algunas opiniones tímidas pero sensatas e inteligentes, que sorprendieron a Carolina. Comenzó a notar que su madre era más perspicaz de lo que creía.

Si antes Carolina lo hizo por obligación, pues pasaba el tiempo sintiendo placer y admiración al descubrir algunas de las cualidades de Ernestina.

La relación de Carolina con su padre era tan distante como siempre. Pero a veces, cuando ella y su madre hablaban animadamente, ella se sorprendió por su mirada inquisitiva sobre ellos.

Él no estaba hablando con su mujer. No le hablaba de negocios, y cuando le confiaba otros temas, era sin estar dispuesta a expresar su propia opinión y como estaba de acuerdo con todo, ahí murió el tema.

Carolina empezó a pensar que tal vez su padre, además de lo había hecho ella misma, supuso que Ernestina tenía una inteligencia limitada.

Sintió que tenía que hacer algo para cambiar esa situación. Al día siguiente, durante el café de la mañana, Carolina le dijo a su madre que tenía una colega en la universidad que estaba deprimida.

- Ella me habló y descubrí que ella piensa que es fea, piensa que nadie la quiere, no tiene placer en la vida. Es una niña linda que lo tiene todo ¿qué crees que podría hacer para ayudarla?

Ernestina pensó por un momento, luego respondió:

- Decir la verdad.

- Bueno, lo que hice, pero ella no lo cree. Ella se ve fea.

Ernestina suspiró con tristeza y dijo:

- Tal vez fue rechazada por alguien, alguien a quien admira y considera, y se resintió.

- Sí, puede ser. Verificaré si eso sucedió. Las personas a veces están de mal humor y se desahogan con los demás.

Augusto Cezar las observaba en silencio. Sintió que entre ellas algo diferente estaba pasando. Antes, siempre que quería saber algo, era a él a quien preguntaba Carolina. ¿Por qué prefería a su madre ahora?

¿Era porque todavía estaba enfadada con él por no haber accedido a que saliera con ella?

Se removió inquieto en su silla. Necesitaba entender que él estaba haciendo todo por su propio bien. Ernestina no tenía el conocimiento para responder como debía.

- Mi padre siempre me hizo eso. Era muy severo, lo veía mirando todo lo que hacía y solo me criticaba. Dijo que era para que yo me corrigiera. Pero yo estaba muy enojada. Aun hoy cuando me acuerdo, me siento mal del estómago - dijo Ernestina.

Augusto Cezar la miró sorprendido. No esperaba esa respuesta. Sabía que Ernestina había sido criada por un padre estricto, lo nuevo era el enfado que decía sentir al respecto. Ella nunca se lo había dicho ¿Qué más mantendría en secreto?

- ¿Y eso te hizo sentir rechazada? - Preguntó Carolina.

- Claro. Tenía muchas ganas de complacer a mis padres y cuando él me miraba y me criticaba pensaba que era menos porque no podía complacerlo. Sufrí mucho.

Carolina la miró seria y dijo:

-Ahora entiendo porque pareces tan triste. Nunca te veo sonreír, cantar, jugar. Debe ser por estos recuerdos.

- Trato de no recordar, pero de vez en cuando me siguen molestando.

- Eso ya pasó, hoy eres una excelente ama de casa y una buena madre que siempre está cuidando el bienestar de la familia.

Hubo un destello de emoción en los ojos de Ernestina, que bajó la mirada, tratando de ocultarlo.

- Gracias, mama. Me ayudaste a entender un poco más sobre la vida.

Después del desayuno, Carolina se fue a su habitación a estudiar un poco, pero el interés de su padre y la forma diferente en que miraba a su esposa no pasó desapercibido.

Ni bien Carolina dejó la copa, Augusto Cezar volvió:

- Carolina me parece diferente. ¿Crees que ya se olvidó de ese novio?

- No sé. Ella nunca menciona su nombre.

- Ella está más cerca de ti. ¿Sucedió algo? - Había sospecha en su voz.

Ernestina se encogió de hombros:

- No pasó nada. Debe sentirse muy sola, sin amigos, sin su hermano... y es natural que se acerque más a mí.

- ¿Qué quieres decir con eso? ¿Me estás criticando por ser duro con Adalberto?

Los ojos de Ernestina brillaron y apretó los labios y no respondió.

- No me respondiste. ¿Incluso tú estás en mi contra ahora?

- No estoy en tu contra, pero prefiero tener a mi hijo aquí en casa.

- Que desagradecido. Fue él quien eligió dejarnos.

- Él es nuestro hijo. Buscó nuestro apoyo y fracasó. ¿Cómo estará?

Augusto Cezar se levantó irritado.

- Sabía que estabas en mi contra. Nunca dije nada, pero sentí tu mirada triste sobre mí.

Ernestina también se levantó y en un arranque de coraje dijo:

- Estoy triste, sí. Sufro la ausencia de mi hijo sin saber qué está haciendo y cómo está viviendo fuera de casa.

[302]

- Tu tristeza es una afrenta. Sabes que hago todo por el bien de nuestra familia. Se fue, pero volverá con pesar para pedir perdón. Entonces todo será mejor que antes.

- ¿Y si no vuelve? ¿Y si consigue hacer lo que quiere sin nuestra ayuda?

- No creo. Él es inexperto. Pronto volverá, ya verás. Ahora ya no quiero ver tu cara triste.

- No voy a fingir solo para ser amable contigo. Estoy triste, ¿qué puedo hacer?

Ernestina dejó el tema y se fue a la cocina. Augusto Cezar se enojó, quiso ir tras ella, pero encontró mejor irse a trabajar para no montar un escándalo delante de la criada.

Ernestina nunca lo había enfrentado como esa mañana. No podía dejarla continuar con esa actitud. ¿Dónde se ha visto? Era la cabeza de familia, el sostén de la familia, el marido. Tenía que obedecer y hacer lo que él decía.

Desde donde estaba, Ernestina escuchó a su esposo dar un portazo al salir y volvió a la sala. Fue difícil contener las lágrimas de indignación. Desde que Augusto Cezar había expulsado a su hijo, había tratado de contener su ira, pero últimamente le había resultado difícil mirar a su esposo y no gritar su rebelión.

Su hijo era su deleite. Adoraba su linda figura, sus ojos alegres, sus ocurrencias, se enorgullecía cuando iban a caminar por la plaza y notó las miradas de admiración de las chicas sobre él.

Siempre había sido un chico guapo, inteligente, que era bueno para tratar con su padre, pero los ojos traviesos del hijo a veces le hicieron temer que un día ya no aceptaría las imposiciones de su padre. Cuando eso sucedió, entró en pánico, pero no tuvo el coraje de ir en contra de su esposo. Primero porque pensó que Adalberto volvería y todo estaría bien, segundo porque conocía el temperamento de Augusto Cezar y sabía que no cambiaría de opinión.

Pero los días pasaban y ella empeoraba más y más, sin saber cómo le iba, qué estaba pasando en la capital, si siquiera estaba asistiendo a la universidad. Sin dinero, ¿cómo podría hacer eso? Su suegra y su cuñada tenían buenos ingresos, pero Guillermina estaba enferma y tenía muchos gastos de salud.

La mejor relación con Carolina, quien la valoraba pidiéndole opiniones, intercambiando ideas, aceptando su forma de pensar, contrastaba con la forma en que la trataba su esposo, hablándole solo de asuntos domésticos cotidianos. Ahora empezaba a notar la diferencia, y la irritaba aun más.

De repente, tomó una decisión. Cogió el teléfono y llamó al número de casa de Guillermina. Respondió Odete y ella dijo:

- Soy yo, Odete, ¿cómo estás?

- Bien... ¿Pasó algo?

- No. Esta todo bien. Quiero hablar con Adalberto, ¿está ahí?

- No. Está en la universidad.

- ¿Está asistiendo a clases? ¿Está todo bien con él? Lo extraño mucho.

- Le va bien, le gusta la universidad, también trabaja.

- ¡Gracias a Dios! ¿Consiguió un trabajo?

- Sí. Es muy trabajador y estudioso.

- Estaba preocupada, no tenía noticias.

- ¿Por qué no llamaste antes?

- Ya sabes cómo son las cosas aquí en casa.

- Augusto Cezar te detuvo. El testarudo. Tampoco volvió a llamar, ni siquiera para preguntar por la salud de mamá.

- ¿Ella está bien?

- ¡Gracias a Dios! La presencia de Adalberto le ha hecho mucho bien. Extrañamos mucho a Carolina.

- Ella también las extraña.

- Me alegra que Augusto Cezar te haya dejado llamar.

- No lo hizo. Te llamo porque no soporto no saber nada más de mi hijo.

Odete se quedó en silencio por unos segundos ¿Qué pudo haber pasado para que Ernestina tomara esa actitud en contra de la voluntad de su esposo? - Finalmente respondió:

- Lo hiciste muy bien. Eres madre, tienes ese derecho. Adalberto es un buen tipo, no está haciendo nada malo, mi hermano no tiene ganas de imponer su forma de pensar. Creció, es un hombre, tiene sus propias ideas. Me alegro que hayas tomado esa actitud.

- ¿A qué hora podría llamar para hablar con él?

- Hasta las nueve de la mañana está en casa. Él estará muy feliz de saber que llamaste. Es nostálgico. A toda hora habla de ti, menciona el cariño con el que cuidabas sus cosas, como buscabas recetas para hacer lo que a él le gustaba.

A Ernestina se le llenaron los ojos de lágrimas y el rostro enrojecido de placer, su hijo nunca la había elogiado, pero ella sentía que la admiraba.

- Gracias por cuidar a mi hijo con tanto cariño. Que Dios las proteja.

- A ti también. Finalmente tomaste una sabia decisión. Siempre nos preguntamos por qué permites que Augusto Cezar sea tan mandón. Él exige y tú obedeces, incluso cuando se pasa de la raya. Lo que está haciendo con sus hijos es repugnante.

Ernestina suspiró. A pesar de estar de acuerdo con su cuñada, tenía miedo de admitirlo.

- Mira, Odete, a ver si te puedo llamar a esa hora. Augusto Cezar sale a las ocho. Dile a Adalberto que lo extraño mucho, que rezo todas las noches para que sea feliz...

Se le quebró la voz y suspiró con tristeza, luego continuó:

-Mañana temprano te llamo. Les mando un abrazo a Guillermina y a ti.

- Otro. Esperaremos tu llamada.

Ernestina colgó con mano temblorosa. Se sentó en el sillón y suspiró aliviada. ¿Por qué no hizo esto antes? ¿Por qué había sufrido tanto sin saber la noticia si podía haber llamado y preguntado? Odete tenía razón. No podía obedecer a su marido cuando le daba órdenes que la ablandaban.

Respiró hondo, se levantó y fue a tocar la puerta del dormitorio de Carolina, la cual se abrió y pronto notó que algo había pasado. Ernestina estaba sonrojada, emocionada:

- ¿Qué pasa, madre, pasó algo?

Entró, cerró la puerta, se sentó en la cama y me dijo furiosa:

- Sí. Llamé a Odete buscando noticias de tu hermano.

Carolina saltó de alegría:

- ¿Verdad? ¿Hablaste con ella?

- Sí. No estaba en casa, había ido a la universidad. Consiguió un trabajo.

- ¡Qué bueno! ¿Dónde está trabajando?

- Ella no dijo. Estaba más interesada en saber si está bien. Aseguró que él está genial, pero nos extraña a las dos - Sonrió y continuó -. Dijo que él habla de mí todo el tiempo, de cómo me ocupo de todo, de la comida que a él le gusta.

- Ya dije que eres una excelente madre y gran dueña de casa.

Carolina abrazó a su madre y las dos se rieron de satisfacción.

- Odete se alegró que la hubiera llamado aun en contra de la voluntad de su padre. Dijo que no debería aceptar todo lo que dice.

- Ella está en lo correcto. Solo debemos aceptar las cosas que están de acuerdo con nuestra voluntad. Cuando no estamos de acuerdo tenemos el derecho de rechazarlos. ¿Vas a decirle a papá que llamaste?

Ernestina se estremeció:

- Claro que no. Estará muy enojado y no me dejará llamar mañana.

- Y... Él hará precisamente eso. Pero sería muy bueno si él entiende a que no estás de acuerdo con lo que hace.

- Él sabe. Esta mañana le dije eso.

Carolina abrió la boca y la volvió a cerrar. Ernestina estaba reaccionando y eso era muy bueno.

- Te estás convirtiendo en una mujer valiente. Siempre he pensado que actúa así porque nunca le dijiste que no aprobabas ciertas acciones. Al actuar de esta manera, no solo estás permitiendo que continúe, sino que también estás contribuyendo a que empeore.

- ¿Lo crees?

- Lo creo. Y Adalberto también. Varias veces se quejó que no reaccionabas cuando papá era injusto y demasiado duro.

- Sí... Me lo dijo varias veces. Pero no sé qué es, cuando tu padre me mira con esos ojos deslumbrantes, entro en pánico, pierdo hasta la razón.

Carolina recordó a Norton, acarició cariñosamente la cabeza de su madre. Todavía guardaba en su inconsciente las cosas malas que él le había hecho en otra vida. Dijo con cariño:

- Mamá, no hay por qué tenerle tanto miedo a papá. Es duro, pero nunca ha sido violento. Nunca te amenazó. Te trata siempre con respeto. Cuando sientas este miedo, debes reaccionar. Puede pelear, pero no creo que se vuelva agresivo.

- Sí, no creo que pueda.

- En ese caso, ¿qué te impide decir lo que piensas? Cuando dices lo que sientes, expresas lo que crees, la gente puede no estar de acuerdo, pero te respetan.

- No sé si podría hacer eso. Hay un montón de cosas que dice que odio.

Carolina sonrió y respondió:

- En ese caso, no deberías aceptarlas. Estoy seguro que cuando obedeces y vas en contra de tus sentimientos, después te sientes infeliz, equivocado, débil. Mientras que cuando expresa lo que realmente siente, se siente ligera, valorada y más feliz, aunque los demás no estén de acuerdo.

- De hecho, me he sentido así muchas veces. Cuando Adalberto hizo su maleta y se fue de esta casa, quise abrazarlo y decirle que no quería que se fuera. Pero me quedé en silencio, mi corazón latía con fuerza, tan enojado conmigo misma por ser tan débil.

- En ese momento, ¿qué te apetecía hacer?

Ernestina se levantó, abrió los brazos y dijo enfadada:

- De gritar que no quería que se fuera así. Exigiendo que Augusto Cezar cambie de opinión. Si no, saldría con él.

- Pero fue Adalberto quien quiso irse de la casa.

- Quería estudiar en la capital, pero estar conectado con nosotros, quedarse aquí hasta que comenzaran las clases, venir a caminar los fines de semana. Eso sería correcto. Pero no, Augusto Cezar lo echó, hizo más, le quitó la mesada. Estaba muy enojado.

Sus ojos brillaban con resentimiento y Carolina se preguntó cuánta fuerza tenía para ocultar esos sentimientos y permanecer pasiva. Se dio cuenta que Ernestina era una mujer muy fuerte, que usó su propia fuerza para inmovilizarse.

Sintió que necesitaba ayudarla a revertir este acto, utilizando la enorme fuerza que tenía a su favor para encontrar su espacio y convertirse en una verdadera mujer.

CAPÍTULO 24

A la mañana siguiente, después que Augusto Cezar se fue a trabajar, Ernestina y Carolina llamaron a Guillermina a su casa. Para su deleite, fue Adalberto quien contestó.

Ernestina, al oír la voz de su hijo, se conmovió:

- ¡Hijo mío! ¿Estás bien?

- Sí. Me moría por hablar contigo, pero no llamé por miedo a causar problemas. ¿Cómo están las cosas en casa?

- De la misma forma. Su padre sigue siendo intransigente. Decidí llamar de todos modos. No estoy de acuerdo con lo que te está haciendo.

- ¡Es bueno escuchar eso, madre! Por fin te diste cuenta de la verdad.

- Tu padre es un hombre muy bueno, de valor, pero durante mucho tiempo no estuve de acuerdo con ciertas cosas que hace.

- Me alegra que hayas tomado esa actitud. No quiere escucharme a mí ni a Carolina. Eres la única persona que puede mostrarle que necesita cambiar, ya no soy un niño. He aprendido mucho desde que me fui de casa. Cuando llegué aquí estaba inseguro, sin saber qué hacer. Papá nunca me dejó tomar ninguna decisión. Siempre arreglaba todo.

Y ni siquiera me pidió mi opinión. Esta es mi vida y tengo derecho a elegir mi camino.

- Lo sé, hijo. Pienso como tú. Pero él es difícil de tratar. Estoy llamando en secreto e incluso para eso tuve que usar mucha fuerza para vencer el miedo. Carolina me ha ayudado mucho.

- No es mucho, pero es un comienzo. Tú, como madre, tienes todo el derecho a tomar una posición sobre nuestro futuro.

- Es lo que pienso. Fue por eso que decidí reaccionar. Y no me arrepiento. Muchas veces perdí el sueño, en la angustia, imaginando lo que te estaba pasando.

- No te preocupes. Aquí me están tratando muy bien. Las dos hacen todo por mi bienestar.

- Odete dijo que estás trabajando.

- Estoy. No fue fácil conseguir este trabajo. Fue Sérgio quien me ayudó, su padre es un abogado famoso y me recomendó a un colega. Estoy trabajando en un bufete de abogados. Debido a la universidad, solo trabajo medio tiempo, no gano mucho, pero ha sido suficiente para mis gastos personales.

- A ver si te puedo enviar algo de dinero, tengo unos ahorros.

- No madre. Papá podría descubrirlo y pelear contigo. Yo estoy muy bien. No necesito nada.

Ernestina quería saber todos los detalles de la vida que llevaba y cuando estuvo satisfecha, le pasó el teléfono a Carolina, quien tenía muchas ganas de hablar con su hermano, prometiéndole que volvería a llamar.

Apenas contestó, Carolina preguntó por Sérgio.

- Sabía que querrías saber. Pero no diré nada. Él, sabiendo que mamá iba a llamar y que podrías estar cerca, se presentó aquí a las siete de la mañana y está aquí a mi lado queriendo agarrar el teléfono.

Carolina sintió una fuerte emoción. Ella no esperaba que eso fuera posible. La voz se le murió en la garganta y respiró hondo al escuchar a Sérgio decir con emoción:

- Carolina, Carolina, ¿estás ahí? Háblame, ya no aguanto más este anhelo.

- Yo también - respondió ella, sintiendo un inmenso placer.

- ¿Cómo estás?

- Mas o menos. Te he estado esperando todas las noches, pero no vienes.

- No obtuve permiso. Marcia dijo que estabas en un proceso interno y que sería mejor que no interfiriera. No sabes cuánto he estado pensando en ti, dos veces he estado en tu habitación para verte con la promesa de no intervenir. Carolina miró a su madre que, asombrada, escuchaba lo que decía y sintió que no podía hablar abiertamente de sus experiencias anteriores. Solo dijo:

-He tenido algunas revelaciones, pero todavía hay algunos puntos que necesito aclarar. Cambié mi actitud interior y empezaron a producirse cambios a mi alrededor.

- Cuando escuché que tu mamá llamó y que ibas a estar junto a ella esta mañana, realmente sentí que hubo un cambio.

- Me gustaría contarte lo que descubrí, pero ahora no es posible.

- Yo entiendo. Estoy muy feliz de poder escuchar tu voz, de saber que aun piensas en mí, tanto como yo en ti.

- Eres parte de mi vida. Pase lo que pase, pase lo que pase, al final sé que estaremos juntos para siempre.

- Y lo que más deseo. Quiero ir allí. ¿Serías capaz de encontrarme?

- Todavía no. Solo salgo de casa para ir a la universidad, pero mi padre ha puesto un centinela que me sigue a todas partes.

Sérgio suspiró nervioso. Esto fue demasiado.

- Tengo ganas de volver a hablar con tu padre y pedirle que consienta en nuestro matrimonio.

- Eso no funcionaría.

- A veces pienso que podríamos huir juntos y arreglar este asunto de una vez por todas. Así que no tendría más remedio que aceptar nuestro matrimonio.

- Fuiste tú mismo quien me hizo ver que hay una fuerza mayor que nos impide estar juntos y mientras no pueda solucionarlo, nada funcionará. Sé que tienes razón. Estoy tratando de hacer mi parte. Creo que este es el camino a seguir.

- ¿Cuánto tiempo todavía tenemos que esperar?

- Espero que no sea demasiado. Necesitamos ser pacientes, después de todo, tenemos toda la eternidad por delante.

- Siento que lo vamos a lograr en esta vida.

-Yo también.

Después de hablar un poco más, se vieron obligados a colgar. Por un lado, Adalberto, que necesitaba irse, y por el otro, Ernestina, que pensó que la llamada muy larga podría llamar la atención de su marido sobre la llamada telefónica.

Cuando Carolina colgó, Ernestina volvió:

- No entendí tu conversación con ese chico. Te quejaste que no vino a verte aquí. Menos mal, porque si él hubiera venido, su padre no habría permitido que se conocieran.

- Madre, Sérgio no viene personalmente. Vino un par de veces en un sueño.

- ¿Cómo así? Eso no puede ser, estás alucinando perros.. Explícame.

- No madre. Cuando nuestro cuerpo duerme, nuestro espíritu puede salir y visitar a las personas que te gustan. Sérgio vino a verme un par de veces.

Ernestina negó con la cabeza negativamente, mirándola con inquietud.

- No te pareces a un dobladillo para mí. Nunca escuché de eso.

- Pero es verdad. Cuando duermes, puedes conocer a alguien que quieras ver e incluso a nuestros familiares que han muerto y vienen a visitarnos.

Ernestina se quedó pensativa unos instantes y luego dijo:

- Cuando murió mi madre, una vez soñé con ella abrazándome. Fue un sueño tan fuerte, tan vivo que hasta olí su perfume. Durante los días que siguieron recordé este sueño muchas veces. Se sentía verdad. Me pidió que no llorara más por su muerte porque estaba viva y mi tristeza la ponía ansiosa.

- Puedes tener razón, mamá, el espíritu del abuelo vino a visitarte.

- Después de eso, cuando recordé su enfermedad, su muerte, pensé en ese sueño y no lloré más.

- Ella te ayudó.

- ¿Cómo sabes estas cosas? ¿Quién le enseñó?

- Nadie. Nunca te lo dije, pero a veces veo los espíritus, dejo el cuerpo, viajo a otros lugares, me encuentro con gente amiga que no conozco aquí, pero que me apoyan, me iluminan y me siento muy bien. De mucha paz, una alegría en el pecho que nada puede parar.

Ernestina la miró con cierta preocupación. Carolina se dio cuenta y dijo:

- Mamá, la vida no es solo el mundo en el que estamos ahora.

El universo es inmenso y hay muchos lugares fuera de este planeta. Nuestro espíritu es eterno.

- No sabía que eras religiosa, ni siquiera te gustaba ir a misa.

- Yo no soy. Dios es todo lo que existe y para mí no necesita templos de piedra para ser reverenciado. Él habita en nuestros corazones y podemos hablarle directamente. Para ello no necesitamos intermediarios.

Ernestina abrió la boca y la volvió a cerrar sin encontrar las palabras para responder. Carolina sonrió y dijo:

- Mamá, detengámonos aquí. Con el tiempo se entiende todo. Para hoy ya hemos dado un gran paso.

Ernestina se estremeció, miró el reloj preocupada por el almuerzo y de inmediato se dirigió a la cocina.

A partir de ese día, Carolina comenzó a hablar con su madre sobre espiritualidad y, en esos momentos, ella escuchaba con interés y poco a poco lo aceptaba con naturalidad.

- Cuando cuentas estas cosas, todo me parece natural. No sé porqué. Si tu padre lo supiera, diría que estamos fantaseando.

- Porque aun no ha descubierto esta realidad. Pero todo lo que existe es natural, es parte de la vida y así hay que mirarlo.

- Entonces, ¿por qué la mayoría de la gente no lo sabe todavía?

- Cuando nacemos en este mundo olvidamos nuestro pasado, las otras vidas que hemos vivido aquí. Esto sucede para facilitar nuestras relaciones con las personas que formarán parte de nuestra vida y con las que nos peleamos anteriormente.

- ¿Puede nacer en nuestra familia una persona que fue nuestro enemigo en otra vida?

- Si el amor une, el odio también. Tanto los que nos aman como los que nos odian pueden nacer en la misma familia. Amigos para apoyarnos, enemigos para abrirnos el entendimiento y liberarnos de ese peso.

Ernestina negó con la cabeza negativamente mientras decía:

- Me alegro que no nos haya pasado.

Carolina sonrió.

- ¿Será? - Ernestina se sobresaltó:

- ¿Por qué dices eso?

- Porque cuando veo que papá me impide casarme con el hombre que amo, que es un buen chico, me pregunto si no fue un enemigo para mí en el pasado.

Ernestina se puso seria, frunció el ceño pensativa y luego dijo:

- Estas exagerando. Es enérgico, pero hace todo por el bien de la familia.

- Él cree en ello. Pero está mal. Papá no tuvo que quitarle la mesada a Adalberto o echarlo de la casa solo porque quiere hacer algo diferente a lo que planeó.

- Y... pensándolo bien... también estoy de acuerdo en que era demasiado rudo. Pero eso no significa que sea nuestro enemigo.

- Yo no diría eso. De hecho, él nos apoya, me dio la oportunidad de vivir, estoy agradecido por todo esto, pero nos está suavizando. Estás preocupada por Adalberto, Sérgio y yo sufrimos porque no podemos estar juntos, la abuela y la tía Odete viven separadas, sin contacto. Si fuera más sensato, todos seríamos más felices.

- Pero no parece feliz. ¿Ha estado más callado, más triste, no te has dado cuenta?

- No. He estado evitando estar cerca de él. Todavía estoy muy dolida.

Luego de esa conversación Carolina se fue a su habitación y se quedó pensativa. Solo hablaba con su padre de lo imprescindible y evitaba su presencia porque cuando se le acercaba pensaba en Sérgio y se enfadaba mucho porque había impedido que se vieran. En ese momento, recordó al hombre que había aparecido en su sueño, llamándola egoísta por no haber hecho nada para ayudar a Ethel. ¿Se estaba omitiendo también en el caso de Norton?

Ante ese pensamiento, ella se sobresaltó. Trató de justificarse pensando que a su lado siempre sentía una opresión en el pecho y una sensación desagradable. Ella pensó que era solo porque su padre le había impedido ver a Sérgio. Pensó que ya había perdonado a Norton antes de volver, cuando aun en el astral se reencontraron antes que él naciera.

Recordó este encuentro cuando Marcia la llevó a una reunión donde estaban presentes Ethel, Norton, Marcos y Adalberto. Ella, mientras estuvo en el astral, quiso estar cerca de Marcos, pero no pudo. Todavía no era el momento, tendría que esperar.

Norton le pidió perdón, diciendo que lo sentía, prometiéndole que la dejaría libre de cualquier compromiso para seguir su camino junto a Marcos. Se sintió culpable por su muerte al querer huir del lugar donde la había detenido y fue asesinada por el vigilante. Por eso quería recibirla como a una hija.

Al recordar la escena de su muerte, Carolina se llevó una sorpresa: el guardia que le había disparado tenía el rostro de Adalberto. ¿Se habría reencarnado como su hermano?

En ese momento, su figura encajaba con la de Adalberto y ella estaba segura que era cierto. Él había sido su asesino. Tras el disparo, comprobó el error y se desesperó. No podía aceptar haberle disparado. Solo lo hizo repetir:

- ¡Dios mío! ¡Estaba oscuro, pensé que era un ladrón!

Cuando Norton se enteró de lo sucedido, tomó el arma para matar al vigilante, apuntó y disparó, pero el chico salió corriendo y desapareció en el bosque.

Norton corrió hacia su esposa en un intento de revivirla, pero estaba muerta. Los sirvientes persiguieron al vigilante, pero no pudieron encontrarlo.

Carolina recordó que él estuvo en esa reunión antes de reencarnar y, al verla, se arrojó a sus pies, pidiéndole perdón. No estaba enfadada con él, sabía que había sido un error, pero había llegado el momento de marcharse. Luego le pidió que le diera la oportunidad de permanecer a su lado, para protegerla en su nueva vida.

Si Norton se arrepintió de lo que había hecho su esposa, no perdonó al vigilante. No quería darle la bienvenida a la familia. Fue Ethel quien, afligida por su sufrimiento, intercedió ante su superiores y Norton terminaron aceptándolo.

Ahora el pasado estaba claro ante los ojos de Carolina. Ella sabía lo que había sucedido en ese momento. A pesar de todo lo que había hecho Norton, ella reconoció su propia responsabilidad por haberse casado con él sin amor, solo por ambición. Cuando conoció a Marcos, él le pidió que dejara a su esposo y lo acompañara. Huirían y serían felices.

Ella, sin embargo, todavía no estaba dispuesta a dejar el lujo y el castillo en el que vivía para tener que vivir escondida en algún pueblo lejano. Marcos no era rico como Norton, pero tenía posesiones y podía ofrecerle una buena vida, pero ella sabía que Norton los perseguiría y haría todo lo posible para evitar su felicidad. Le resultó más cómodo quedarse con él y tomar a Marcos como su amante.

En ese momento, Carolina se dio cuenta de lo frívola que había sido y sintió que al hacerlo había provocado toda la tragedia en la que todos estaban involucrados. Comprendió por qué Sérgio se había negado a fugarse con ella y le había dicho que solo ella podía acabar con el impedimento que los separaba.

En ese momento, Carolina comprendió: había alimentado el amor de Norton, lo había traicionado, provocado los celos que hacían de su vida un infierno de tal manera que, aun habiendo olvidado el pasado, él seguía tratando de impedir que se casara con Marcos.

La vida, al haberla traído de regreso a casa, dejándola recluida con sus padres, le había dado la oportunidad de deshacer el daño que les había hecho a ambos.

Sintió sus ojos llenos de lágrimas, se arrodilló en el suelo y preguntó:

- ¡Dios mío! Acepto mi responsabilidad por lo que hice en el pasado y quiero volver sobre mi camino. Mientras esté a su lado, me dedicaré a ellos dos, trataré por todos los medios de demostrarles que he cambiado, que hoy no podría hacer lo que hice en el pasado, que lo siento y que estoy dispuesta a todo para ganarme su estima. Agradezco a mis amigos espirituales por haberme ayudado a recordar el pasado y que me inspiren a encontrar el camino de paz y alegría que perdí hace tanto tiempo.

Mientras rezaba con emoción, dejando que las lágrimas le bañaran el rostro, una luz muy suave descendió desde arriba sobre su cabeza inclinada mientras el espíritu, las manos y las manos de Marcia extendidas sobre ella, emitía energías coloreadas que revitalizaban todo su cuerpo.

Carolina sintió un agradable calor, bostezó varias veces. Luego se acostó y se durmió inmediatamente, un sueño pacífico y armonioso.

CAPÍTULO 25

A la mañana siguiente, Carolina se despertó temprano y de buen humor. Recordó todo lo que había decidido la noche anterior, que quería mejorar la relación con su padre, pero no sabía cómo. Si, por un lado, sabía que lo mejor sería superar los problemas del pasado, por otro lado, todavía tenía cierta ira por tener que hacer eso.

Respiró hondo y trató de analizar sus sentimientos y barrer ese sentimiento desagradable cuando se le acercó.

Al fin y al cabo, además de darle la vida, aunque a su manera, siempre se había dedicado a darle todo lo que necesitaba, cuidando su bienestar. En cierto modo, estaba cumpliendo con su parte del trato que habían hecho antes de reencarnarse. Habiendo olvidado el pasado, no imaginó que prohibió su matrimonio con Sérgio por haber sido traicionado por los dos. Ella había sido culpable de esa traición. No había nada por lo que enojarse, solo arrepentimiento. Trató de averiguar de dónde venía ese sentimiento y se dio cuenta que venía del orgullo.

Ella siempre lo había enfrentado y ahora, tratando de acercarse, sintió que se estaba rindiendo y eso la enfureció.

Carolina decidió que no se dejaría dominar por el orgullo y que haría todo lo posible por conseguir lo que quería.

Por eso, al sentarse a la mesa de café, después de los buenos días, observó a su padre, que estaba comiendo en silencio. Le parecía que había adelgazado y estaba un poco pálido y triste. Sintió que su madre tenía razón.

Tratando de pensar en algo, comenzó a hablar sobre sus clases en la universidad, tratando de mantener una conversación, pero solo logrando que él la mirara con algo de sorpresa. Fue su madre quien contestó.

Poco después, se fue a trabajar y Carolina estaba decepcionada. No sabía cómo derribar el muro que se alzaba entre ellos. Le comentó a Ernestina:

- Tienes razón. Papá no está bien. Perdió peso, tiene ojeras debajo de los ojos.

- Esto me está preocupando un poco. Pero incluso podría ser una buena señal.

Carolina se sorprendió:

- ¿Por qué?

- También debe extrañar a Adalberto, las conversaciones que tenía con su hermana sobre asuntos familiares. Siempre hablaban y como discutían por lo de Adalberto, no han hablado más. Quién sabe, cambia de opinión.

Carolina negó con la cabeza indecisa:

- No sé. Sufre, pero no se rinde.

- A ver... - Respondió Ernestina en tono desafiante. Carolina sonrió. De hecho, ella estaba cambiada. Antes nunca habría dicho eso. Ella siempre sufría cuando su esposo estaba insatisfecho. Ahora pensó que incluso había algo bueno, imaginando que podría hacerlo que ella quería

El día transcurrió como de costumbre, y por la noche, a la hora de la cena mientras comían, Carolina dijo de repente:

- Papá, la tía Odete llamó hoy temprano.

Dejó de comer y la miró fijamente. Carolina fingió no ver y continuó con naturalidad:

- Quería saber cómo estabas. Ella y la abuela están muy tristes sin saber de ti y preocupadas por tu salud.

Augusto Cezar pensó un rato y respondió:

- No tenía nada a lo que llamar. No deberías haber hablado con ella.

- No puedo, papá. Amo a la tía Odete. Después, ella estaba tan triste, llorosa, y yo también estaba triste. Después de todo, es nuestra familia. Yo también las extraño mucho. La abuela nos quiere mucho, te quiere. Me gustó mucho hablar con la tía Odete.

- Yo también disfruté hablar con ella - dijo Ernestina con seriedad.

Augusto Cezar la miró sorprendido. Nunca se había atrevido a desobedecer su orden. Fingiendo no ver la mirada irritada de su esposo, continuó:

- No puedo olvidar que cuando no apoyaste a mi hijo, lo recibieron con cariño y están haciendo todo lo posible para que esté bien. Les debemos favores.

Augusto Cezar se levantó y dejó la mesa antes de terminar de cenar. Un poco asustada, Ernestina miró a Carolina quien le dijo:

- Déjalo, madre. Pensará en lo que le dijimos. No esperaba que tuvieras el coraje de ir en contra de lo que él quiere. Pero sé que en el fondo, sabe que tenemos razón. Me encantó lo que dijiste. Sí es cierto que nos están haciendo un gran favor y de todo corazón. Esto te lo garantizo.

Augusto Cezar se encerró en su oficina, se sentó detrás del escritorio y puso su cabeza entre sus manos. Una ola de tristeza se apoderó de él.

Había dedicado toda su vida a su familia, pensaba en el futuro de sus hijos, destinados a orientarlos para evitar que sufran. ¿Es lo que podría hacer? La hija queriendo dejarlo para casarse con un almohadita de la capital; el hijo despreciando todo lo que le gustaba, su ciudad, la vida tranquila y organizada que había construido para ir en busca del bullicio de la gran ciudad, arriesgándose a tener que convivir con gente que apenas conocía y que podía hacerlo más suave.

Al mirar a Ernestina notó que ella sufría la ausencia de su hijo y eso lo incomodaba porque sabía que en el fondo ella se lo reprochaba.

Eso fue sin duda lo que la hizo cambiar la forma en que lo trataba, atreviéndose a ir en contra de sus órdenes.

A pesar de eso, reconoció que lo que ella le había dicho tenía una dosis de razón. Ella era madre, y las madres siempre quieren estar cerca de sus hijos.

Recordó cuando decidió mudarse al campo un año antes de su boda. Guillermina no quería y lloraba cada vez que sacaba el tema. Aun así, ella siempre lo apoyó, y fue por su insistencia que su padre lo ayudó a comprar la hermosa casa donde vivían.

Recordó la boda; el nacimiento de los niños; de la empresa que montó con alguna dificultad, pero que logró convertir en un buen negocio; del respeto que su familia se había ganado en la ciudad; de las amistades que valoraba y que justificaban su deseo que sus hijos siguieran viviendo allí.

Repasando su vida, Augusto Cezar se sintió conmovido. Sus hijos estaban siendo desagradecidos, no esperaba eso.

Por otro lado, extrañaba visitar la casa de su madre, las conversaciones con Odete, las buenas risas que se daban recordando momentos de su juventud.

Ella tampoco había tenido suerte en su matrimonio. Había elegido a un chico guapo, pero sin juicio, que la hizo muy triste, cambiándola por otra. Odete tardó en recuperar su alegría. Con los desacuerdos entre ellos, ¿cómo estaría?

Ciertamente juzgándolo como malo, criticándolo por querer disciplinar a sus hijos. Ella había dicho que estaba triste, extrañándolo. Él también, aunque no quería admitirlo.

Pero no se le pasó por la cabeza seguir prohibiéndoles atender las llamadas telefónicas de la familia. Era culpa de Adalberto que él hubiera creado todos esos problemas.

Augusto Cezar cavilaba sobre sus pensamientos en la oficina y solo decidió irse a dormir muy tarde cuando todos ya se habían acostado.

Carolina estaba despierta y escuchó a su padre cruzar el pasillo e ir al dormitorio. Le había pedido a Marcia que lo ayudara a inspirarlo con buenos pensamientos.

Ernestina también se había ido a la cama, pero estaba despierta. Cuando escuchó a su esposo entrar en la habitación, fingió estar dormida. Un poco por miedo a que la regañara por su actitud y también para no tener que volver a un tema que la enfadaba y que tenía miedo de no poder controlarse.

En los días siguientes, Carolina trató de acercarse a su padre, hablando con naturalidad de sus estudios, pidiéndole su opinión, tratándolo con más cariño.

A Augusto Cezar le gustó su actitud. Se dio cuenta que era más agradable y comenzó a pensar que Carolina ya no estaba tan enojada con él. No volvió a tocar la llamada telefónica de Odete y supo que seguramente las dos se estaban comunicando con la familia y posiblemente hablando con Adalberto en su ausencia.

Fingió que no sabía porque no tenía ganas de evitar que hablaran, pero al mismo tiempo no quería que se enteraran que había cambiado de opinión.

Todas las mañanas, Sérgio llamaba a Carolina, lo que los alegraba el resto del día. Adalberto también hablaba con su madre de vez en cuando, contándoles cómo iba su vida en el trabajo y todo lo demás.

Una mañana Odete llamó angustiada para informarle que Guillermina se encontraba mal y que el médico le había diagnosticado neumonía y le dijo que si no mejoraba sería mejor hospitalizarla.

Ernestina trató de consolarla:

- Es fuerte, mejorará, ya verás. Hablaré con Augusto Cezar.

- Es muy bueno porque estoy nerviosa, no sé qué hacer.

- Le pediré que te llame.

- Espero que haga eso.

Tan pronto como colgó, Carolina dijo:

- Papá debería ir a verlos. La abuela se enfermó de pena.

- ¿Cómo sabes?

- Porque la tristeza afecta a los pulmones.

- ¿De dónde has sacado eso?

- Sé que los que viven tristes terminan afectando sus pulmones - Ernestina sacudió la cabeza y llamó a su esposo y le dio la noticia. Escuchó y no respondió de inmediato. Ella continuó:

- ¿Y entonces? Odete está muy nerviosa, tenemos que hacer algo. Tenemos que ir a ver a doña Guillermina.

- Llamaré a Odete, luego hablaremos.

- El médico incluso mencionó la hospitalización.

- Está bien, hablaré con ella, luego te llamaré - Ernestina colgó y Carolina preguntó:

- ¿Qué dijo?

- Ve a llamar a Odete. Creo que deberíamos ir allí y verlos. Si la tristeza la enfermaba, nuestra presencia podría hacerla recobrar la salud.

- También lo creo. A ver qué decide papá.

Media hora después, Augusto Cezar llegó a su casa y en cuanto Ernestina abrió la puerta, dijo preocupado:

- Está enferma y tiene mucha fiebre. Hagamos las maletas y vayamos allí. Carolina se queda.

- Ella no puede quedarse sola en casa.

- Ruth la cuidará. No quiero que vaya.

- Si es por Sérgio - dijo Carolina acercándose -, aun sin vernos seguimos saliendo.

- ¿Cómo te atreves a decirme eso? Pensé que me había olvidado de estas citas.

- Realmente nos amamos y queremos estar juntos.

- Te lo prohíbo -. Espetó enojado. Luego, ante las miradas de admiración de las dos, continuó: - Nunca antes de tu graduación.

- Si es necesario, esperaremos hasta entonces. ¡Quiero que entiendas que hagas lo que hagas no nos separarás de nuevo!

Carolina dijo eso mirándolo directamente a los ojos, él se estremeció y miró hacia abajo. Se dirigió a su espíritu, que no tenía forma de reaccionar. En el fondo, sabía que ya no podía evitar que los dos se unieran.

Ernestina lo miró seriamente y dijo con voz firme:

- Carolina viene con nosotros. No la dejaré sola aquí. Doña Guillermina se alegrará de verla, necesita felicidad. Picaba enfermo de tristeza. ¿Sabías que la tristeza afecta a los pulmones? En el pasado, muchas mujeres morían de tuberculosis a causa de la tristeza.

Carolina vibró con las palabras de su madre, pero permaneció en silencio.

Augusto Cezar no se contuvo:

- ¿Qué dices mujer? ¿Qué idea es esta?

- Es verdad. Recuerda papá. Ana, que vivía al lado de la casa de mi madre? Fue abandonada por su prometido y murió de tuberculosis. ¿Has olvidado? Era una mujer hermosa, joven, adelgazó y tosía sin cesar.

- No perdamos más tiempo. Alistémonos. Quiero irme lo antes posible. Carolina no puede faltar a clase.

- Tuvimos una prueba ayer. Puedo ir. No tengo nada importante hasta principios de mes.

—Entonces ve a arreglarte —dijo Ernestina con voz firme.

Media hora después, el auto partía llevándose los tres rumbo a la capital. Carolina, a pesar de estar preocupada por la enfermedad de su abuela, se sintió feliz ante la posibilidad de encontrarse con Sérgio. En casa de Guillermina, Odete colgó el teléfono y fue a la habitación de mamá:

- Mamá, llamó Augusto Cezar y vienen para acá.

- ¡Gracias a Dios! - Exclamó una emocionada Guillermina:

- Seguro que también viene Carolina.

Odete vaciló:

- No sé... no lo dijo y yo no tuve el coraje de preguntar.

- Él no me haría esto. ¡Extraño tanto a Carolina, tan dulce, tan querida!

- Yo también la extraño mucho. Pero ya sabes cómo Augusto Cezar es terco. Y es capaz de dejarla en casa de alguien para evitar que vea a Sérgio.

Adalberto apareció en la sala:

- ¿Papá llamó?

- Lo hizo - respondió Odete -. Vienen aquí.

- ¡Qué bueno! Sérgio estará muy feliz.

- No sé si Carolina vendrá con ellos.

- Ciertamente. Si conociera a mi hermana, no se quedaría allí. Más aun ahora que mamá la está apoyando.

- Me lo creeré cuando lo vea - dijo Odete - ¡Es tan pasiva! No tendría el coraje de ir en contra de su marido.

- Si ese fuera el caso, ella no permitiría que Carolina hablara siempre con Sérgio por teléfono. Tampoco lo habría llamado y escondido de él para saber de mí.

- El amor de una madre habló más fuerte - dijo Guillermina entre tos y tos.

Adalberto acarició la frente de la abuela, diciendo con cariño:

- Se acabó la tristeza, abuela. Necesitas sanar pronto para disfrutar de su presencia.

- No. Incluso si mejoro, fingiré que todavía estoy enfermo para que se queden aquí más tiempo.

Se rieron y ambos notaron que los ojos de Guillermina brillaban de emoción y alegría.

Odete empezó a calcular a qué hora debían llegar y dijo:

- Les tendré las habitaciones preparadas, y un buen almuerzo para cuando lleguen.

- Puedes irte, tía, yo le haré compañía a la abuela.

- Estás faltando a clase por mi culpa.

- Estoy bien. Si sigue así, pronto cerraré la media del año. Puedo quedarme en casa contigo.

- No quisiera darle a tu padre una razón para decir que no te cuidamos bien.

- Cuando me vea, pensará que me consentiste mucho. Estoy aun más fuerte y sonrojado.

- Estás más guapo, más hombre - respondió Guillermina sonriendo.

Poco después, Odete volvió y puso su mano en la frente de su madre, diciendo:

- Es hora de tu medicina. Primero, voy a medir tu temperatura. La fiebre sigue alta.

- Yo sé. Mis escalofríos aun no han pasado.

Odete tomó la temperatura y la temperatura estaba sobre los treinta y ocho. Ella le dio la medicina y dijo:

- Relájate. Ahora necesitas dormir.

- Quiero esperar por ellos.

- Nada de eso. Todavía tardarán. Trata de dormir, descansa para estar mejor cuando lleguen.

- Me quedaré aquí a tu lado. Mantén la calma. Si estás dormida cuando lleguen, te despertaré.

-¿Lo prometes?

- Lo prometo. Ahora cierra los ojos y descansa.

Él le acariciaba suavemente la frente y ella cerró los ojos y pronto se durmió.

A media tarde, Odete escuchó llegar el auto de su hermano y avisó a Adalberto. Antes de despertar a la abuela, ella abrió los ojos diciendo:

[329]

- Oí el ruido de un coche. ¿Son ellos?

-Sí, abuela.

Odete se asomó a la habitación y al notar que su madre estaba despierta, bajó de inmediato las escaleras para recibir a sus familiares.

Augusto Cezar metió el auto en el garaje y poco después Adalberto estaba junto a ellos. Ernestina bajó y abrazó largamente a su hijo, besándolo en la mejilla con ternura.

Augusto Cezar no dijo nada, abrió el baúl y Adalberto, que también había abrazado a Carolina, se le acercó:

- ¿Cómo estás, papá? Permítame hacer eso.

Augusto Cezar refunfuñó:

- Estoy bien, gracias – y se alejó, dejando que su hijo retirara el equipaje.

Saludó a Odete y le preguntó:

- ¿Cómo está mamá?

- Aun con fiebre. A pesar de la medicina, ella no baja. Si continúa así, tendrá que ser hospitalizada.

- Se va a poner mejor, tía, ya verás – intervino Carolina, quien luego subió al cuarto de la abuela. Se acercó a ella y la besó en la frente dijo:

- ¡Abuela! ¡Te extrañaba!

Guillermina abrazó a su nieta y no encontró palabras para responder. Comenzó a sollozar. Carolina besó su mejilla cariñosamente.

- No llores, abuela. Estamos aquí de nuevo. A pesar de estar lejos, no dejé de pensar ni un segundo en ti, en lo felices que éramos juntas y en lo bien que nos llevábamos.

Guillermina respiró hondo y alcanzó a decir:

- Es verdad. Después que te fuiste, todo perdió su encanto para mí. Nuestra casa estaba sin alegría. Eres como una luz. Cuando aparece todo es más bonito.

Augusto Cezar, de pie en la puerta, luchó por controlar sus emociones. Ernestina, más atrás, también se conmovió.

Cuando notó que la madre se había calmado, entró Augusto Cezar y Ernestina lo siguió.

- Mamá, ¿estás mejor?

- No mucho todavía. Y tú, hijo mío, ¿estás bien?

- Sí, lo estoy.

Abrazo de Ernestina a la suegra que la recibió:

- ¡Qué bueno que viniste! Ya no podía soportar el anhelo. Augusto Cezar quería saber todo lo que había dicho el médico sobre Odete, ver las recetas. Luego, en privado, le dijo a su hermana:

- Este antibiótico es fuerte, pero todavía tiene mucha fiebre.

- Esa es mi preocupación. Esperemos que se mejore sin necesidad de hospitalización. Más tarde esa noche, el doctor tendrá que pasar después de salir de la oficina. Veamos lo que dice.

- Quiero hablar con él.

Odete los llevó a las habitaciones que les había asignado y les dijo que en cuanto bajaran, el almuerzo se serviría en la despensa.

Carolina no se apartó del lado de su abuela y mientras le sostenía la mano, íntimamente le pidió ayuda a Marcia para que intercediera por ella.

Adalberto fue a quedarse junto a ellos y en cuanto los padres salieron de la habitación, dijo en voz baja:

- Sérgio me está dando problemas. Quería hacerlo porque quería esperarla aquí. Me tomó un tiempo comprender que esto podría interponerse en el camino de la comprensión. Hasta donde yo sé, papá todavía no está de acuerdo con la relación.

- No está de acuerdo, pero aun hoy, antes de viajar yo le dije que Sérgio y yo, aun sin vernos, seguíamos saliendo.

- ¿Estaba enojado?

- Un poco, pero no se defendió porque mamá no le dio tiempo. Intervino y me ordenó prepararme para el viaje. Papá no quería que viniera, pero ella decidió y eso fue todo.

- ¿Él no dijo nada?

- No. Su tono fue decisivo.

- Ojalá hubiera visto eso. Había estado esperando mucho tiempo a que ella reaccionara ¿Qué pasó para que cambiara?

Los ojos de Carolina brillaron expresivamente:

-Decidí acercarme a ella. Nunca había hecho eso antes y nos entendíamos mejor. Descubrí que mamá, en el fondo, no es tan pasiva cuando lo demuestra. Era muy cerrada y carente de afecto. Solo le di un pequeño empujón, observando sus cualidades y elogiándola. Por lo tanto, ella creyó más en sí misma y ganó coraje.

Adalberto movió negativamente la cabeza:

- ¿Por qué no lo pensé antes? Sentí que había algo mal en su comportamiento, pero no entendí qué era.

- Logré algunas cosas, pero aun me faltan otras para que ella asuma su verdadera postura.

- Quiero colaborar. Haré lo que pueda para ver que ella continúe asumiendo su verdadero lugar en nuestra familia.

Guillermina, quien descansaba bajo el efecto de la medicina, se sintió más tranquila con Carolina tomándola de la mano, abrió los ojos y preguntó:

- ¿Estás hablando de Ernestina?

- Sí, abuela. Ella es más activa. Ya verás – aclaró Carolina.

- Eso sentí cuando nos llamó a escondidas para preguntar por Adalberto.

- Eso mismo.

- Augusto siempre fue testarudo, el padre, para tratar con él, necesitaba imponerse. Cuando se casó, temía que le fuera difícil llevarse bien con su esposa. Rezó para que ella supiera cómo manejarlo para hacerlo más flexible. Pero sucedió lo contrario. Porque ella que se volvió pasiva.

- ¿No era así antes de casarse? - Preguntó Adalberto.

- Pienso que no. Cuando la conocí era una chica alegre, de buen humor, a la que le gustaba hablar de cualquier tema. Luego, con el tiempo, se quedó callada, solo le interesaba la familia, perdió el gusto por una buena conversación.

- Me acerqué a ella contándole cosas, y ella fue muy receptiva. Últimamente hemos estado hablando mucho sobre varios temas.

- Eres un hada que logró otro milagro más - comentó Guillermina, besando la mano de su nieta que sostenía.

Sonó el teléfono y Adalberto lo contestó de inmediato.

- ¿Cómo estás Áurea? Sí. Han llegado. Déjame hablar con él.

Carolina se acercó al teléfono y preguntó en voz baja:

-¿Es Sérgio?

- Sí - y le entregó el teléfono.

- Carolina, estoy emocionado. Paso por allí ahora.

- Tranquilo, Sérgio. Acabamos de llegar.

- Yo te quiero ver.

- Yo también. Pero será mejor que esperemos el momento oportuno.

- No quiero esperar más.

-Yo tampoco. Pero no vengas aquí ahora. Me las arreglaré para verte, pero necesito algo de tiempo para pensar en cómo hacerlo. Prometo llamar en cuanto me decida. Adalberto nos ayudará.

Carolina escuchó a sus padres acercarse y dijo:

- Necesito colgar. No haga nada. Espera a que llame. Un beso.

Colgó rápidamente y volvió a tomar la mano de su abuela justo cuando sus padres entraron en la habitación.

CAPÍTULO 26

Esa noche, durante la cena, Augusto Cezar estuvo más callado que de costumbre. Había pasado una hora encerrado en la oficina con Odete, averiguando su situación económica. Antes no hacían nada sin consultarlo, pero después del malentendido, nunca más habían recurrido a él.

Se sorprendió cuando Odete le dijo que Adalberto los había guiado, dando opiniones sensatas sobre cómo manejar los ingresos que tenían, e incluso ayudándolos a aumentarlos.

- Tiene el don de las finanzas - comentó con entusiasmo -. Hace milagros con el salario que recibe en la oficina, paga la universidad, los libros, cuida su apariencia con esmero.

- Di la verdad. Adalberto no es todo lo que dices. No tiene experiencia, nunca ha trabajado ni dirigido nada. Estás queriendo que te vea de esa manera, ¿no es así?

Odete se irritó:

- ¿Crees que estoy mintiendo? Bien se ve que no conoces al hijo que tienes. Ya no es un niño, se ha convertido en un hombre que sabe lo que quiere y lo persigue.

- Cambiemos de tema. No estoy interesado en saber lo que ha estado haciendo. Solo quiero que su presencia no sea pesada para ti que vives de tus ingresos.

- Desde que le quitamos la mesada, en un principio, hasta que encontró trabajo, lo ayudábamos con los gastos. Pero cuando empezó a trabajar, quería pagarnos, lo cual no aceptamos en absoluto. Incluso ahora, siempre quiere darnos dinero para los gastos de la casa. Como no lo necesitamos, no lo aceptamos, pero cuando lo recibe, siempre nos compra algo. Estamos muy contentos con su presencia aquí, el único problema que tenemos es la enfermedad de mi madre. Ella necesita recuperarse pronto.

Todavía en la cena, Ernestina conversaba con Odete quien, al contrario de lo que siempre había sido, estaba muy cómoda e intercambiaba ideas con la cuñada. De vez en cuando Augusto Cezar las miraba con admiración. Adalberto y Carolina se dieron cuenta e intercambiaron miradas maliciosas. Apenas terminaron de comer, los dos, con el pretexto de hacerle compañía a su abuela, abandonaron la mesa.

Odete invitó a su cuñada a pasar al salón donde quería mostrarles unas revistas de moda y Augusto Cezar se quedó solo. Se sentó en la habitación pensativo.

Estaba angustiado, triste. De repente le pareció que era un extraño frente a su propia familia. Todo el mundo estaba descontento con él. Imaginó que detrás de las apariencias estaba siendo odiado por ellos y ese pensamiento le produjo una sensación desagradable.

Tenía ganas de coger el coche, dejar a todos allí y volver a su ciudad, a su casa, a su refugio.

¿Qué le estaba pasando? ¿De dónde venía esa insatisfacción que lo inquietaba, dejándolo inseguro e infeliz? Creía que estaba cuidando a la familia, haciendo lo mejor para todos, y no lo entendían.

Por primera vez, se sintió impotente. Ernestina era diferente, ya no le obedecía, parecía otra persona, los hijos tampoco lo necesitaban más. Querían deshacerse de su tutela.

Todo lo que había hecho era inútil. Solo había logrado ser odiado, dejado de lado.

No se dio cuenta que en ese momento una sombra oscura lo envolvió susurrándole al oído:

- ¡A nadie le gustas! Quieren irse porque te odian. Tú te lo mereces. Fuiste malo con Ethel, me la quitaste de los brazos después que muriera tu esposa, ¡la tomaste en contra de su voluntad! ¡Ella nunca te amó! ¡Era a mí a quien ella amaba y tú nos destrozaste! ¡Nunca te lo perdonaré! ¡Debes pagar por todo lo que le has hecho!

Aquellas palabras cruzaron por la mente de Augusto Cezar como si fueran propias y cuanto más las aceptaba como realidad, más infeliz se sentía.

Carolina, en el cuarto de su abuela, escuchaba los chistes de su hermano, tratando de distraer a Guillermina, quien sonreía feliz. De repente, notó la presencia del espíritu de Marcia quien le dijo:

- Busca a tu padre, te necesita. Inmediatamente se levantó:

- Voy a la habitación, vuelvo enseguida.

Siguió la figura de Marcia que se dirigía hacia la habitación donde estaba Augusto Cezar. Tan pronto como entró, Carolina vio la figura oscura que lo rodeaba y sintió lo que decía ese espíritu. Augusto Cezar sintió marearse la cabeza y la tenía entre las manos. Carolina se acercó y colocó su mano plana sobre su cabeza, y él abrió los ojos sorprendido.

- ¿Qué pasó, Carolina, le pasó algo a tu madre?

- No, papá. Te está pasando a ti. Cierra los ojos y relájate, te ayudaremos.

Sin pensar en nada, Augusto Cezar la obedeció. Él estaba exhausto y al límite de su resistencia, el gesto de su hija lo conmovió. Carolina comenzó a hablar:

[337]

- Papá, tienes que ceder a lo que la vida quiere. El tiempo cambia todas las cosas, y es natural. ¡Acepta los cambios! Estoy segura que será para mejor. Estás cansado de luchar contra lo que eres. Pero aprende que nadie puede controlar la vida. Ella es soberana y solo hace lo que sabe que será por el bien de todos.

La voz de Carolina fue modificada, su tono más maduro y suave. Augusto Cezar suspiró y ella continuó:

- Tira tu dolor, acepta que las cosas no siempre son como te gustaría, sino como deberían ser. Hay un poder superior que nos cuida a todos y nos da lo mejor. Pero necesitas saber ver que lo que estás pensando no es cierto, es solo una sugerencia de alguien que aun no ha aprendido la lección del perdón y quiere cobrar por sus actitudes pasadas. No lo recuerdas, pero tu espíritu sabe que digo la verdad. Envía lejos esas energías de insatisfacción y revuelta. Nadie es víctima sino él mismo. No eres como solías ser. Has cambiado, te has vuelto mejor, más amable, has aprendido. En cuanto a ti que lo estás involucrando, queriendo venganza, ya deberías haber aprendido y perdonado. Ethel ahora está mejor y será feliz. Déjala sola. Ella ya no es para ti.

Augusto Cezar sintió temblar su cuerpo mientras no podía todavía contuvo las lágrimas que corrían por su rostro. Carolina se llevó la mano a la frente y dijo con voz firme:

- No puedes quedarte más aquí. Esta mujer es una amiga mía que quiere ayudarte. Ve con ella, será mejor.

Augusto respiró hondo y se estremeció:

- ¡Gracias a Dios! - Dijo Carolina, ya con voz normal. Augusto Cezar sintió mucho frío mientras su cuerpo continuaba temblando Carolina tomó sus dos manos diciendo:

- Oremos, papá. Gracias a Dios por ayudarnos en este momento. Hoy recibimos una gran gracia.

Pronunció una sentida oración de agradecimiento y Augusto Cezar sintió una fuerte ola de calor. Poco después, una agradable sensación lo envolvió.

Cuando Carolina calló, Ernestina y Odete estaban de pie junto a ellas, rezando. Fue a buscar un vaso de agua y se lo entregó:

- Bebe, papá. Te sentirás bien.

Admirado, la miró y obedeció. Carolina le entregó una toalla. Su cuerpo estaba empapado en sudor.

Las tres miraron a Carolina con curiosidad y Augusto Cezar no pudo contenerse:

- Carolina, ¿me puedes explicar qué pasó aquí?

- Yo puedo, papá. Fuiste envuelto por un espíritu que vino a quejarse de una actitud que tuviste en tu vida pasada.

Augusto Cezar abrió los ojos asustado, Odete hizo lo mismo, solo que Ernestina estaba tranquila.

- Eso no puede ser - respondió -. No recuerdo haber tenido otra vida.

- Pero lo hiciste. La reencarnación es un hecho. Algunos pueden recordar, pero la mayoría no puede. Cuando volvemos a este mundo, el olvido facilita la convivencia con los enemigos de otros tiempos.

Augusto Cezar negó negativamente con la cabeza:

- No puede ser. ¿De dónde sacaste eso?

- ¿Tienes otra explicación?

-Ninguna otra...

- Ese espíritu está enojado contigo, se acercó y te envió energías depresivas. Te sentiste inquieto, angustiado, triste, entumecimiento en la cabeza, y hasta náuseas. Frío, escalofríos como si tuviera fiebre.

- Eso es exactamente lo que sentí.

- Aunque estabas preocupado por algunos problemas familiares, no te sentiste mal. Cuando se te acercó este espíritu, te sentiste mal y creyó que todo lo que sentía era tuyo, lo cual es común que suceda en esta situación.

¿Cómo te sientes ahora?

- Estoy intrigado. Al principio, cuando empezaste a hablar, sentí que mi malestar aumentaba. Una rebelión muy grande se apoderó de mí.

- Y estabas enojado. Habías capturado las energías.

- Difícil de creer.

- ¿Qué sentiste después?

- El frío estaba pasando y sentí un calor fuerte que era agradable a pesar de todo y, de repente, un alivio muy grande me hizo sentir dolor.

Carolina tomó la mano de su padre y se sentó a su lado diciendo:

- Padre, desde niña veo espíritus. Cuando me desmayaba en la iglesia, uno de ellos me sacaba de mi cuerpo y me llevaba de paseo a la otra dimensión.

- ¿Qué estás diciendo? Perdiste el conocimiento, pero no salías del lugar

- Lo hacía, en espíritu. Este es un fenómeno natural que sucede todas las noches cuando dormimos. Siempre volvemos, definitivamente solo nos iremos cuando nuestro cuerpo muera. Seguimos viviendo después de la muerte.

- ¿Como puede ser? Cuando morimos nuestro cuerpo se pudre.

Ernestina y Odete se habían sentado y escuchaban atentas.

Carolina habló con confianza y quedaron fascinadas.

- Resulta que la vida es perfecta y nos ha dotado de otro cuerpo que es invisible para la mayoría de los seres humanos cuando viven aquí, pero que sobrevive después de la muerte. Él está hecho de materia más delicada, pero sigue siendo materia, y nos permite vivir en otras dimensiones del universo preparadas para recibirnos. La muerte es solo un viaje. Cuando entregamos nuestros cuerpos de carne a la descomposición, partimos para otra vida. Somos como mariposas pasando por el mismo proceso.

Augusto Cezar estaba atónito. Le parecía que estaba viendo a su hija por primera vez. Ella habló con firmeza y aunque todavía tenía muchas dudas no pudo evitar sentir que había una verdad en la que nunca había pensado. Cuando pensaba en la muerte, le preocupaba dejar protegida a la familia, pero eso era todo.

- Si sabes todo esto desde que eras una niña, ¿por qué no nos dijiste nada?

- Al principio pensé que todos estaban viendo los espíritus tanto como yo. Pero pronto me di cuenta que solo yo los veía. Fue entonces cuando me dijeron que sería mejor que esperara un momento oportuno para decírselo. Marcia es un espíritu bondadoso que me ha protegido y enseñado. Ella fue quien me llamó a la oficina del abuelo para que viniera a ayudarte. Fue ella quien habló con el espíritu a través de mí.

- Noté que tu voz era muy diferente - intervino Odete.

Augusto Cezar, pensativo, se pasó una mano por el cabello. Esta cosa espiritual lo hizo temeroso.

- Él se fue. ¿Crees que puedes volver?

- Marcia se lo llevó y estoy seguro que le ayudará a entender que debe renunciar a acercarse a ti. Pero no te engañaré. Mientras seas obstinado, sin comprender que el pasado debe ser olvidado, puede volver.

- Esto no es justo. Me ve mientras no sé quién es. No recuerdo nada. Soy un buen hombre.

- Papá, no eres una víctima. Si está enojado, a pesar que está mezclando las cosas y reaccionando exageradamente, debes haberlo provocado. Está en tus manos evitar que te haga daño.

- ¿En qué manera?

- Si siente el mismo malestar, sin motivo aparente, puede ser que haya vuelto. En ese caso, resiste y despídelo. Aun afirmando que estás bien, que lo que sientes no es tuyo. Si haces esto con convicción, pronto comenzarás a bostezar y sentirás que todo vuelve a la normalidad.

- ¿Crees que me obedecerá?

- Eres dueño de tu cuerpo, de tu mente y no debes aceptar pensamientos negativos. Aunque son tuyos, son malos. Es más seguro quedarse en el pozo. Solo el bien hace bien. El mal, siempre hace mal.

Adalberto apareció en la sala y dijo asombrado:

- Hace tiempo que no hablas y noto que el tema va en serio. Desde la habitación de la abuela podía escuchar el murmullo de una conversación sin entender lo que decían. La abuela estaba intrigada y me envió a ver qué estaba pasando.

Fue Ernestina quien respondió:

- Tu padre no estaba bien, pero ya ha mejorado. Dile que la veremos pronto.

- Yo misma hablaré con ella —dijo Carolina levantándose.

- Voy contigo - dijo Odete.

Adalberto los acompañó. Ernestina se sentó al lado de su marido en silencio. Después de unos segundos preguntó:

- ¿Sabías algo de las ideas de Carolina?

- Sí. No hace mucho empezó a hablarme de este tema.

- ¡Es increíble! Carolina es todavía una niña. Puede que te estés engañando a ti misma. Eres muy crédula.

- Es muy madura. Cuando hablamos me sorprende con ideas sensatas que me ayudan y me hacen sentir bien. Últimamente me he sentido más feliz, valorada nuestra vida más que antes. No puedes olvidar que estuviste enfermo y ella te quitó la enfermedad en un instante.

- Eso es verdad. Ahora ni siquiera parece que me sintiera tan mal. Sentí que iba a morir. Fue horrible.

- Yo también he pasado por lo mismo y ella me ayudó a estar bien. Créeme. Carolina sabe lo que dice.

- Pero esto del espíritu me asusta y me confunde - Ernestina se encogió de hombros y respondió:

- Bueno, yo no. Después que mi madre murió, vino en un sueño pidiéndome que no llorara más porque todavía estaba viva en el otro mundo. Lloré todos los días frente a su retrato, después de eso, nunca más volví a llorar.

- Nunca me dijiste eso.

- Y eso solo lo recordé después que Carolina me dijera que los que murieron siguen vivos en el otro mundo.

Augusto Cezar suspiró pensativo. Ella continuó:

- Quizá estabas aquí pensando en los problemas y atrajiste ese espíritu. Ahora presto atención y cuando surge un pensamiento triste, lo descarto rápidamente y lo cambio rápidamente por algo bueno. Así que nunca más me sentí mal.

- Aparentemente crees todo lo que dijo Carolina.

-Lo creo. Y creo que es bueno que lo pienses y trates de investigar. Carolina me enseñó que debo cuestionar las cosas y no creer todo lo que dice la gente. Pero buscando la verdad donde está probar cosas para saber cuáles funcionan.

[343]

Augusto Cezar abrió la boca y la volvió a cerrar sin saber qué decir. Ernestina nunca le había hablado con tanta sabiduría.

Ella se levantó:

- Voy a ver doña Guillermina. Es mejor si estás solo para pensar en todo esto.

Ella se fue y Augusto Cezar siguió dándole vueltas al asunto.

Una cosa era cierta: Carolina logró que volviera a estar sano sin darle un solo medicamento. Eso no lo impresionó mucho. Para él, todas las molestias tenían que ver con problemas de salud. Ni siquiera creía que las emociones pudieran provocar reacciones en el cuerpo físico.

Lo que Carolina le había dicho había puesto patas arriba sus creencias. Pensó en su padre. Si eso fuera cierto, él también estaría vivo en el otro mundo. Mientras pensaba en ello, sintió que un calor agradable lo envolvía. Lo extrañaba. Que bueno sería abrazarlo, intercambiar ideas como lo hacía cada vez que lo visitaba.

Se levantó y fue a la oficina donde ambos se reunían para tratar asuntos familiares. Se sentó frente al escritorio, mirando el retrato de boda que aun estaba encima, como lo había estado desde que sus padres se casaron.

Estaba conmovido. La joven Guillermina, vestida de novia, esbozando una leve sonrisa, él de frac, serio. Augusto Cezar lo arregló, era un hombre guapo. Por primera vez se dio cuenta de lo parecido que era a Adalberto. Al pensar en su hijo, recordó lo desagradecido que había sido cuando prefirió irse de la casa antes que seguir los consejos de su padre.

En ese momento, recordó cómo había reaccionado su padre cuando, recién graduado y con ganas de casarse pronto, decidió mudarse al pequeño pueblo de Bebedouro, donde había ido de vacaciones y había quedado encantado con la belleza y paz de la ciudad del lugar.

Era ideal para establecerse, llevar a su joven esposa, criar hijos. Guillermina había llorado, estado triste, diciendo que no le permitiría vivir tan lejos. Pero el padre tuvo otra actitud, lo abrazó y le dijo:

- Eres hombre, tienes derecho a elegir tu camino. Te extrañaré mucho, pero si eso es lo que quieres, te apoyaré.

Fue entonces cuando notó la diferencia entre su actitud y la suya. La situación era la misma, con la única diferencia que Adalberto aun no se había graduado. Pero por lo que le había dicho Odete, sabía lo que quería, se esforzaba por estudiar, por trabajar. Se sintió avergonzado. Su padre no solo accedió, sino que también le dio dinero para comprar la hermosa casa donde vivía con su familia. No hizo ningún esfuerzo por tener la casa, solo necesitaba trabajar para mantenerla, pero aun así, su padre siempre le enviaba dinero y lo ayudó a abrir la empresa constructora que garantizaba su sustento y el bienestar de todos.

Adalberto había hecho mucho más que él. No se había valido de la ayuda de su abuela y su tía para mantenerse. Tenía la dignidad de trabajar y vivir a sus expensas.

No lo sabía, pero el espíritu de Norbert estaba a su lado, desde que Marcia lo había ayudado a liberarse y lo había seguido hasta la oficina, vinculándose con él, inspirando sus recuerdos y haciéndole comentarios al oído que le hicieron darse cuenta de lo que él no quería ver. El espíritu de Marcia estaba a su lado, ayudándolo a través de este proceso. Diseñó la imagen de Carolina y Sérgio para Augusto Cezar.

Se estremeció. Un sentimiento de pavor se apoderó de él. No quería que su hija se casara con Sérgio. Se sintió enojado con él.

- ¿Por qué no se dio por vencido con ella? Su insistencia lo irritó. Carolina le había dicho que todavía estaban saliendo. ¿Cómo, si nunca más se volvieron a ver?

Marcia colocó sus manos sobre la frente de Augusto Cezar, de la cual salió una luz azul brillante que recorrió todo su cuerpo. Sintió la piel de gallina y se estremeció. Cerró los ojos y pensó:

- ¿Ha vuelto ese espíritu?

Empezó a levantarse para buscar a Carolina. pero vio claramente la figura de su padre, frente a él, extendiéndole las manos.

Se levantó y gritó emocionado:

- Papá, ¿es verdad? ¿Tú estás aquí?

Abrió los ojos, pero su padre ya no estaba. Emocionado, Augusto Cezar se dejó caer de nuevo en la silla, frotándose los ojos, cerrándolos de nuevo y tratando de verlo de nuevo. Pero no pudo.

¿Realmente había sucedido o estaba siendo influenciado por lo que había dicho Carolina? Se levantó y fue a buscar a Carolina. La encontró en el pasillo:

- Te estaba buscando.

- ¿Qué pasó?

Rápidamente la tomó del brazo y la condujo a la oficina de su padre.

-Algo increíble sucedió.

- Viste el espíritu del abuelo.

- ¿Cómo lo sabes?

- Todavía está aquí. Puedo verlo. Marcia está con él.

- Fue muy rápido. Me gustaría verlo mejor.

- Está diciendo que él es el que te trajo aquí, te abraza, lo escuchaste y lo sentiste. Te habló y te diste cuenta de lo que quería decirte.

Augusto Cezar recordó el agradable calor que había sentido y la añoranza de los tiempos que habían estado juntos.

- Está aquí y no puedo verlo. Ojalá pudiera abrazarlo.

- Dijo que vendría a visitarte mientras duermas y podrán hablar mejor.

- Me hizo pensar cosas que nunca había pensado. Hay otro asunto que me gustaría discutir con él.

- Está diciendo que tiene que irse. Pero que te volverá a buscar. Ve con Dios y gracias - dijo Carolina emocionada.

- Estoy conmovido. Nunca pensé que podría volver a hablar con él.

Carolina se levantó y tomó cariñosamente la mano de su padre:

- Vamos, papá. La tía Odete preparó un poco de té y nos espera en la despensa.

- No tengo ganas.

- Pero te hará mucho bien. Vamos, no hagamos esperar a la tía Odete.

Augusto Cezar se levantó y se dejó llevar por Carolina para tomar el té.

CAPÍTULO 27

No habían terminado de tomar el té cuando Dina introdujo al médico en la habitación y de inmediato fue a avisar a Augusto Cezar, quien se apresuró a saludarlo:

- ¿Cómo está, Dr. Jorge?

- Bien. Quería venir antes, pero fue imposible. ¡Parece que todos mis clientes hoy se acordaron de mí!

- Debes estar cansado. Gracias por venir de todos modos.

Carolina se acercó y saludó al doctor con cariño. El doctor Jorge era el médico de la familia, trataba con cariño a Norbert y era querido por todos en la casa.

- Voy a verla. Guillermina mejoró - dijo.

- Te acompaño. Tenía muchas ganas de esperarte.

Los dos se dirigieron a la habitación del paciente y Carolina iba a acompañarlos cuando vio a Adalberto en la puerta llamándola. Fue a él:

- Sérgio está en la puerta. Iba a tocar el timbre, pero escuché el ruido del auto y lo detuve. Es mejor salir y hablar con él.

El rostro de Carolina se iluminó de alegría, pero pidió:

- Si papá pregunta por mí, dile que estoy en la habitación y me avisas.

- Puedes dejarlo. El Dr. Jorge llegó a tiempo. Papá ni siquiera notará tu ausencia.

Carolina se fue y Sérgio estaba parado frente a la casa.

Verla, abrazarla con cariño, besar sus labios con emoción.

Preocupada, una Carolina muy emocionada preguntó:

- Vamos salir de aquí. Papá puede vernos.

Subieron a su automóvil y se alejaron de la casa, deteniéndose en una calle cercana.

Sérgio la miró con amor y Carolina sintió que su corazón latía aceleradamente.

- No podría soportar extrañarte más - él se quejó continuando -, quería hablar con tu padre, a ver si se convence en cambiar de opinión. No me gusta encontrarte como si estuviéramos haciendo algo mal. Nuestro amor es sincero y no hay razón para tanto sacrificio.

- Yo sé. Pero siento que tenemos que esperar un poco más para dar ese paso.

- Mira, durante estos meses he estado ahorrando dinero pensando en nuestro futuro. Pronto podremos comprar una bonita casa y casarnos.

Carolina suspiró:

- ¡Y lo que más quiero en el mundo! Pero fuiste tú mismo quien me advirtió sobre el pasado. Estoy tratando de hacer mi parte para que nada nos impida estar juntos. Necesitas tener un poco más de paciencia. Yo recordé algunos hechos, pensé mucho y descubrí lo que tenía que hacer para liberarme.

- ¿Estás seguro de lo que estás haciendo?

- Sí. Descubrí que yo era la responsable de los hechos de esa época.

- Te estás subestimando. Siempre fuiste tan buena.

- No es verdad. Por vanidad y ambición, seduje a un hombre y me casé con él sin amor. Cuando te conocí y nos enamoramos, no quería dejarlo y vivir con él porque no quería perder mi posición social y el lujo en el que vivía. Elegí convertirme en tu amante y pagué muy cara la traición.

- Sé parte de la historia, pero estás exagerando.

- No, Sérgio. Estoy segura de lo que digo. En una vida pasada, causé sufrimiento a mis padres, y sé que la vida nos unió ahora para que nos entendamos. Siento que mientras no supere el resentimiento, el dolor que a veces todavía brota en mi corazón, no seré libre para ser feliz.

Sérgio la abrazó con ternura, besándola varias veces. Entonces él dijo:

- Perdón si insistí en hacer las cosas de manera inapropiada, pero es muy cruel no poder verte ni siquiera de vez en cuando. Pronto tu abuela mejorará, regresarás al campo y todo seguirá igual. No puedo soportarlo.

- Es difícil para mí también. Pero he estado haciendo un esfuerzo y creo que las cosas están cambiando.

Carolina le contó detalladamente los últimos hechos y concluyó:

- Estamos siendo ayudados por nuestros amigos espirituales y muy cerca de conseguir lo que queremos.

- Dios la escucha. Después de volver a tenerla entre mis brazos, una nueva separación se hace más difícil.

Hablaron un poco más, luego Carolina preguntó:

- Llévame más cerca de casa. Adalberto sabe que salí. Podrían notar mi ausencia.

- Mañana volveré a verte.

- No te detengas en la puerta principal.

- Haré lo que quieras, pero quiero quedarme más tiempo contigo.

- Veré lo que puedo hacer.

Sérgio volvió a la casa y después de otro beso Carolina bajó y esperó a que entrara.

El doctor Jorge entró en la habitación de Guillermina y se acercó a la cama sonriendo:

- Entonces, D. Guillermina, ¿eres feliz con todos los que te rodean?

- Sí, doctor. Pero aun así la fiebre no desaparecía.

- Vamos a ver.

Se sentó en el sillón junto a la cama, agitó el termómetro, lo miró y lo colocó en la axila del paciente.

Augusto Cezar preguntó:

- ¿Quieres que me vaya?

- Puedes quedarte. Ya sabes, Dr. Augusto César, doña Guillermina ha estado muy triste desde que se fue tu hija. Esta madre es muy buena para tratarla.

- Cuando la dejé quedarse aquí, le advertí que solo sería hasta fin de año. Ernestina la extraña mucho.

El médico sacó el termómetro, lo miró y comentó:

- Todavía treinta y ocho.

- Bajó un poco, ayer pasó de treinta y nueve - comentó Odete, temerosa que hablara de internarla.

- Sí, ha bajado. Pero necesita bajar más. Sigamos con la medicación. ¿Cómo está tu apetito?

- No tengo hambre. Tengo el estómago revuelto y si me acuesto me dan náuseas.

- Te voy a recetar un medicamento de inyección y gota para tu estómago. Tómalo bien y estarás mejor pronto. Sé que no te gusta ir al hospital y estoy haciendo todo lo posible para que te recuperes en casa, pero necesitas colaborar, hacer un esfuerzo para alimentarte, al menos un poco.

- No hay problema, Doctor - intervino Odete -, lo atenderemos con todo el cariño. Hacer lo que más le gusta.

- Hagan eso.

El médico se despidió, lo acompañó Augusto Cezar y le preguntó:

- Me gustaría hablar contigo en privado, no me estiraré, ven.

El doctor asintió y entraron a la oficina.

- Estoy preocupado por mamá. A su edad, la neumonía puede ser fatal. La fiebre es persistente, no quiere comer, ¿no sería mejor llevarla al hospital? No le gusta, pero si la ayuda a mejorar, debe hacerse.

- No creo. Doña Guillermina vivió momentos muy tristes con el Dr. Norbert en ese hospital. Una hospitalización ahora le haría más mal que bien.

- Escuché un comentario que la tristeza es mala para los pulmones. No creo que sea verdad.

El doctor Jorge movió la cabeza pensativo y luego dijo:

- La tristeza agrava cualquier enfermedad. Los pulmones son órganos sensibles y una fuerte depresión puede afectarlos, así como ira en el hígado y rebelión en el corazón. Las emociones siempre se reflejan en el equilibrio de la salud. Sientes esta verdad cuando un evento inesperado provoca sensaciones en el cuerpo, como temblores, latidos rápidos del corazón, sudoración, etc.

- Sería muy bueno que aceptaran mudarse a Bebedouro. Compraríamos una linda casa, cerca de la nuestra y estaríamos todos juntos.

[352]

- Doña Guillermina no quiere salir de esta casa. Es aquí donde vive desde que se casó. Haz este lugar. Todos sus buenos recuerdos están aquí. No sé si se acostumbraría al interior.

- Es lo que ella dice. En ese caso, no sé cómo resolver este dilema.

- Sería más fácil para ti venir aquí.

- Ni me digas tal cosa. Me encanta la calma de nuestra ciudad. No me acostumbraría a vivir aquí.

- A tus hijos les encantaría. Carolina sigue diciendo que tiene la intención de vivir aquí cuando se case, y Adalberto tiene la intención de hacer carrera en São Paulo.

Aunque molesto, Augusto Cezar no lo contradijo.

Pensó un rato y preguntó:

- ¿Cuál es el estado real de mamá? ¿Está en peligro?

- Es una enfermedad grave que necesita muchos cuidados.

Desde el punto donde está, puede mejorar o empeorar. Esperemos que reaccione, se deshaga de su tristeza y tenga ganas de vivir. Ella perdió ese estímulo cuando murió su esposo.

- Tienes razón. No podemos hacer nada al respecto.

- Pero cuando Carolina estaba aquí, había mejorado mucho. Vivía riendo, se sentía bien. Hablaba de su esposo con cariño, sin tanta tristeza.

- Este es un remedio difícil. Mi hija necesita vivir en nuestra ciudad. Está asistiendo a la universidad allí. Pero mientras estemos aquí, haremos todo lo posible para animarla.

- Yo sé de eso.

El médico se despidió y prometió volver a la noche siguiente si todavía tenía fiebre.

Augusto Cezar se encerró en la oficina de su padre. Habían pasado tantas cosas desde que llegó a São Paulo que necesitaba poner en orden sus pensamientos.

Puso su cabeza en sus manos. Recordó a su padre, la adolescencia, la época universitaria, las relaciones que había tenido, cómo había conocido a Ernestina y notó lo talentosa, alegre que era y sintió que era la mujer ideal para formar una familia. Él quería vivir en el campo y ella aceptaba todo lo que le proponía.

El padre estaba en la oficina cuando Carolina dejó a Sérgio, entró a la casa y fue directo al cuarto de su abuela.

Odete le contó lo que les había dicho el médico y Carolina prometió de inmediato:

- Abuelo, quien te cuidará soy yo. ¡Acabemos con esta fiebre de una vez!

- Estoy cansada, quiero dormir.

- Pero antes, te vas a tomar un café con leche y te vas a comer un trozo de ese delicioso pastel que hizo Dina.

- No tengo hambre.

- Si comes aunque sea un poco, te contaré una maravillosa historia de amor.

Odete preparó el café con leche y trajo la torta. Carolina empezó a hablar, contando una película que había visto y poco a poco Guillermina empezó a comer. Yo no quería todo, pero Carolina estaba satisfecha. Le dolió sostener su mano en la penumbra hasta que cerró los ojos y se quedó dormida. Luego, a pie, Carolina se dirigió al dormitorio.

Adalberto había salido al encuentro de Áurea, entró a la casa y al ver encendida la luz del cuarto de Carolina, tocó levemente, abrió y entró:

- Entonces, ¿te lo perdiste?

- No funcionó porque cuanto más permanecemos juntos, más queremos quedarnos.

- No tienes remedio de todos modos.

- Será difícil tener que separarse de nuevo.

- Sé cómo y eso. Tanto es así que invité a Áurea a venir aquí mañana por la tarde.

Carolina lo miro a los ojos, seria y le preguntó:

- ¿De verdad te gusta ella?

- Sí. Curioso que empecé a salir con ella para poner celosa a Ana María. Pensé que estaba enamorado de ella. Poco a poco, Áurea me conquistó.

- ¿Estás seguro?

- Quería mudarme a São Paulo para estar cerca de Ana María que vino a vivir aquí. Pero ahora, cuando la volví a encontrar, no sé, me parecía diferente, ya no me atrae como antes. Áurea es mucho más bonita e inteligente que ella. Ana María quiere ser actriz, casarse con un millonario y estar siempre en el centro de atención. Esta no es la mujer que quiero para mí.

- Y que has madurado. Estoy muy agradecida con Áurea por lo que ha hecho por mí. Seré feliz si ella se une a nuestra familia.

- Por el momento no tengo condiciones para casarme. Los dos estamos estudiando, pero cuando mejore económicamente, propondré matrimonio.

- Así que es serio.

- Sí, nos vemos todos los días. Dejo la universidad antes y la esperaré. Cada día estamos más cerca. Será difícil soportar la espera de la boda, el tiempo pasará.

- De hecho. Y cuando estamos separados, se pone aun peor. El anhelo duele.

- Por eso la invité a venir aquí mañana. Ella vino aquí varias veces, pero después de tu llegada, se retiró. Sabes que a papá no le gusta que tenga citas, pero asumí mi vida y ya no dependo de él. Si él piensa que es malo, no me importa.

Carolina pensó por un momento, luego dijo:

- Tienes razón. A veces tengo ganas de hacer lo mismo. Sérgio tiene muchas ganas de volver a hablar con papá. Pero sé que es mejor esperar un poco más.

- ¿Le tienes miedo?

- No. Pero espero un momento más favorable. Desde que la abuela se enfermó, han sucedido cosas que realmente han alterado sus emociones. Estoy seguro que está cambiando.

Adalberto movió negativamente la cabeza:

- Bueno, yo no creo eso. Él nunca cambiará. Todavía está muy enojado conmigo. Me saluda como un extraño y ni siquiera me mira a la cara.

Carolina pensó un poco y decidió:

- Hay algo que debes saber.

Al ver que él la miraba con curiosidad, ella le explicó sobre espiritualidad, sobre los espíritus que había visto desde niña, su mediumnidad, encuentros con seres de otra dimensión, incluido Sérgio, y sobre la reencarnación.

Adalberto la escuchaba fascinado. Siempre había sentido que entre Carolina y Sérgio había algo diferente, especial, pero nunca se había imaginado lo que estaba escuchando. Se interesó mucho, porque Áurea también creía en los espíritus, había leído muchos libros sobre el tema y habían hablado muchas veces de ello.

Saber que su hermana pensaba lo mismo fue una grata sorpresa. Cuando ella le contó lo que sucedió en la iglesia en los viejos tiempos, no pudo evitarlo:

- ¡Mientras estábamos preocupados por tu desmayo, caminabas feliz con Sérgio en el otro mundo! ¡Esto es increíble!

- Allí se llama Marcos. Y el nombre que usó en la encarnación anterior.

Al darse cuenta que su hermano estaba creyendo lo que ella le estaba diciendo, no ocultó nada. Habló del impedimento del pasado, abrió su corazón sobre lo que había sucedido en ese momento y al final, cuando se refirió al vigilante del castillo que le había disparado y causado su muerte, Adalberto se sobresaltó:

- Entonces es eso. Esto explica por qué siempre sueño que estoy en un parque en una noche oscura y noto que un ladrón está bajando por una cuerda en la pared. Pregunto quién es, pero al no obtener respuesta, disparo. La persona cae. Entonces aparece el rostro de una hermosa joven, extendiendo sus manos hacia mí y lo siento, quiero desaparecer, pero ella dice que me perdonó. ¡Entonces realmente sucedió y fuiste tú!

- Fue. Desde el principio no me molestó el vigilante. Pensó en protegernos. Nunca pude imaginar que era yo.

Adalberto estaba muy emocionado. Esa historia lo conmovió de tal manera que estaba absolutamente seguro que era verdad. Abrazó a Carolina diciendo cariñosamente:

- Gracias por permitirme venir a vivir a tu lado. Perdóname si en la infancia te irrite a menudo. Estoy arrepentido. Eres mucho mejor que yo.

Carolina sonrió y respondió:

- Cosas de niños. A pesar de todo, siempre nos gustamos. En los últimos tiempos me has apoyado y eso significa mucho para mí.

- Siempre te apoyaré.

Carolina contó entonces lo que le había pasado a su padre que hizo vibrar a Adalberto:

[357]

- ¿Significa eso que el espíritu enamorado de Ethel estaba tan molesto con él?

- Lo estaba. Lo pasó muy mal. Pero Marcia estaba cerca y lo ayudó. Mejoró instantáneamente y quedó impresionado. ¿Ahora entiendes por qué quiero esperar un poco más? Estoy dispuesta a terminar con la incomprensión del pasado. Cuando logremos esto, tendremos todo lo que deseamos.

- Conseguiste que mamá cambiara. Ella ahora es otra persona. Más alegre, comunicativa, parece como si estuviéramos remando.

-En realidad, yo era quien necesitaba cambiar mi forma de verla para que ella también cambiara. Piénsalo, Adalberto, son nuestras actitudes, nuestras creencias las que atraen los acontecimientos de nuestra vida. Cuando cambias tu interior, esos cambios suceden en el exterior. Con papi esto pasa

haciendo eso también.

- ¿Qué hiciste con él?

- Estaba muy enojado con él por haberme distanciado de Sérgio. Cuando lo miré, sentí ganas de pelear. Pero después de enterarme que me culpaban de haberme casado con Norton sin amor, de seguir casada para no perder los lujos a los que estaba acostumbrada, de preferir ser la amante de Marcos a asumir una vida con él, traté de cambiar la forma como lo miré. Recordé el cariño con que nos había dado infancia y, a su manera, siempre fue un padre devoto a -la familia, pensando siempre en nuestro bienestar.

- ¿Y lo entendiste? Todavía siento mucho dolor por su parte.

- He logrado. Cuando superé la ira, noté sus cualidades y pude ver cómo sufre por no hacer que las cosas salgan como él quería. Noté que a pesar de todo, él estaba esperando que llegaras a casa arrepentido.

- Eso es lo que quería ganar esta batalla.

- El orgullo puede ser un mal consejero. Cree que tu actitud fue una decepción para él, que soñaba con verte a cargo de la empresa. Noté que después que saliste de la casa, ha perdido algo de entusiasmo por su trabajo. Por la mañana sale de mala gana y por la noche estaría más tranquilo que antes. También extrañaba mucho las conversaciones que tenía con la tía Odete y con la abuela.

Adalberto escuchaba pensativo. No lo vio, pero el espíritu de Marcia estaba a su lado, vibrando de amor, y de su pecho salían energías luminosas que los envolvían y conmovían, mientras luces de colores fluían desde lo alto.

- Ve a tu habitación, analiza tus sentimientos, piensa en todo lo que hablamos. No juzgues, solo siente. Date cuenta de lo que hay detrás de lo que papá nunca dijo, disfruta de este momento mágico en el que la vida nos unió para conquistar el pasado y consolidar los lazos que nos unen, pues van más allá de este mundo y se extienden por toda la eternidad.

Adalberto se levantó, dio un sonoro beso en la frente de su hermana salió en silencio de la habitación. Se sentía relajado y en paz.

CAPÍTULO 28

Esa misma noche, Augusto Cezar, después de haber estado mucho tiempo pensando en la oficina de su padre, vencido por el cansancio, decidió irse a dormir; todos ya se habían retirado. Fue directo al dormitorio.

Ernestina estaba durmiendo. Se preparó para acostarse, tratando de no hacer ruido y despertarla.

Mientras miraba el rostro de su esposa dormida, lo invadió una ola de ternura. Ella era diferente, había cambiado, y pensó en lo útil que siempre había sido para tratar de comprenderlo, buscando su comodidad y bienestar.

Se acostó a su lado con cuidado, se acomodó. Ernestina se movió y siguió durmiendo. Rodó sobre su costado y trató de dormir. Pero el recuerdo de lo que le pasó no sale de su mente. Las dudas y las preguntas le impedían dormir.

¿Era realmente cierto que había vivido otra vida antes de esta? ¿Por qué no podía recordar nada? ¿Hubiera vivido Ernestina con él? Si eso fuera cierto, ¿Carolina también habría sido parte de su vida? Y Adalberto, ¿qué conexión tendría con él del pasado?

La historia que le había contado Carolina distaba mucho de ser similar, pero al mismo tiempo sentía que tenía algo de verdad.

¿Cómo saber? No tenía la sensibilidad de Carolina ¿A quién recurrir para intentar descubrir la verdad? Nunca le contaría esta historia a nadie. Podrían juzgarlo de loco. En cuanto al párroco de Bebedouro, ni modo.

Entonces se acordó de Dios. Carolina le había dicho que los espíritus de la luz siempre están dispuestos a protegernos y ayudarnos. Necesitaba hacer algo.

Acostado como estaba, cerró los ojos y en su mente imploró a Dios que lo ayudara a entender lo que le estaba pasando a él y a su familia.

Reconoció que se había tomado su vida en serio, había cuidado el bienestar de todos de la manera que entendía que era mejor para ellos, pero ahora, ante los problemas que habían surgido, no estaban agradecidos por lo que había hecho.

El hijo herido y distante, la hija infeliz, insatisfecha con que su novio rompiera con ella. Recordando todo lo que había pasado, recordó a su padre y las lágrimas asomaron a sus ojos. Creyó verlo con los brazos extendidos diciendo:

- ¡Hijo! Trate de entender a sus hijos. Ellos piensan diferente a ti.

Extrañaba a su padre, siempre amable y amistoso. No había sido como él con los suyos.

Augusto Cezar dio vueltas y vueltas en la cama hasta que finalmente se durmió.

Soñó que caminaba por un camino bordeado de frondosos árboles cuando se encontró con su padre. Incluso en el sueño pensó:

- Lo recordaba tanto que terminé soñando. A lo que el espíritu de Norbert respondió:

- Soy yo, hijo mío. ¡Estoy vivo!

Lo abrazó cariñosamente y Augusto Cezar olió el olor habitual del perfume que usaba su padre.

- ¡Papá, te he estado extrañando! ¡Tantas cosas me pasaron! He estado triste y sin saber que hacer.

- Ven conmigo. Te llevaré a un lugar de recuperación.

- ¡Estás bien, parece que te has rejuvenecido!

- Estoy bien de todos modos. La enfermedad no vino conmigo, se quedó en ese cuerpo que dejé allí.

- ¿Cómo puede ser?

- Sabes, lo que te dijo Carolina es verdad. ¡Vamos, tienes que recargar las pilas!

Norbert tomó a su hijo por el brazo y juntos se deslizaron hacia arriba. Augusto Cezar experimentó un gran bienestar.

Extasiado, vio las estrellas titilar en el cielo y las luces de la ciudad abajo, haciéndose más y más pequeñas.

- ¡Quiero quedarme aquí contigo! - Exclamó feliz.

- Tú no puedes. Aun no ha llegado tu hora.

Momentos después, se detuvieron y descendieron suavemente a una arboleda. El ambiente era agradable y Augusto Cezar respiraba con placer.

- Sentémonos en esa banca - dijo Norbert. Se sentaron y Augusto Cezar dijo alegremente:

- Qué hermoso lugar; ¿dónde estamos?

- En una dimensión astral cercana a la Tierra. Te traje aquí porque quiero presentarte a un amigo.

Segundos después, un hombre de mediana edad se acercó, abrazó a Norbert y le dijo:

- ¿Estás bien?

- Estoy. Este es mi hijo Augusto Cezar -. Y al hijo:

- Este es mi querido amigo Bibiano, a quien le debo mucho.

Y el recién llegado estrechó la mano que le tendía Augusto Cezar, diciendo:

- Bienvenido, hijo mío. Sentémonos y hablemos.

Después que se sentaron en el banco, Bibiano, mirando fijamente a los ojos de Augusto Cezar, dijo:

- ¿En qué puedo ayudarte?

- Sucedieron varias cosas en los últimos días que me quitaron la tranquilidad.

- Yo sé. No necesitas decírmelo. Nos conocemos desde hace mucho tiempo.

- No me acuerdo de ti.

- Estás encarnado y tu olvido es natural. Te sumergiste tanto en las cosas del mundo que olvidaste las promesas que hiciste antes de reencarnar.

- ¿Cómo así?

- Prometiste olvidar las heridas de la vida pasada y a pesar de no recordarlas, las guardas en tu inconsciente, hábitos de entonces que ahora impiden que las cosas sean como deben ser.

- ¿Es realmente cierto que viví otras vidas antes de esta?

- Sí. Nuestro espíritu es eterno El cuerpo de carne es un revestimiento que utilizamos para poder interactuar y experimentar en la sociedad del mundo. Cuando se desgasta, lo dejamos a las transformaciones de la Madre Naturaleza y conservamos el cuerpo astral, del que nunca nos separamos y que tiene la capacidad de vivir y actuar en otras dimensiones del universo.

- ¡Se ve increíble!

- Pero es verdad. Debo decirte que si quieres mejorar tu relación con los miembros de tu familia, debes cumplir la promesa que les hiciste antes de reencarnar.

- ¿Cómo puedo cumplirlas si no las recuerdo?

- En tu vida anterior, eras un hombre muy rico, halagado, y te acostumbraste a que todos hicieran lo que quisieras.

Te volviste vanidoso, castigando a los que se atrevían a contradecirte. Ha pasado el tiempo, las cosas han cambiado, pero aun quieres ser obedecido en todo. Este es el origen de los problemas que has tenido con tus hijos.

Augusto Cezar bajó los ojos avergonzado. En ese momento le pareció que se veía vestido con ropas antiguas y muy ricas, en medio de la gente, siendo admirado.

Fue un breve vistazo, pero le hizo darse cuenta que su interlocutor estaba diciendo la verdad. Se quedó en silencio durante unos segundos, luego levantó la vista y dijo:

- Todo lo que hice fue pensar en el bienestar de mi familia.

- No es así... - dijo Bibiano serio, continuando:

- Hiciste lo que creíste bueno para ellos sin detenerte en la vocación de cada uno, en sus necesidades espirituales, en el camino que quieren seguir.

- Quería prescindir de ellos. No quería que sufrieran. El mundo está lleno de gente malvada.

- No tienes poder para evitar que elijan su propio camino y cosechen los resultados. Es de la vida. Todos necesitamos experimentar, cometer errores para aprender, afrontar desafíos y así volverse más fuertes, más maduros, lo que querías era hacerlos dependientes de ti, hacerlos débiles e incapaces de pagar el precio del crecimiento.

Augusto Cezar sintió lágrimas correr por su rostro y reconoció lo equivocado que estaba. Cuando Bibiano calló dijo:

-. ¡No pensé en eso! ¡Pensé que eran niños y solo yo podía guiarlos!

[364]

- Olvidaste que su espíritu existía antes de reencarnar y hasta puede ser que sean más lúcidos que tú. Cuando los niños son pequeños, necesitan padres atentos que, aun observando sus puntos débiles, busquen enfatizar y sacar a relucir todas sus cualidades para que, al ser valoradas, las protejan en el día a día.

- No recordaba nada de eso. Estoy arrepentido. ¿Qué puedo hacer para mejorar?

- Cuando regreses a tu cuerpo, no recordarás todo lo que hablamos, pero te ayudaré, te prometo que te ayudaré de alguna manera, el resto depende de ti.

Bibiano se levantó y les pidió que hicieran lo mismo.

- Pidamos ayuda a la Divina Providencia.

Ambos cerraron los ojos mientras Bibiano elevaba el pensamiento, los brazos levantados captando energías. En unos segundos, una lluvia de pequeños copos blancos y brillantes comenzó a caer sobre ellos.

Bibiano colocó sus manos extendidas hacia ellos y de ellas salieron chorros de energía de colores que los envolvieron a ambos.

Augusto Cezar se conmovió y su rostro estaba mojado por las lágrimas. Cuando Bibiano puso su mano sobre su pecho, sintió como si una bola oscura hubiera salido de él y se la hubieran llevado. Se sentía ligero como no se había sentido en mucho tiempo.

En silencio, Bibiano los abrazó y desapareció. Norbert, con los ojos brillantes y vivos, dijo serio:

- ¡Es hora de volver!

Puso su brazo alrededor de la cintura de Augusto Cezar y en unos minutos estaban en el dormitorio donde inmediatamente fue atraído por su cuerpo dormido. Sintió cierta pesadez, pero respiró hondo y siguió durmiendo.

A la mañana siguiente todos estaban puntualmente en la despensa para desayunar como de costumbre, excepto Augusto Cezar. Ernestina se sorprendió:

- Veré qué pasó.

Subió las escaleras, abrió la puerta del dormitorio, se acercó a la cama donde dormía su esposo y colocó suavemente su mano sobre su frente para comprobar la temperatura. era normal Respiraba uniformemente, su rostro sereno.

Ernestina recordó que el día anterior no había visto a su esposo acostarse. Era posible que se hubiera quedado en la oficina de su padre hasta muy tarde. Pero aun así nunca llegaba tarde al desayuno. ¿Debería despertarlo? Pensó que lo mejor era bajar y esperar.

Más de dos horas después, cuando todos conversaban en la sala, disfrutando del sábado, Augusto Cezar bajó, los miró con cierta sorpresa y comentó:

- Me quedé dormido, pregunté por la hora.

- Te prepararé el café.

- Solo acepto un café puro. No comeré nada Es casi la hora del almuerzo.

Al ver a Guillermina sentada en el sofá, se acercó a ella:

- ¡Buenos días, madre! ¿Has mejorado, estás sin fiebre?

- Mejoré, la fiebre se fue. Siéntate aquí a mi lado - Él obedeció y ella continuó:

- Anoche soñé con tu padre. Me dijo que estaba mejor, que tenía que reaccionar, estar feliz de disfrutar de tu compañía.

Augusto Cezar la miró asombrado:

- Que casualidad, yo también soñé con él. Dijo que estaba muy bien y que su enfermedad había quedado en el cuerpo que estaba enterrado.

- ¿Cómo así? - Preguntó Guillermina. Fue, Carolina quien respondió:

- Ya te lo dije, ¿recuerdas abuela? ¡Ya está curado!

- Bueno, un buen sueño, ¡parecía cierto!

- Bueno, es verdad, abuela. Este no era un sueño como los otros, era más vívido y después de despertar seguías recordando las escenas. ¿No fue?

- Así es.

Augusto Cezar, que observaba la escena con interés, le preguntó a Carolina:

- ¿Crees que el espíritu de papá estaba aquí hablando conmigo de verdad?

- ¿Qué sentiste cuando lo encontraste?

- Nos abrazamos; nos amamos y era como cuando él estaba vivo y sano, hasta olía el perfume que siempre usaba.

- Entonces, ¿cuál es la duda?

- Y que cuando nos abrazamos; su cuerpo era el mismo que tenía y fue enterrado. Esto no tiene sentido para mí.

- Ya no tiene el cuerpo de carne que, como dijiste, fue sepultado. Pero lo encontraste en la dimensión astral y allí, el cuerpo que tiene es sólido y se ve igual que el otro, pero no lo es.

- ¡Parece imposible!

- ¿Por qué? Dejaste tu cuerpo físico sobre la cama y te fuiste con tu cuerpo astral, como hacemos todas las noches cuando dormimos. Si hubieras prestado atención, te habrías dado cuenta que de tu cuerpo dormido sale un cordón de plata conectado a tu cuello, eso es porque todavía estás encarnado. Este enlace te permite volver atrás y volver a entrar en el cuerpo. Ya el abuelo ya no lo tiene porque se lo rompió la muerte.

Mientras Carolina hablaba con soltura y convicción, los demás la miraban con admiración, lo que hizo que Adalberto comentara:

- ¿Cómo sabes todo esto, Carolina?

- Porque mientras la mayoría de las personas cuando duermen dejan el cuerpo sin darse cuenta de los detalles, yo salgo consciente, veo lo que está pasando. Cuando eso sucede, a menudo veo mi cuerpo dormido en la cama. Es una sensación diferente, pero que confirma que tenemos condiciones para seguir viviendo sin el cuerpo físico. Somos seres eternos.

Dina apareció en la habitación y anunció que el almuerzo estaba servido. Augusto Cezar ayudó a Guillermina a ponerse de pie y apoyarse en su brazo, lo que hizo que Carolina intercambiara una mirada con Adalberto. Se veía diferente a ellos.

Adalberto llamó discretamente a Carolina y le comentó:

- ¿Qué le pasó a papá? Extraña la hora del café, es comunicativo, acepta lo que dices. Ni parece la misma persona.

Carolina sonrió y respondió:

- Está descubriendo nuevos caminos. Al ver la luz, nadie más quiere estar en la oscuridad.

- Esta tarde cuando llegue Áurea, estoy pensando en decirle que somos novios, ¿ustedes que piensan?

- No es necesario que hables abiertamente, solo hazles notar que están interesados el uno en el otro. Dependiendo de la reacción, te abres.

- A veces tengo ganas de demostrarle a papá que soy yo quien decide mi vida.

- Esto es competencia y el orgullo no ayuda en nada. Entonces sé que lo que más quieres es su aprobación. Para eso no tienes que demostrar que tú tenías razón y él estaba equivocado. Sé honesto, papá apreciará saber que valoras su opinión. Así todo puede volver a la normalidad.

Ernestina apareció en la puerta diciendo:

- Vamos, todos te estamos esperando.

Inmediatamente obedecieron. Más tarde, cuando Ernestina se encontró solas con su esposo en la habitación, comentó:

- Doña Guillermina ha mejorado, si sigue así pronto podremos volver a casa.

- Solo nos iremos cuando estemos seguros que está fuera de peligro. Hablé con Adelaide y todo está bien en la empresa. Solo Estoy preocupado por las clases de Carolina.

- Ella ni siquiera habla de eso. ¡Es tan feliz aquí! Me temo que tendremos problemas con ella cuando nos vayamos.

Augusto Cezar no respondió. En los últimos días, ya no miraba a su hija como una niña. Ella le mostrará cosas que nunca imaginó y que le revolvieron la cabeza. Ahora le parecía una adulta y sus palabras significaban más para él. Todavía no sabía cómo definir ese sentimiento de respeto y admiración que lo invadía cada vez que ella hablaba de espiritualidad.

Al mismo tiempo, sentía cierta tristeza al pensar que tanto Carolina como Adalberto preferían vivir en la capital. Estaba claro que ambos pensaban muy diferente a él.

¿Qué pasaría en el futuro?

Adalberto no volvería a casa incluso después de graduarse, ya que tenía la intención de hacer carrera en São Paulo. Carolina le había dicho que aun a la distancia, seguía saliendo con Sérgio. Cuando se graduara, no habría forma de impedir que se casara y también viniera a la capital.

Por primera vez pensó: ¿Valía la pena esforzarse tanto para detener este matrimonio y enfrentar la animosidad de toda la familia? Guillermina y Odete simpatizaron con Sérgio y lo criticaron por haberlos separado. Adalberto se había hecho amigo de él, le dijo que era el padre de Sérgio quien le había encontrado trabajo. Y, Ernestina, ¿qué pensaría?

Miró a su esposa y dijo:

- Cuando llamaste aquí sin que yo lo supiera, ¿Carolina estaba hablando con su novio?

Ernestina, a pesar de estar sorprendida, lo encaró y le respondió con voz firme:

- Sí. Yo mismo hablé con él una vez.

- Por eso Carolina dijo que la relación continúa.

- Tal vez. Pero un día me dijo que estaban en el sueño. Así descubrí que para el amor no hay distancia y que no tenía sentido impedir que se encontraran.

- ¿Quieres decir que cuando dormía, su espíritu fue a visitar a Carolina?

- Eso mismo. ¿Quiere saber? No creo que puedas evitar que se casen, sin importar el tiempo que tarde.

Augusto Cezar no respondió de inmediato. Esa situación estaba mucho más allá de sus posibilidades. Esa batalla estaba perdida. No podía luchar contra la naturaleza y sus misterios. Después de unos minutos, dijo:

- Al menos podía esperar hasta graduarse.

- Ella no piensa como tú. Voy a ver doña Guillermina. Iba a darle una medicina.

- Voy a descansar un poco. Avísame cuando estén sirviendo la cena.

Ella se fue pensativa. Su esposo estaba cambiando. En otros tiempos habría reaccionado mal a esta conversación. La enfermedad de su suegra había sido providencial, lo que ella más deseaba era que él se acercara más a su hijo, que hiciera las paces y que él la apoyara como se debe.

CAPÍTULO 29

Mientras los padres estaban en la sala hablando, Adalberto llamó a Carolina:

- Sérgio está afuera. Dijo que ya no aguanta más esta situación, quiere entrar y hablar con papá.

- ¡No! Aun no es el momento. Voy a hablar con él. Si preguntan por mí, diles que estoy en la habitación.

Después de mirarse en el espejo, se fue. Sérgio la esperaba en la puerta de la casa y la abrazó tiernamente, besándola en los labios.

- Vamos – dijo -, vamos a entrar en el coche.

- Entraré y hablaré con tu padre. No es posible que sigamos así.

- Está en su habitación descansando. Hablemos en el coche.

Subieron al auto y Carolina le pidió que saliera del frente de la casa.

De pie en una calle discreta, se abrazaron y besaron muchas veces. Entonces dijo:

- ¡Quiero casarme contigo! No es justo que estemos separados. No más sufrimiento.

- Yo también quiero casarme lo antes posible, pero tu necesitas un poco más de paciencia. El impedimento, que existió en el pasado, está terminando. Estoy logrando hacer mi parte. Falta poco.

- Yo también lo siento. Y por eso quiero hablar con tu papá.

- Me temo que una precipitación ahora podría perturbarlo todo.

Calma. Vamos a llegar a donde queremos estar.

Durante algún tiempo hablaron de hacer planes para el futuro, queriendo casarse lo antes posible. Pero a pesar de la insistencia de Sérgio, Carolina no accedió.

- Doña Guillermina está mejor y pronto tu padre te llevará de vuelta a Bebedouro. Será un tormento.

- Todavía no habla de irse.

- La otra vez se fue de madrugada, sin que nadie lo supiera.

- Pero ahora no hará eso.

- ¿Como podrías saberlo? Si él decide, tendrás que irte.

- Dame unos días más. Si sospecho que quiere irse, te lo haré saber. En ese caso, hablarás con él. Aunque puede que no sea una buena idea.

Sérgio pensó por un momento, luego asintió. Se quedaron un poco más hablando y Carolina pensó que era hora de irse a casa. Sérgio la llevó de regreso, se despidieron y ella entró.

Pensativo, Sérgio se fue a su casa. Al entrar, Wanda estaba en la sala leyendo y al verlo le preguntó:

- ¿Dónde estabas? No viniste a cenar.

- Comí un bocadillo y no tengo hambre. ¿Papá está arriba?

- No. Está en la oficina. ¿Por qué?

- Quiero decir hola. Todavía no lo he visto hoy.

Llamó suavemente a la puerta de la oficina y entró. Humberto estaba sentado en un sillón leyendo unas páginas de papel. Al verlo entrar, las colocó sobre la mesa a su lado, se levantó y abrazó a su hijo con alegría.

Después de los saludos, Sérgio preguntó:

- ¿Estás muy ocupado, papá?

- Por ti nunca estoy ocupado. ¿Deseas alguna cosa?

- Necesito hablar, desahogarme.

- Vamos, sentémonos.

Lado a lado en el sofá, Humberto preguntó:

- Siento que estás preocupado. ¿En qué puedo ayudarte? Sérgio empezó a hablar de su relación con Carolina, de lo mucho que se amaban y de las dificultades por las que estaban pasando con la intransigencia de Augusto Cezar.

- Hoy fui a su casa dispuesto a entrar, hablar con él, aunque sé que no quieres nuestro matrimonio, pero Carolina me pidió unos días más. Tengo miedo que se vaya como lo hizo la otra vez. He estado irritable, nervioso, que no es como yo soy.

- Eres un buen chico, educado, acomodado. No hay razón para justificar lo que hace.

- Ni siquiera quería saber nada de nuestra familia. Tiene celos de los hijos. Adalberto, para poder estudiar en São Paulo, tuvo que romper con él. Tú sabes. No soportaré que Carolina se vaya otra vez sin que podamos vernos.

Humberto se quedó pensativo, luego dijo:

- Te gusta mucho, ¿no?

- Mucho. Carolina es la mujer de mi vida. Los dos nos damos muy bien y seguro que seremos muy felices.

- En ese caso déjamelo a mí.

- ¿Qué vas a hacer?

- Domaré a esta bestia. Lo buscaré.

[373]

- ¿Harías eso por mí?

- Claro. Quiero tener el placer de poner fin a todos sus argumentos.

- En ese caso le avisaré a Carolina.

- No haga eso. Apareceré allí por sorpresa. Anota la dirección y su nombre.

-¿Crees que funcionará?

Humberto fijó los ojos en su hijo y con un brillo malicioso le respondió:

- ¿Crees que voy a perder esta causa?

Eran las cinco de la tarde del domingo cuando Humberto tocó el timbre de la casa de Guillermina. Dina respondió y dijo:

- Buenas tardes. Deseo hablar con el Dr. Augusto César. ¿Él está?

- Sí señor. ¿A quién debo anunciar?

- Mi nombre es Humberto de Paiva Nunes, soy el padre de Sérgio y me gustaría hablar con el Dr. Augusto Cezar en particular. No le digas a los demás en la casa que estoy aquí.

Dina vaciló un poco y luego dijo:

- Entre. Sígame, por favor.

Dina lo llevó a la oficina del Dr. Norbert diciendo:

- Siéntese por favor. ¿Quieres un poco de agua o café?

- Ahora no, gracias.

- En ese caso dejaré saber al Dr. Augusto Cezar que estás aquí. Permiso.

Entró en la habitación donde él estaba sentado leyendo y se acercó diciendo en voz baja:

- Doctor, hay alguien que quiere verlo en privado.

-¿Quién?

- Doctor Humberto de Paiva Nunes, padre de Sérgio.

Augusto Cezar se estremeció y preguntó:

- ¿Dónde está?

- Como me pidió que no informara a los demás de su presencia, lo puse en la oficina.

Augusto Cezar se levantó y fue a su oficina.

Al entrar, Humberto se levantó diciendo:

- ¿Cómo está, Dr. Augusto César?

- Bien. ¿Por qué no me dijo que vendría?

- Porque esta conversación es entre nosotros dos.

- Siéntese, por favor - pidió Augusto Cezar señalando un sillón. Una vez instalado, continuó:

- ¿A qué debo el honor de su visita?

Humberto lo miró profundamente a los ojos y respondió:

- Estoy aquí abogando por la felicidad de nuestros hijos. En especial de mi hijo que vino a mí y desahogó sus penas. Por eso decidí interceder por él. Naturalmente, no me conoce a mí ni a mi familia, pero estoy dispuesto a darle todas las explicaciones que quiera.

Augusto Cezar tenía ganas de salir de allí, no enfrentarse a esta desagradable conversación. ¿Por qué todos querían separarlo de Carolina? ¿El hijo ya estaba fuera de la casa, ahora ella también?

Se quedó en silencio durante unos segundos, luego dijo, tratando de ser cortés:

- No tengo nada en contra de su hijo, ni en contra de su familia que yo no sepa, el problema es que mi hija es muy jovencita, está en su primer año de universidad y creo que es mejor que se comprometa cuando ella se gradúe.

[375]

- Se aman y quieren estar juntos. Sufren cuando están tan separados. Entonces, ¿por qué no dejar que se enamoren, que se conozcan mejor?

- Tienes razón, el matrimonio es un compromiso muy serio. Pero si no se llevan bien, ¿cómo tomarán sus decisiones?

- No creo que sea bueno tener una relación larga. Mi hija necesita estudiar.

- Yo no tengo ese problema. Mi hijo se graduó hace tres años, puede mantener una familia. Además de tener otros bienes. Pienso como usted. Un noviazgo largo y agotador. Por lo tanto, lo mejor será tener este matrimonio pronto.

- Carolina está estudiando.

- ¿De qué se trata? Cuando me casé, Wanda, mi esposa, estaba en su segundo año de universidad. Graduado con honores. La cultura ennoblece el espíritu. Sérgio disfruta convivir con gente inteligente. Que yo sepa, su hija es joven, pero tiene un espíritu maduro. Está lista para la boda.

Augusto Cezar recordó las conversaciones que había tenido con Carolina. De hecho, ella le había enseñado algunas cosas.

Humberto habló sin quitarle los ojos de encima a Augusto Cezar, era un hombre distinguido, educado, inteligente y serio. Era difícil seguir insistiendo en lo negativo.

Ambos guardaron silencio durante unos minutos. Entonces, Humberto colocó su mano sobre el brazo de Augusto Cezar y dijo con voz tranquila:

- Estoy seguro, doctor, que al consentir este matrimonio, se sentirá feliz por haber cumplido el deseo de su hija. Ella le estará eternamente agradecida y lo amará aun más.

Un destello de emoción cruzó los ojos de Augusto Cezar. En ese momento se dio cuenta que tenía muchas ganas de acabar con el dolor que Carolina le ocultaba y conquistar su amor. Bajó la cabeza y no respondió de inmediato. Después de unos segundos, lo levantó con cierta altanería y respondió:

- Cierto, me ganaste. Daré mi consentimiento para el matrimonio. Humberto sonrió feliz y consideró:

- Tenía razón al creer que eras un hombre de bien, y desea sobre todo la felicidad de sus hijos. Pienso de la misma manera.

Augusto Cezar se levantó diciendo:

- Ven conmigo. Deseo presentarle a mi familia. Todos ellos quieren mucho a sus hijos. También estoy agradecido con Mónica por ayudar a Carolina en la escuela.

Los dos salieron de la oficina y se dirigieron al cuarto donde estaban Guillermina, Odete y Ernestina. Augusto Cezar hizo las presentaciones mientras Dina corría a la habitación de Carolina para avisarle de la presencia del padre de Sérgio. Ella bajó inmediatamente. Cuando entró en la habitación, todos conversaban amablemente y Humberto se levantó para abrazarla.

Carolina tembló de emoción:

-¡Doctor Humberto! Que alegría verte por aquí.

La abrazó con ternura:

- Vine a abogar por una causa imperdible. Tu padre quiere hablar contigo.

Todas las miradas estaban fijas en Augusto Cezar, quien se emocionó:

- El Dr. Humberto vino a pedirle matrimonio por su hijo Sérgio. Estuve de acuerdo. Puedes casarte cuando quieras.

Carolina abrazó a su padre, depositando un sonoro beso en su mejilla, luego dijo:

- ¡Papá, aceptaste! ¡Estoy muy feliz! Ella dio más unos besos en la mejilla de su padre, luego dijo feliz:

- ¡Le daré la noticia a Sérgio!

Carolina lo llamó por teléfono, pero no estaba en casa.

De repente sonó el timbre. Era Sérgio:

- No podía esperar y vine aquí.

Abre la puerta para mí.

Carolina, con el rostro sonrojado, volvió a la habitación sonriendo y diciendo:

- Sérgio estaba esperando afuera. Lo haré entrar. Unos segundos después, Carolina introdujo a Sérgio en la habitación. Primero, se acercó a Augusto Cezar, diciendo emocionado:

- Carolina me acaba de decir que diste tu consentimiento para nuestro matrimonio. Puedes estar seguro que haré todo lo posible para hacerla muy feliz, no te arrepentirás. Muchas gracias por confiar en nosotros.

Augusto Cezar se levantó, estrechó la mano que le tendía y respondió: .

- Para mí, su felicidad es lo primero. Quiero que seas muy feliz.

Carolina se acercó a su padre y lo besó en la mejilla cariñosamente; se le humedecieron los ojos y trató de disimular. Después de saludar a los demás, Sérgio abrazó feliz a su padre.

- Demostraste que sigues siendo un excelente abogado - bromeó sonriendo, a lo que Humberto respondió:

- Esta era la causa que más quería ganar.

Todos se sentaron y Sérgio estaba ansioso por hablar del futuro. Pero Guillermina pidió champán para celebrar y esperó a que todos brindaran por su felicidad. Luego se sentó junto a Augusto Cezar y le preguntó:

- ¿Tiene intención de volver pronto a Bebedouro?

- Solo voy a esperar los resultados de los exámenes de mi madre mañana y, dado el caso, volveremos a casa.

- Me gustaría fijar la fecha de nuestro matrimonio. Augusto Cezar se estremeció levemente y respondió:

- Sé que tienes prisa. Pero no quisiera que Carolina se perdiera el año.

- Mientras esperamos ese día, ¿me permitiría visitarlo en Bebedouro?

- Puedes ir cuando quieras -. asintió, continuando:

- ¿Nunca pensaste en mudarte al campo? Bebedouro es una ciudad hermosa, agradable y muy tranquila. Y el lugar ideal para vivir.

- Quiero quedarme donde está Carolina. Pero debo aclarar que estoy radicado aquí, tengo negocios rentables e importantes en marcha y me sería difícil trasladarme a otro lugar.

- Prefiero vivir en São Paulo - intervino Carolina.

- En ese caso, haz lo que quieras - respondió Augusto Cezar -. Ernestina y yo vamos a estar muy solos.

- Eso es porque no quieres venir a vivir aquí - opinó Guillermina -. Lo ideal es que todos estemos cerca. Yo sería muy feliz.

- Pensándolo bien, también me gustaría vivir en São Paulo, para estar cerca de nuestros hijos - comentó Ernestina, para sorpresa de su marido.

Adalberto entró al salón acompañado de Áurea y se sorprendió al ver a Sérgio y a su padre conversando con naturalidad. Ambos saludaron a los presentes y Guillermina dijo alegremente:

- Carolina y Sérgio están comprometidos. Hoy es el día de celebrar. Hagamos otro brindis.

- En ese caso también quiero decir que tengo la intención de pedir la mano de Áurea en matrimonio. Todavía no podemos

[379]

casarnos, pero tan pronto como mejore económicamente, nos casaremos. Yo también quiero brindar por eso.

Todos tocaron sus copas, incluido Augusto Cezar. A pesar de la alegría del ambiente, y en especial de los recién novios, sintió una enorme sensación de alivio. Le parecía que había ganado una batalla.

Aquella noche de domingo fue de alegría para todos.

Humberto se despidió y Sérgio se quedó un poco más hablando con Carolina, haciendo planes para el futuro.

Adalberto llevó a Áurea a su casa y cuando regresó Carolina ya se había acostado y solo su padre estaba sentado en la sala. Al verlo entrar, Augusto Cezar lo llamó diciendo:

- Siéntate, quiero hablar contigo.

Adalberto obedeció. Tenía curiosidad por saber si su padre realmente había cambiado.

- ¿Cómo te va con tus estudios?

Adalberto habló con entusiasmo sobre la universidad a la que asistía, las diferencias que había encontrado y las posibilidades de progreso que veía en la oficina donde trabajaba. El ejercicio de la profesión, aunque solo estuviera en el segundo año, lo ayudó a comprender mejor lo que estaba estudiando. Terminó:

- Estoy esforzándome. He estudiado mucho y he entendido mejor cómo funciona la profesión. Seguro que puedo aprender mucho más y convertirme en un profesional nato.

- Tu abuela me dijo que no estás recibiendo ayuda económica de ella. ¿Cómo has estado aguantando?

- Estoy bien. Nada me falta. Aprendí a ahorrar. Áurea es una chica comprensiva, sabe que esta situación es pasajera.

- ¿Quieres decir que no extrañaste mi mesada?

- Yo no diría eso. Por supuesto que necesitaba cambiar mi nivel de vida. Me volví más modesto. Pero por otro lado aprendí a cortar los excesos, lo cual fue bueno.

- Me alegra ver que lo hiciste bien. Quiero que sepas que lamento no haber apoyado tu decisión. Tu madre no estaba contenta y en mi vanidad deseé su fracaso solo para ganar esta competencia. Pero sucedieron algunos hechos que me enseñaron los verdaderos valores de la vida.

- Me alegro que hayas cambiado de opinión, lo más difícil para mí fue estar lejos de ti, no poder hablar con mamá, sin tu apoyo. Sus palabras me aliviaron.

Siguieron hablando, y esta vez con sincera comprensión y placer.

EPÍLOGO

Aquel sábado de enero, en la céntrica plaza de Bebedouro, la noche se llenó de estrellas, el jardín de flores desprendía un delicioso perfume y la matriz encendida, con todas las velas encendidas, llena de flores, se engalanó para recibir a los novios.

En el entrepiso donde estaba el órgano, orgullo de la ciudad, el coro esperaba la llegada de Carolina. La nave estaba repleta de la mejor sociedad de la ciudad y de los invitados del novio que lo esperaban elegantes y alegres.

En la sacristía, Sérgio esperaba junto a sus padres y su hermana, con los ojos brillantes de emoción y felicidad.

Finalmente iban a realizar sus sueños. Después de dar su consentimiento para el matrimonio, Augusto Cezar aceptó lo que tenían planeado, incluso que vivirían en São Paulo después de casarse.

Wanda, en un principio, arrugó la nariz al enterarse que su hijo se iba a casar con Carolina, pero luego, ante la alegría de su hijo, la aprobación de los demás, de pasar más tiempo con su futura nuera, comenzó a admirarla y a comprender por qué su hijo se había enamorado de ella. Entonces, el día de su boda, ella también estaba feliz con la unión.

Sérgio se había comprado una casa preciosa en Jardins, pero por el poco tiempo que tenía Carolina, como todavía estaba estudiando, lo dejó para decorarlo a su gusto cuando regresaran de su luna de miel.

Cuando el coche de la novia se detuvo frente a la puerta de la catedral, el novio ya estaba listo, la familia de la novia también.

El órgano empezó a tocar, la puerta principal se abrió y Carolina, hermosa, del brazo de Augusto Cezar, entró lentamente, los ojos brillando de emoción, los labios entreabiertos en una sonrisa de felicidad. Augusto Cezar se conmovió, sintiéndose ligero y de buen humor, viendo la felicidad de su hija. Después de regresar a su ciudad, Sérgio viajaba los fines de semana para ver a la novia, así, pudo conocer mejor a su futuro yerno y cuanto más lo conocía, más lo apreciaba.

En vísperas de regresar a Bebedouro, Augusto Cezar mantuvo una conversación con Adalberto, en la que le reconoció que había sido muy duro y que tenía derecho a elegir su propio camino.

Le dije que lo sentía y que esperaba que el hijo se olvidara de ese episodio y regresara a la casa de sus padres. Se ofreció a ayudarlo hasta que se graduara, con una buena asignación, lo cual hizo después.

Adalberto, junto a Áurea, vio con emoción cómo su hermana entraba a la iglesia con su padre y su corazón cantaba de alegría.

Augusto Cezar entregó a su hija al novio y fue a pararse al lado de Ernestina, quien miraba feliz con los ojos húmedos. En ese momento, en su corazón, un profundo agradecimiento a Dios por haberle dado a Carolina como hija. Reconoció que ella le había enseñado a disfrutar de la vida, a ser optimista y a encontrarle el lado bueno a todo.

Después del juramento, la pareja fue bendecida y declarada casada, el coro cantó bellamente el Ave María y la pareja, ahora del brazo, se fue lentamente. La felicidad era evidente en sus rostros.

La fiesta se llevó a cabo en el club, donde recibieron saludos, bailaron el vals como siempre y cortaron el pastel. Cuando llegó el momento de tirar el ramo, fue directo a las manos de Áurea, quien se sonrojó de placer.

Adalberto se acercó a ella, la besó en la mejilla, diciendo:

- La vida me está diciendo que es hora de programar nuestra Boda también.

Áurea se puso seria y dijo:

- Es demasiado pronto. Debemos esperar un poco más.

- ¿Por qué? ¿No estás seguro de tus sentimientos? Te amo y quiero vivir contigo por el resto de mi vida. No quiero esperar demasiado. Casémonos pronto.

- Estaba pensando en tus sentimientos.

- Y tú, ¿quieres casarte conmigo?

Ella lo miró con los ojos brillantes de emoción y respondió:

- Sí. Yo también quiero vivir a tu lado el resto de mi vida.

Adalberto la llevó a la terraza, donde compartieron un largo beso.

Más tarde, en secreto, ayudados por Mónica, Áurea y Adalberto, la pareja partió de luna de miel. Fueron a pasar la noche en un lujoso hotel de Ribeirão Preto desde donde viajarían a Italia.

Una vez en el hotel, Carolina tomó la mano de Sérgio y lo sacó a la terraza.

- Vamos, esta noche tenemos mucho que celebrar. Agradezcamos a nuestros amigos espirituales que nos inspiraron, haciéndonos dar cuenta de nuestras debilidades y así tener condiciones para superar el pasado y liberarnos.

Sérgio la abrazó cariñosamente y le respondió:

- Sí, mi querida. Superamos nuestras debilidades y nos hicimos más fuertes.

Las estrellas brillaban en el cielo y el espíritu de Marcia, junto a Norbert y Bibiano, sonrió y comentó:

- Además de ser más fuertes, están más lúcidos. Podemos irnos satisfechos.

Los tres, uno al lado del otro, se levantaron de alegría y, en pocos minutos, desaparecieron entre las estrellas del cielo.

Fin

Grandes Éxitos de Zibia Gasparetto

Con más de 20 millones de títulos vendidos, la autora ha contribuido para el fortalecimiento de la literatura espiritualista en el mercado editorial y para la popularización de la espiritualidad. Conozca más éxitos de la escritora.

Romances Dictados por el Espíritu Lucius

La Fuerza de la Vida

La Verdad de cada uno

La vida sabe lo que hace

Ella confió en la vida

Entre el Amor y la Guerra

Esmeralda

Espinas del Tiempo

Lazos Eternos

Nada es por Casualidad

Nadie es de Nadie

El Abogado de Dios

El Mañana a Dios pertenece

El Amor Venció

Encuentro Inesperado

Al borde del destino

El Astuto

El Morro de las Ilusiones

¿Dónde está Teresa?

Por las puertas del Corazón

Cuando la Vida escoge

Cuando llega la Hora

Cuando es necesario volver

Abriéndose para la Vida

Sin miedo de vivir

Solo el amor lo consigue

Todos Somos Inocentes

Todo tiene su precio

Todo valió la pena

Un amor de verdad

Venciendo el pasado

Otros éxitos de Andrés Luiz Ruiz y Lucius

Trilogía El Amor Jamás te Olvida

La Fuerza de la Bondad

Bajo las Manos de la Misericordia

Despidiéndose de la Tierra

Al Final de la Última Hora

Esculpiendo su Destino

Hay Flores sobre las Piedras

Los Peñascos son de Arena

Otros éxitos de Gilvanize Balbino Pereira

Linternas del Tiempo

Los Ángeles de Jade

El Horizonte de las Alondras

Cetros Partidos

Lágrimas del Sol

Salmos de Redención

Libros de Eliana Machado Coelho y Schellida

Corazones sin Destino

El Brillo de la Verdad

El Derecho de Ser Feliz

El Retorno

En el Silencio de las Pasiones

Fuerza para Recomenzar

La Certeza de la Victoria

La Conquista de la Paz

Lecciones que la Vida Ofrece

Más Fuerte que Nunca

Sin Reglas para Amar

Un Diario en el Tiempo

Un Motivo para Vivir

¡Eliana Machado Coelho y Schellida, Romances que cautivan, enseñan, conmueven y pueden cambiar tu vida!

Romances de Arandi Gomes Texeira y el Conde J.W. Rochester

El Condado de Lancaster

El Poder del Amor

El Proceso

La Pulsera de Cleopatra

La Reencarnación de una Reina

Ustedes son dioses

Libros de Marcelo Cezar y Marco Aurelio

El Amor es para los Fuertes

La Última Oportunidad

Nada es como Parece

Para Siempre Conmigo

Solo Dios lo Sabe

Tú haces el Mañana

Un Soplo de Ternura

Libros de Vera Kryzhanovskaia y JW Rochester

La Venganza del Judío

La Monja de los Casamientos

La Hija del Hechicero

La Flor del Pantano

La Ira Divina

La Leyenda del Castillo de Montignoso

La Muerte del Planeta

La Noche de San Bartolomé

La Venganza del Judío

Bienaventurados los pobres de espíritu

Cobra Capela

Dolores

Trilogía del Reino de las Sombras

De los Cielos a la Tierra

Episodios de la Vida de Tiberius

Hechizo Infernal

Herculanum

En la Frontera

Naema, la Bruja

En el Castillo de Escocia (Trilogía 2)

Nueva Era

El Elixir de la larga vida

El Faraón Mernephtah

Los Legisladores

Los Magos

El Terrible Fantasma

El Paraíso sin Adán

Romance de una Reina

Luminarias Checas

Narraciones Ocultas

La Monja de los Casamientos

Libros de Elisa Masselli

Siempre existe una razón

Nada queda sin respuesta

La vida está hecha de decisiones

La Misión de cada uno

Es necesario algo más

El Pasado no importa

El Destino en sus manos

Dios estaba con él

Cuando el pasado no pasa

Apenas comenzando

Libros de Vera Lúcia Marinzeck de Carvalho

y Patricia

Violetas en la Ventana

Viviendo en el Mundo de los Espíritus

La Casa del Escritor

El Vuelo de la Gaviota

Vera Lúcia Marinzeck de Carvalho

y Antônio Carlos

Amad a los Enemigos

Esclavo Bernardino

la Roca de los Amantes

Rosa, la tercera víctima fatal

Cautivos y Libertos

Deficiente Mental

Aquellos que Aman

Cabocla

El Ateo

El Difícil camino de las drogas

En Misión de Socorro

La Casa del Acantilado

La Gruta de las Orquídeas

La Última Cena

Morí, ¿y ahora?

Las Flores de María

Nuevamente Juntos

World Spiritist Institute